经济管理虚拟仿真实验系列教材

审计综合模拟实训

Shenji Zonghe Moni Shixun

主　编　　李传彪　叶汪霞
副主编　　李盈盈

西南财经大学出版社
Southwestern University of Finance & Economics Press
中国·成都

经济管理虚拟仿真实验系列教材
编　委　会

总序

高等教育的任务是培养具有实践能力和创新创业精神的高素质人才。实践出真知。实践是检验真理的唯一标准。大学生的知识、能力、素养不仅来源于书本理论与老师的言传身教，更来源于实践感悟与经历体验。

我国高等教育从精英教育向大众化教育转变，客观上要求高校更加重视培育学生的实践能力和创新创业精神。以往，各高校主要通过让学生到企事业单位和政府机关实习的方式来训练学生的实践能力。但随着高校不断扩招，传统的实践教学模式受到学生人数多、岗位少、成本高等多重因素的影响，越来越无法满足实践教学的需要，学生的实践能力的培育越来越得不到保障。鉴于此，各高校开始探索通过实验教学和校内实训的方式来缓解上述矛盾。实验教学逐步成为人才培养中不可替代的途径和手段。目前，大多数高校已经认识到实验教学的重要性，认为理论教学和实验教学是培养学生能力和素质的两种同等重要的手段，二者相辅相成、相得益彰。

相对于理工类实验教学而言，经济管理类实验教学起步较晚，发展相对滞后。在实验课程体系、教学内容（实验项目）、教学方法、教学手段、实验教材等诸多方面，经济管理实验教学都尚在探索之中。要充分发挥实验教学在经济管理类专业人才培养中的作用，需要进一步深化实验教学改革。

重庆工商大学作为具有鲜明财经特色的高水平多科性大学，高度重视经济管理实验教学建设，并积极探索实验教学改革路径。学校经济管理实验教学中心于2006年被评为“重庆市市级实验教学示范中心”，2007年被确定为“国家级实验教学示范中心建设单位”，2012年11月顺利通过验收成为“国家级实验教学示范中心”。经过多年的努力，我校经济管理实验教学改革取得了一系列成果，按照能力导向构建了包括学科基础实验课程、专业基础实验课程、专业综合实验课程、学科综合实验（实训）课程和创新创业类课程五大层次的实验课程体系，真正体现了“实验教学与理论教学并重、实验教学相对独立”的实验教学理念，并且建立了形式多样，以过程为重心、以学生为中心、以能力为本位的实验教学方法体系和考核评价体系。

2013年以来，学校积极落实教育部及重庆市教委建设国家级虚拟仿真实验教学中心的相关文件精神，按照“虚实结合、相互补充、能实不虚”的原则，坚持以能力为导向的人才培养方案制定思路，以“培养学生分析力、创造力和领导力等创新创业能力”为目标，以“推动信息化条件下自主学习、探究学习、协作学习、创新学习、创业学习等实验教学方法改革”为方向，创造性地构建了“‘123456’经济管理虚拟仿真实验教学资源体系”，即“一个目标”（培养具有分析力、创造力和领导力，适应经济社会发展需要的经济管理实践与创新创业人才）、“两个课堂”（实体实验课堂和虚拟仿真实验课堂）、“三种类型”（基础型、综合型、创新创业型实验项目）、“四大载体”（学科专业开放实验平台、跨学科综合实训及竞赛平台、创业实战综合经营平台和实验教学研发平台）、“五类资源”（课程、项目、软件、案例、数据）、“六个结合”（虚拟资源与实体资源结合、资源与平台结合、专业资源与创业资源结合、实验教学与科学研究结合、模拟与实战结合、自主研发与合作共建结合）。

为进一步加强实验教学建设，在原有基础上继续展示我校实验教学改革成果，由学校经济管理虚拟仿真实验教学指导委员会统筹部署和安排，计划推进“经济管理虚拟仿真实验系列教材”的撰写和出版工作。本系列教材将在继续体现系统性、综合性、实用性等特点的基础上，积极展示虚拟仿真实验教学的新探索，其所包含的实验项目设计将综合采用虚拟现实、软件模拟、流程仿真、角色扮演、O2O 操练等多种手段，为培养具有分析力、创造力和领导力，适应经济社会发展需要的经济管理实践与创新创业人才提供更加“接地气”的丰富资源和“生于斯、长于斯”的充足养料。

本系列教材的编写团队具有丰富的实验教学经验和专业实践经历，一些作者还是来自相关行业和企业的实务专家。他们勤勉耕耘的治学精神和扎实深厚的执业功底必将为读者带来智慧的火花和思想的启迪。希望读者能够从中受益。在此对编者们付出的辛勤劳动表示衷心感谢。

毋庸讳言，编写经济管理类虚拟仿真实验教材是一种具有挑战性的开拓与尝试，加之虚拟仿真实验教学和实践本身还在不断丰富与发展，因此，本系列实验教材必然存在一些不足甚至错误，恳请同行和读者批评指正。我们希望本系列教材能够推动我国经济管理虚拟仿真实验教学的创新发展，能为培养具有实践能力和创新创业精神的高素质人才尽绵薄之力！

重庆工商大学校长、教授

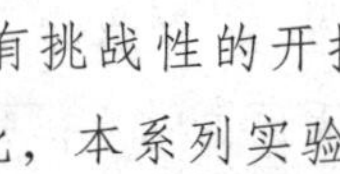

2017 年 12 月 25 日

前言

“审计综合模拟实训”是会计学及审计学专业重要的一门专业核心课程，其内容是注册会计师“审计学”考证中最重要的一部分。本教材以注册会计师审计为主线，以会计报表审计为重点，以风险导向审计为基础，以审计风险和审计目标为导向，以审计实务操作和能力培养为根本，密切结合当前注册会计师审计实践，让学生学会如何鉴证、监督、评价被审计单位经济活动的合法性、合规性、合理性、真实性、效益性及公允性，揭示差错和弊端、维护财经法纪、改善经营管理、提高经济效益、加强宏观调控。

最近几年，财政部颁布了多项新的《企业会计准则》。与此同时，中国注册会计师协会也修订和发布了多项审计职业准则。本书正是在吸收目前国内外审计理论与实践最新内容的基础上，结合作者从事多年审计教学，指导审计专业学生实习、撰写调查报告和毕业论文等实践经验而铸就的洪荒之作。

本教材的编写力求体现以下特色：①审计业务全面且代表性强；②追踪时代前沿，突出审计理论与实务最新内容，体现审计与时俱进的最强音；③结构合理，重点突出；④突出教材的实用性，着力培养学生的实务操作技能。

本教材共九章，由审计模拟实训相关理论知识、审计计划阶段实训业务、审计实施阶段实训、审计完成阶段实训及审计综合案例五大部分内容组成。①审计模拟实训相关理论知识主要讲述审计目标、审计证据、审计工作底稿的编制和审计方法等审计实训相关基本知识及审计实训基本技能；②审计计划阶段实训业务主要讲述如何了解被审计单位基本情况、评估被审计单位审计内部控制及审计风险、初步确定审计重要性水平、签订审计业务约定书和编制审计计划等主要审计业务及工作底稿的编制；③审计实施阶段实训包括销售及收款业务审计、采购及付款业务审计、生产及存货业务审计、筹资与投资审计、货币资金业务审计等主要审计业务活动及工作底稿的编制；④审计完成阶段实训主要讲述审计工作底稿复核、编制审计调整分录、审计期后事项、与管理当局沟通、编制审计报告等工作及工作底稿的编制；⑤审计综合案例部分要求学生运用前面各章知识分别从审计准备、实施、终结阶段独立进行审计实训，并提交实训报告。本课程每章课后有实训题，并配有答案。

尽管我们在本书的体系构建、内容研究、表达形式等方面做了大量的工作，但鉴于审计理论与实务本身博大精深以及我们在研究和理解方面的局限，书中难免存在纰漏，欢迎广大读者和同行提出批评和建议，以便及时改进。

编者　李传彪

2019 年 9 月于重庆

目录

第一章　审计模拟实训相关知识

第一节　审计目标与认定

【主要内容】

本章主要讲述审计目标与被审计单位管理当局的认定，审计证据的特性、种类、鉴定，审计证据搜集的方法，审计工作底稿的编制等审计实训基本知识及技能。通过对本章的学习，需要重点理解并掌握审计的具体目标、审计工作底稿的基本内容及编制方法，以及鉴别与获取审计证据的基本方法。

一、审计目标的内涵

审计的目标是指审查和评价审计对象所要达到的目的与要求；审计的目标是指审查和评价审计对象的真实性和公允性、合法性和合规性、合理性和效益性。

二、管理层认定

（一）管理层认定的含义

管理层认定是指管理层对财务报表组成要素的确认、计量、列报作出的明确或隐含的表达。管理层认定的理解要点包括：

（1）认定是管理层的表达；

（2）认定是指管理层在财务报表中作出的明确或隐含的表达；

（3）管理层的表达有明确的表达（比如，甲公司期末存货 1 000 万元是存在的，没有虚假），也有隐含的表达（存货 1 000 万元是甲公司拥有或控制的，没有被抵押）；

（4）注册会计师基于管理层的认定来考虑财务报表的错报；

（5）注册会计师识别的错报源于管理层认定中不恰当的表达；

（6）管理层的认定有什么不恰当的表达，注册会计师则根据管理层认定的不恰当的表达确定财务报表错报的类别；

（7）管理层的认定在先，注册会计师考虑错报在管理层认定不恰当之后。

（二）管理层认定的内容

管理层认定的内容包括存在或发生、完整性、权利和义务、估价或分摊、表达与披露五类。

1. 存在或发生

有关“存在或发生”的认定，是指资产负债表所列的各项资产、负债、权益在资产负债表日是否存在;利润表所列的收入和费用在会计期间内是否确实发生。该项认定涉及两张会计报表(资产负债表与利润表)和全部的会计要素。其中,“存在”涉及资产负债表的内容,而“发生”涉及利润表的内容。

2. 完整性

有关“完整性”的认定,是指在会计报表中应该列示的所有交易和事项是否都列入了。对于“存在或发生”的认定,考虑被审计单位高估报表项目的可能性;而对于“完整性”认定,则考虑被审计单位低估报表项目的可能性。比如在应收和应付项目中,对于上市公司而言,就可能会低估应付项目。

3. 权利和义务

有关“权利和义务”的认定,是指在某一特定日期,各项资产是否确属公司的权利,各项负债是否确属公司的义务。这项认定只涉及资产负债表。同时,由于这项认定不涉及金额问题,因此很难在会计报表的项目中发现问题,一般都是通过阅读被审计单位会计报表的附注披露来加以证实。

4. 估价或分摊

有关“估价或分摊”的认定,是指各项资产、负债、所有者权益、收入和费用等要素是否按适当的金额列入会计报表中。“估价或分摊”的认定包括三个方面的内容:一是总值估价,二是净值估价,三是计算的精确性。比如固定资产科目、应收账款科目、长期投资减值准备的估计问题。因此,“估价或分摊”的认定还暗含两个方面的内容,即会计估计与会计处理方法的合理性。

5. 表达与披露

有关“表达与披露”的认定,是指会计报表上的特定组成要素是否被适当地加以分类、说明和披露。就分类而言,比如长期投资、长期借款;就说明而言,比如报表附注中需要对企业采用的会计处理方法;就披露而言,因为企业还存在一些无法进行具体说明的事项,比如未决诉讼、未决索赔、债务纠纷等或有事项(或有资产披露形成原因及对企业财务的影响,或有负债披露原因、财务影响及获得补偿的可能性)。

(三)管理层认定的分类

审计准则将管理层认定划分为三种类型:①与审计期间各类交易和事项有关的认定;②与期末账户余额相关的认定;③与列报和披露相关的认定。

1. 与审计期间各类交易和事项相关的认定

发生:记录的交易或事项真实存在,不存在多记的情况。

完整性:所有应当记录的交易和事项均已记录,不存在少记的情况。

准确性:与交易和事项有关的金额及其他数据已恰当记录。

截止:交易和事项已记录于正确的会计期间。

分类:交易和事项已记录于恰当的账户。

2. 与期末账户余额相关的认定

存在:记录的资产、负债和所有者权益是真实存在的。

完整性:所有应当记录的资产、负债和所有者权益均已记录。

计价与分摊:资产、负债和所有者权益与之相关的计价或分摊调整已恰当记录。

权利与义务:记录的资产由被审计单位拥有或控制,记录的负债是被审计单位应当履行的偿还义务。

3. 与列报和披露相关的认定

发生及权利和义务:披露的交易、事项和其他情况已发生且与被审计单位有关。

完整性:所有应当包括在财务报表中的披露均已包括。

分类和可理解性:财务信息已被恰当地列报和描述且披露内容表述清楚。

准确性和计价:财务信息和其他信息已公允披露且金额恰当。

三、民间审计目标

(一)总体目标的内容

(1)对财务报表整体是否不存在由于舞弊或错误导致的重大错报获取合理保证,使注册会计师能对财务报表是否在所有重大方面按照适用的财务报告编制发表审计意见;

(2)按照审计准则的规定,根据审计结果对财务报表出具审计报告,并与管理层和治理层沟通。

(二)民间审计目标的内容

(1)真实性:对应存在与发生认定。如资产负债表日,已记录的全部存货均存在。

(2)完整性:对应完整性认定。如现有存货均盘点并计入存货总额。

(3)所有权:对应权利与义务认定。如公司对所有存货均拥有所有权。

(4)估价:对应估价或分摊认定。如存货:账面存货量与实有实物数量相符,用以估价存货的价格无重大错误,单价与数量的乘积正确,详细数据的加总正确。当存货的可变现净值减少时,已冲减存货价值。

(5)截止:对应估价或分摊认定,指接近资产负债表之日的交易已记入适当的会计期间(与存在和发生的区别)。如存货:年末采购截止是恰当的,年末销售截止是恰当的。

(6)机械准确性:对应估价或分摊认定。如存货:存货项目的明细账总计数与总账一致。

(7)披露:对应表达与披露认定。如存货:存货的主要种类和估价基础已做揭示,存货的抵押或转让已做揭示。

(8)分类:对应表达与披露认定。如存货:存货已恰当地分为原材料、在产品和产成品等几类。

(三)与审计期间各类交易和事项相关的审计目标

(1)发生:由发生认定推导的审计目标是已记录的交易是真实的。例如,如果没有发生销售交易,但在销售明细账中记录了一笔销售,则违反了该目标。

发生认定所要解决的问题是管理层是否把那些不曾发生的项目记入财务报表,它主要与财务报表组成要素的高估有关。

(2)完整性:由完整性认定推导的审计目标是已发生的交易确实已经记录。例如,如果发生了销售交易,但没有在销售明细账和总账中记录,则违反了该目标。

发生和完整性两者强调的是相反的关注点。发生目标针对潜在的高估,而完整性目标则针对漏记交易(低估)。

(3)准确性:由准确性认定推导出的审计目标是已记录的交易是按正确金额反映的。例如,如果在销售交易中,发出商品的数量与账单上的数量不符,或是开账单时使用了错误的销售价格,或是账单中的乘积或加总有误,或是在销售明细账中记录了错误的金额,则违反了该目标。

(4)截止:由截止认定推导出的审计目标是接近于资产负债表日的交易记录于恰当的期间。例如,如果本期交易推到下期,或下期交易提到本期,均违反了截止目标。

(5)分类:由分类认定推导出的审计目标是被审计单位记录的交易经过适当分类。例如,如果将现销记录为赊销,将出售经营性固定资产所得的收入记录为营业收入,则导致交易分类的错误,违反了分类的目标。

(四)与期末账户余额相关的审计目标

(1)存在:由存在认定推导的审计目标是记录的金额确实存在。例如,如果不存在某顾客的应收账款,在财务报表中却列入了对该顾客的应收账款,则违反了存在性目标。

(2)权利和义务:由权利和义务认定推导的审计目标是资产归属于被审计单位,负债属于被审计单位的义务。例如,如果将他人寄售商品记入被审计单位的存货中,则违反了权利的目标;如果将不属于被审计单位的债务记入账内,则违反了义务的目标。

(3)完整性:由完整性认定推导的审计目标是已存在的金额均已记录。例如,如果存在某顾客的应收账款,在应收账款明细表中却没有列入对该顾客的应收账款,则违反了完整性目标。

(4)计价和分摊:资产、负债和所有者权益以恰当的金额包括在财务报表中,与之相关的计价或分摊调整已恰当记录。例如,在建工程金额归集错误,则违反了计价与分摊目标。

(五)与列报和披露相关的审计目标

(1)发生及权利和义务:如果将没有发生的交易、事项,或与被审计单位无关的交易和事项包括在财务报表或附注中,则违反了本目标。例如,复核董事会会议记录中是否记载了固定资产抵押等事项,询问管理层固定资产是否被抵押,即是对列报的权利认定的运用。如果抵押固定资产则需要在财务报表附注中披露,说明其权利受到限制。

(2)完整性:如果应当披露的事项没有包括在财务报表中,则违反了本目标。例如,检查关联方和关联交易,以验证其在财务报表中是否得到充分披露,即是对列报的完整性认定的运用。

(3)分类和可理解性:财务信息已被恰当地列报和描述,且披露内容表述清楚。例如,检查存货的主要类别是否已披露,是否将一年内到期的长期负债列为流动负债,即是对列报的分类和可理解性认定的运用。

(4)准确性和计价:财务信息和其他信息已公允披露,且金额恰当。例如,检查财务报表附注是否分别对原材料、在产品和产成品等存货成本核算方法做了恰当说明,即是对列报的准确性和计价认定的运用。

第二节　审计证据

审计证据具有充分性及适当性两大特性。

一、审计证据的充分性

审计证据的充分性即审计证据数量的足够性，是指审计证据的数量足以支持注册会计师的审计意见。因此，它是注册会计师为形成审计意见所需审计证据的最低数量要求。

二、审计证据的适当性

审计证据的适当性是对审计证据质量的要求，包括审计证据的相关性及审计证据的可靠性。

(1)审计证据的相关性即审计证据的有用性，是指用作审计证据的信息与审计程序的目的和所考虑的相关认定之间的逻辑联系。

(2)审计证据的可靠性即为审计证据的真实性，即审计证据应能如实地反映客观事实。

三、审计证据的充分性和适当性的关系

(1)充分性和适当性是审计证据的两个重要特征，两者缺一不可，只有充分且适当的审计证据才是有证明力的。

(2)注册会计师需要获取的审计证据的数量也受审计证据质量的影响。审计证据的质量越高，需要的审计证据数量可能越少。也就是说，审计证据的适当性会影响审计证据的充分性。

(3)尽管审计证据的充分性和适当性相关，但如果证据的质量存在缺陷，那么注册会计师仅靠获取更多的证据可能无法弥补其质量上的缺陷。

四、审计证据的充分性鉴定

(1)错报风险的影响。错报风险越大，需要的审计证据可能越多。

(2)审计证据质量的影响。审计证据的质量越高，需要的审计证据可能越少。

(3)要求的审计风险。审计风险越低，需要的审计证据越多。

(4)重要性水平。重要性水平越低，需要的审计证据越多。

五、审计证据的可靠性鉴定

(1)看来源：从外部独立来源获取的审计证据比从其他来源获取的审计证据更可靠。

(2)看相应的内部控制：内部控制有效时内部生成的审计证据比内部控制薄弱时内部生成的审计证据更可靠。

(3)结合证据本身的性质。①直接获取的审计证据比间接获取或推论得出的审计证据更可靠;②以文件记录形式(无论是纸质、电子文档还是其他介质)存在的审计证据比口头形式的审计证据更可靠;③从原件获取的审计证据比从传真或复印件获取的审计证据更可靠;④从不同来源获取的审计证据或获取的不同性质的审计证据能够相互印证的审计证据,则具有更强的说服力。

六、审计证据的相关性鉴定

(1)控制性测试应考虑的相关事项包括内部控制是否存在、有效,是否得到一贯遵循。

(2)实质性测试应考虑的相关事项包括:资产或负债在某一特定时日是否存在;是否归属被审计单位;是否有未入账事项;会计记录金额或计价是否恰当;会计报表项目的分类反映是否恰当且前后一致;收入、费用是否归属当期且相互配比。

七、评价审计证据的充分性和适当性时的特殊考虑

(1)对文件记录可靠性的考虑。审计工作通常不涉及鉴定文件记录的真伪,审计人员也不是鉴定文件记录真伪的专家,但应当考虑用作审计证据的信息的可靠性,并考虑与这些信息生成与维护相关的控制的有效性。如果在审计过程中识别出的情况使其认为文件记录可能是伪造的,或文件记录中的某些条款已发生变动,审计人员应当作出进一步调查,包括直接向第三方询证或考虑利用专家的工作以评价文件记录的真伪。

(2)使用被审计单位生成信息时的考虑。被审计单位生成的信息需要足够完整和准确,例如,通过用标准价格乘以销售量来对收入进行审计时,其有效性受到价格信息的准确性和销售量数据的完整性和准确性的影响。

(3)证据相互矛盾时的考虑。①如果针对某项认定从不同来源获取的审计证据或获取的不同性质的审计证据能够相互印证,与该项认定相关的审计证据则具有更强的说服力。②如果从不同来源获取的审计证据或获取的不同性质的审计证据不一致,表明某项审计证据可能不可靠,审计人员应当追加必要的审计程序。对于同一事项,从外部来源和从内部来源获取的审计证据不一致的时候,此时不能视为外部来源的审计证据一定比内部来源的审计证据更可靠。

(4)获取审计证据时对成本的考虑。审计人员可以考虑获取审计证据的成本与所获取信息的有用性之间的关系,但不应以获取审计证据的困难和成本较大为由减少不可替代的审计程序。注册会计师不应将获取审计证据的成本高低和难易程度作为减少不可替代的审计程序的理由。

八、审计证据的分类

(一)按存在形态分类

(1)实物证据。实物证据是指经过审计人员清查盘点确实存在的实物。一般说来,对实物资产(现金、有价证券、存货、固定资产、在建工程等)均应取得实物证据。实物证

据一般通过清查盘点和观察获取。实物证据对实物的存在性具有最强的证明力，但不能证明实物的所有权和价值。

(2)书面证据。书面证据是指针对书面资料审查而获取的证据。书面证据是基本证据，证明力强。

(3)口头证据。口头证据又称言词证据、陈述证据，是指针对审计人员的调查询问，有关人员的答复(如询问笔录)。口头证据本身不具备可靠性，不是基本证据，主要提供审计线索。

注意：实物证据、口头证据等均要以书面证据的形式存在，但本质不是书面证据。

(4)环境证据。环境证据又称状况证据，是指对被审计事项产生影响的各种环境因素。狭义的环境证据主要是指内部控制是否健全，严格执行的情况。环境证据不是基本证据，主要帮助审计人员对已获取证据的判断和利用。

(二)按相关程度分类

(1)直接证据。直接证据是指对审计事项具有直接证明力，能单独、直接地证明审计事项真相的资料和事实。

(2)间接证据。间接证据又称旁证，是指对审计事项只起间接证明作用，需要与其他证据结合起来，经过分析、判断、核实才能证明审计事项真相的资料和事实。

(三)按获取审计证据的来源分类

(1)自然证据。自然证据是指审计人员在审计过程中随时可以获得的、不需要加工的资料和事实。

(2)加工证据。加工证据是指审计人员在审计过程中亲自对书面证据、实物证据等进行分析、整理、归类和制作所形成的较系统和明晰的资料。

(四)按审计证据的重要性分类

(1)基本证据。基本证据是指对审计人员形成审计意见、作出审计结论具有直接影响作用的审计证据。

(2)辅助证据。辅助证据是作为基本证据的一种必要的补充，补充说明基本证据的证据。

(3)矛盾证据。矛盾证据是指证明的方向与基本证据相反，或证明的内容与基本证据不一致的证据。

九、获取审计证据的程序

(一)监盘

监盘是指审计人员通过实地监督盘点取得审计证据。

(二)观察

观察是指审计人员亲赴现场，对审计对象的环境状况和实施状况进行实际观察，从而取得审计证据。

(三)询问

询问是指审计人员以书面或口头方式向被审计单位或其他单位获得审计证据。

(四)函证

函证是指审计人员为获取审计证据而向被审计单位的第三者发函,要求对方回函确认某一交易或账户的正确性、真实性的一种取证途径。

(五)检查

检查是指审计人员通过对被审计单位的书面资料的审阅和复校而获得审计证据的途径。

(六)重新计算

重新计算是指审计人员对被审计单位的原始凭证及会计记录中的数据进行的验算或另行计算。

(七)分析性复核

分析性复核是指审计人员对会计报表和其他会计资料中的重要比率或金额及变动趋势进行分析、研究,并对发现的异常项目及异常变动进行调查,以获取审计证据。

(八)重新执行

重新执行是指审计人员以人工方式或使用计算机辅助审计技术重新独立执行作为被审计单位内部控制组成部分的程序或控制。

第三节　审计工作底稿的编制

一、审计工作底稿的含义

审计工作底稿是指注册会计师对制订的审计计划、实施的审计程序、获取的相关审计证据以及得出的审计结论作出的记录。审计工作底稿是审计证据的汇集,可作为审计过程和结果的书面证明,也是形成审计结论的直接依据。

二、审计工作底稿的分类

(一)综合类审计工作

综合类审计工作是指审计人员在审计计划和审计报告阶段为规划、控制和总结整个审计工作,并发表审计意见所形成的审计工作底稿。例如,审计业务约定书、审计计划、审计报告书未定稿、审计总结及审计调整分录汇总表。

(二)业务类审计工作

业务类审计工作是指审计人员在审计实施阶段执行具体审计程序所编制和取得的

工作底稿。例如,符合性测试和实质性测试等审计程序时所形成的审计工作底稿。

（三）备查类审计工作

备查类审计工作是指审计人员在审计过程中形成的、对审计工作仅具有备查作用的审计工作底稿。例如,与审计约定事项有关的重要法律性文件、重要会议记录与纪要、重要经济合同与协议、企业营业执照、公司章程等原始资料的副本或复印件。

三、审计工作底稿的基本要素和结构

（一）审计工作底稿的基本要素

（1）被审计单位名称;

（2）审计项目名称;

（3）审计项目时点或期间;

（4）审计过程记录;

（5）审计标识及说明;

（6）审计结论;

（7）索引号及页次;

（8）编制者姓名及编制日期;

（9）复核者姓名及复核日期;

（10）其他应说明事项。

（二）审计工作底稿的基本结构

审计工作底稿的基本结构包括被审计单位的未审计情况、审计过程的记录以及审计人员的审计结论三部分。

四、审计工作底稿的复核

（一）复核的作用

减少或消除人为的审计误差,以降低审计风险、提高审计质量,及时发现和解决问题、节约审计时间、提高审计效率。

（二）复核要点与基本要求

1. 复核要点

引用资料是否翔实、可靠;利用证据是否充分、适当;审计判断是否有理、有据;结论是否恰当。

2. 基本要求

形成复核记录;书面表示复核意见;签名、日期（表明复核责任）。

五、审计档案的管理

(一)审计档案的分类

1. 永久性档案

永久性档案是指那些记录内容相对稳定,具有长期使用价值,并对以后审计工作具有重要影响和直接作用的审计工作底稿组成的审计档案。永久性档案一般是综合类、备查类审计工作底稿。

2. 当期档案

当期档案是指只供当前审计使用和下期审计参考的审计工作底稿组成的审计档案。当期档案一般由业务类审计工作底稿组成。

(二)审计档案的所有权与保管

(1)审计档案应在审计结束后60日内归档。

(2)我国现行审计准则规定,审计档案的所有权属于承接该项业务的会计师事务所。

(3)永久性档案应长期保存;当期档案应当自审计报告签发之日起,至少保存10年。

(4)对不再审计的被审计单位的永久档案,其保存期限与最近一年的当期档案的保存期限一致。

(三)审计档案的保密与调阅

除下列情况外,会计师事务所不得对外泄露审计档案中涉及的商业秘密及有关内容。

(1)法院、检察院及其他部门因工作需要,在按规定办理了手续后,可依法查阅审计档案中的有关审计工作底稿。

(2)注册会计师协会或政府审计部门对执业情况进行检查时,可查阅审计档案。

(3)不同会计师事务所的注册会计师,因审计工作的需要,并经委托人同意,办理了有关手续后,可以要求查阅审计档案。

第四节　审计方法

一、审计方法的分类

审计方法是指审计人员检查和分析审计对象,搜集审计证据,对照审计依据,并形成审计结论和意见的各种专门手段的总称。审计方法可分为以下几种:

(一)审查取证入手法

1. 账项导向审计

账项导向审计是指将会计凭证、账簿作为取证工作的切入点,将审计工作重心直接放在会计凭证、账簿上,最终审计结论也以评价会计账目为结论。

2. 制度导向审计

制度导向审计是指从评审内部控制制度为切入点，根据内部控制评价的结论确定实质性测试的范围、重点、方法与数量。

3. 风险导向审计

风险导向审计是指以审计风险是否存在重大差错为出发点，制订审计策略、审计计划，并决定审计实施。

(二)审查书面资料的方法

审查书面资料的方法是审计最基本的方法，应用广泛。这类方法的审查对象主要是会计凭证、会计账簿和会计报表，因此也叫查账法。审查书面资料的方法可分为审查书面资料的技术方法、审查书面资料的顺序方法、审查书面资料的数量方法。

1. 审查书面资料的技术方法

(1)审阅法。审阅法主要用来审阅会计凭证、账簿和会计报表。

(2)核对法。核对法主要用来证证、账证、账账、账表、表表之间的核对。

(3)查询法。查询法主要用来面询、函询。

(4)比较法。

(5)分析法。

2. 审查书面资料的顺序方法

审查书面资料的顺序方法可分为顺查法和逆查法。顺查法是从原始凭证查到明细账，一般审计业务的完整性。逆查法是从明细账查到原始凭证，一般审计业务的真实性。

3. 审查书面资料的数量方法

(1)全查法。全查法是对所有审计对象进行测试的一种方法。

(2)抽查法。抽查法是指从审计对象总体中选取部分(样本)进行测试，并根据测试结果推断总体特征的一种方法。抽查法可分为任意抽样法、判断抽样法、统计抽样法。

(三)证实客观事物的方法

证实客观事物的方法是指审计人员搜集书面资料以外的审计证据，证明和落实客观事物的形态、性质、存放地点、数量和金额的方法。这类方法包括盘存法、调节法、观察法和鉴定法。

1. 盘存法

盘存法又称实物清查法，是指对被审计单位各项财产物资进行实地盘点，以确定其数量、品种、规格及金额等实际状况，借以证实有关实物账户的余额是否真实、正确，从中搜集实物证据的一种方法。

2. 调节法

调节法是指在审查某个项目时，通过调整有关数据，从而求得需要证实的数据的方法。

3. 观察法

观察法是指审计人员进入被审计单位后，对于生产经营管理工作的进行、财产物资的保管、内部控制制度的执行等，亲临现场进行实地观察检查，借以查明被审计单位经济活动的事实真相，核实是否符合审计标准和书面资料的记载，取得审计证据的方法。

(四)鉴定法

鉴定法是指对书面资料、实物和经济活动等的分析、鉴别，超过一般审计人员的能力和知识水平而邀请有关专门部门或人员运用专门技术进行确定和识别的方法。

二、审计方法实训

【审计方法实训1】

审计人员对某单位出纳经管的现金业务进行审查时，发现有3张未经批准私自借出的现金白条，金额合计为2 000元。经查点，证明3张白条所列示的现金确实不在库，审计人员由此认定出纳挪用了现金2 000元；经询问，出纳也承认了这一事实。

实训分析如表1－1所示。

表1－1　实例分析(一)

审计程序	审计证据	证据类型
审阅法	3张现金白条	书面证据
盘点法	库存现金	实物证据
询问法	出纳证词	口头证据

【审计方法实训2】

为审核2018年某企业的年度决算，审计人员于2018年1月20日对甲材料库存进行盘点，结果为8 500千克。从2019年1月1日至20日共收入3 000千克、发出3 500千克。2018年12月31日，甲材料的账存数为10 000千克，余额为100 000元。

实训分析如表1－2所示。

表1－2　实例分析(二)

审计程序	审计证据
审阅法	2018年12月31日的账存数、2019年1月1日至20日收发数
监盘法	2019年1月20日实存数
调节法	2018年12月31日实存数
核对法	2018年12月31日账实数

实际结存数(8 500＋3 500－3 000)＝9 000＜甲材料的账存数10 000

【审计方法实训3】

在对G公司2015年度财务报表进行审计时，M注册会计师负责审计货币资金项目。G公司在总部和营业部均设有出纳部门。为顺利监盘库存现金，M注册会计师在监盘前一天通知G公司会计主管人员做好监盘准备。考虑到出纳日常工作安排，对总部和营业部库存现金的监盘时间分别定在上午10点和下午3点。监盘时，出纳把现金放入保险柜，并将已办妥现金收付手续的交易登入现金日记账，结出现金日记账余额；然后，M注册会计师当场盘点现金，在与现金日记账核对后填写“库存现金盘点表”，并在签字后形成审计工作底稿。

要求：请指出上述库存现金监盘工作中有哪些不当之处，并提出改进建议。

【实训分析】

（1）提前通知G公司会计主管人员做好监盘准备的做法不当。M注册会计师应当实施突击性的检查。

（2）没有同时监盘总部和营业部库存现金的做法不当。M注册会计师应当同时监盘总部和营业部的库存现金，若不能同时监盘，则应对后监盘的库存现金实施封存。

（3）盘点时间最好选择在上午上班前或下午下班时进行。

（4）G公司会计主管人员没有参与盘点的做法不当。盘点人员应包括出纳、会计主管人员和注册会计师。

（5）现金盘点操作程序不当。库存现金应由出纳盘点，由注册会计师监盘。

（6）"库存现金盘点表"签字人员不当。"库存现金盘点表"应由公司相关人员和注册会计师共同签字。

【审计方法实训4】

某企业2018年12月31日在产品账面盘存数5万只，2019年1月20日进行审计，发现该企业2018年1～11月各月末在产品数量为2万～2.8万只，这一情况引起审计人员怀疑。经清点得知，2019年1月20日在产品实际数量为2.2万只，2019年1月1日至20日投料生产数量为12.8万只，完工入库成品为13万只，产品单位成本为12元。

【实训分析】

（1）用调节法计算2018年12月31日在产品应存数。

2018年12月31日期初数A	+	2019年1月1日至20日本期入库数B	=	2019年1月1日至20日本期出库数C	+	2019年1月20日盘点数D

A＝D－B＋C＝2.2－12.8＋13＝2.4（万只）

（2）企业12月31日账面盘存数5万只－应存数2.4万只＝2.6万只，即在产品虚增2.6万只，则产成品虚减2.6万只×12＝31.2万只。

（3）在产品全部销售出去的情况下，产成品成本虚减即利润总额虚增。

提示：一般分析问题，以分析与利润总额的关系为宜。

【审计方法实训5】

2010年12月31日，恒易公司银行存款日记账余额为1 567 210元，银行对账单余额为1 601 410元。经逐笔核对，发现下列未达账项：

（1）31日，企业将零星销货款收入库存现金16 800元存入银行，根据进账单，企业已记银行存款增加而银行尚未入账；

（2）31日，企业开出转账支票12 000元支付前欠的货款，根据转账支票存根，企业已记银行存款减少而银行尚未入账；

（3）31日，委托银行代收货款85 000元已收到，银行已记企业的银行存款增加，企业尚未收到托收承付的收账通知联而尚未入账；

(4)31 日,银行代付的企业水电费 46 000 元,银行已记企业的银行存款减少,企业尚未收到委托收款的支款通知联而尚未入账。

请运用调节法编制银行余额调节表,审计该企业的银行存款余额的真实性及准确性。

实训分析如表 1 - 3 所示。

表 1 - 3　实例分析(三)

项目	金额	项目	金额
银行存款日记账余额	1 567 210	银行对账单余额	1 601 410
加:银行已收企业未收	85 000	加:企业已收企业未收	16 800
减:银行已付企业未付	46 000	减:企业已付企业未付	12 000
调节后余额	1 606 210	调节后余额	1 606 210

【审计方法实训 6】

乙注册会计师对被审计单位 2018 年发生或计提的主要费用项目与 2017 年度进行对比分析。经查,被审计单位 2018 年使用的固定资产增加;由于信用政策严格,赊销产品比例大幅度下降。

(1)请代乙注册会计师完成 2018 年被审计单位费用各项目分析表数字的计算,如表 1 - 4 所示。

表 1 - 4　2018 年被审计单位费用各项目分析表(一)

项目	本年数/万元	所占比例/%	上年数/万元	增减比例/%
工资	650		650	
折旧费	740		530	
坏账损失	68		100	
业务招待费	1 200		1 000	
差旅费	50		48	
合计				

(2)请运用分析性复核方法中的简单比较法对被审计单位费用予以确认。

【实训分析】

2018 年被审计单位费用各项目分析表数字的计算如表 1 - 5 所示。

表 1 - 5　2018 年被审计单位费用各项目分析表(二)

项目	本年数/万元	所占比例/%	上年数/万元	增减比例/%
工资	650	24. 07	650	0
折旧费	740	27. 41	530	39. 62
坏账损失	60	2. 22	100	-40
业务招待费	1 200	44. 44	1 000	20
差旅费	50	1. 86	48	4. 17
合计	2 700	100	2 328	15.98

从上表中可以看出,除工资与上年度保持一致、坏账损失有所下降外,其他项目均有一定幅度增长。其中,以折旧费用增长幅度最大,可能是由于管理用固定资产有所增加;业务招待费用上升20%要引起乙注册会计师的关注,检查是否超过规定限额,考虑应在计算应纳税所得额时调整;坏账损失下降40%是由于赊销减少,可以予以确认。

三、审计抽样

(一)审计抽样法的定义

审计抽样法是指审计人员先对特定审计对象总体抽取部分样本进行审查,然后以其审查结果来推断该总体的正确性的方法。

审计抽样法对符合性测试和实质性测试都适用,但不是对这些测试中的所有程序都适用,通常不用于询问、观察和分析性复核程序。

(二)统计抽样原理

统计抽样是审计人员运用概率论原理,遵循随机原则,从审计对象总体中抽取一部分有效样本进行审查,然后以样本的审查结果来推断总体的抽样方法。统计抽样是运用最广泛的一种抽样方法。统计抽样法在审计工作中的具体应用,主要有属性抽样和变量抽样。

通过统计抽样能够科学地确定抽样规模,可以防止主观臆断,可以把抽样误差控制在预先给定的范围之内,便于促使审计工作规范化。

(三)抽样审计中的风险因素

(1)非抽样风险。非抽样风险是指审计人员因采用不恰当的审计程序,或误解样本结果,或人为错误等而未能发现重大误差的可能性。

(2)抽样风险。抽样风险是指样本结果与总体特征偏差的可能性。抽样风险与控制测试与实质性程序的关系可用表1-6表示。

表1-6 抽样风险与控制测试与实质性程序的关系表

项目	控制测试		实质性测试	
抽样风险	信赖过度风险	信赖不足风险	误受风险	误拒风险
影响	审计效果、审计质量	审计效率	审计效果、审计质量	审计效率

四、统计抽样在审计中的运用

(一)属性抽样

属性抽样是指在精确度界限和可靠程度一定的条件下,为了测定总体特征的发生频率而采用的方法。属性抽样是指用于符合性测试方面的统计抽样法。运用属性抽样的步骤如下:①确定预计差错发生率;②确定精确度;③确定可靠程度;④确定样本数量;⑤选择随机抽样方法;⑥评价抽样结果,推断总体特征。

(二)变量抽样

审计人员用来估计总体金额的统计抽样被称为变量抽样。它适用于对企业存货、应收款等的估计。变量抽样是用于实质性测试方面的统计抽样方法。它通过检查会计报表各项目数据的真实性和正确性,来取得作出审计结论所需的直接证据。

(三)属性抽样与变量抽样的区别

属性抽样与变量抽样的区别如表1-7所示。

表1-7 属性抽样与变量抽样的区别

抽样技术	测试的种类	目标
属性抽样	控制测试	估计总体既定控制的偏差率
变量抽样	实质性测试	估计总体总金额或者总体中的错误金额

同步练习

一、单项选择题

1. 实物证据通常能证明(　　)。

A. 实物资产的所有权　　B. 实物资产是否存在

C. 实物资产的计价准确性　　D. 有关会计记录是否正确

2. 会计师事务所接受委托对被审计单位进行审计所形成的审计工作底稿,其所有权应属于(　　)。

A. 会计师事务所　　B. 被审计单位

C. 进行审计的注册会计师　　D. 委托单位

3. 有关审计证据可靠性的下列表述中,审计人员认同的是(　　)。

A. 书面证据与实物证据相比是一种辅助证据,可靠性较弱

B. 内部证据在外部流转并获得其他单位承认,则具有较强的可靠性

C. 被审计单位管理当局声明书有助于审计结论的形成,具有较强的可靠性

D. 环境证据比口头证据重要,属于基本证据,可靠性较强

4. 丙会计师事务所与D公司于2000年1月20日签订了2000年度会计报表审计业务约定书,作为审计档案,应当(　　)。

A. 至少保存至2002年　　B. 至少保存至2006年

C. 至少保存至2011年　　D. 长期保存

5. 审计人员执行会计报表审计业务获取的下列审计证据中,可靠性最强的证据是(　　)。

A. 购货发票　　B. 销货发票

C. 采购订货单副本　　D. 应收账款函证回函

6. 根据审计工作底稿准则的相关规定，下列各项中，属于泄露被审计单位商业秘密的是(　　)。

A. 未经委托人同意，允许法院查阅有关审计工作底稿

B. 未经委托人同意，允许政府审计部门派出的监察组查阅审计工作底稿

C. 未经委托人同意，允许注册会计师协会执业检查组查阅审计工作底稿

D. 未经委托人同意，允许审计其母公司的注册会计师调阅审计工作底稿

7. 审计人员对固有风险和控制风险的估计水平与所需审计证据的数量(　　)。

A. 呈同向变动关系　　B. 呈反向变动关系

C. 呈比例变动关系　　D. 不存在关系

8. 审计人员为发现被审计单位的会计报表和其他会计资料中的重要比率及趋势的异常变动，应采用(　　)获取审计证据

A. 检查　　B. 计算　　C. 分析性程序　　D. 估价

9. 一般情况下，实物证据不能证实的有(　　)。

A. 实物资产的数量　　B. 实物资产的质量

C. 有价证券的数量　　D. 现金的数量

10. 审计人员获取的下列审计证据中，证明力最弱的是(　　)。

A. 购货发票　　B. 支票存根

C. 领料单　　D. 律师声明书

11. 审计人员获取的下列书面证据中，证明力量最强的是(　　)。

A. 银行存款函证的回函　　B. 购货发票

C. 销货发票　　D. 应收账款明细账

12. 下列提法中，不正确的是(　　)。

A. 管理当局的可信赖程度越低，所需审计证据的数量越多

B. 被审计单位的管理水平越高，所需审计证据的数量越多

C. 控制风险越低，所需审计证据的数量越少

D. 控制风险越高，所需审计证据的数量越多

13. 下列审计证据中，其证明能力由强到弱排列的顺序是(　　)。

A. 审计人员自编的分析表、购货发票、销货发票、管理当局声明书

B. 购货发票、销货发票、审计人员自编的分析表、管理当局声明书

C. 销货发票、管理当局声明书、购货发票、审计人员自编的分析表

D. 审计人员自编的分析表、销货发票、管理当局声明书、购货发票

14. 下列审计工作底稿中，属于业务类工作底稿的有(　　)。

A. 企业营业执照　　B. 审计调整分录汇总表

C. 审计报告书未定稿　　D. 符合性测试时形成的工作底稿

15. 下列各项中，提法正确的是(　　)。

A. 内部控制越健全，固有风险越低

B. 内部控制越不健全，固有风险越高

C. 管理当局的可信赖程度越高，所需审计证据的数量越少

D. 管理当局的可信赖程度越低,所需审计证据的数量越少

16. 审计人员获取的被审计单位有关人员的口头答复所形成的书面记录,属于(　　)。

A. 书面证据　　B. 口头证据　　C. 实物证据　　D. 环境证据

17. 下列审计程序中,不能获得书面证据的有(　　)。

A. 监盘　　B. 分析性复核

C. 检查　　D. 查询及函证

18. 若要证实被审计单位对某些资产拥有所有权,审计人员一般应获取审计证据的类型是(　　)。

A. 实物证据　　B. 书面证据　　C. 口头证据　　D. 环境证据

19. 下列各项中,难以通过观察的方法来获取审计证据的是(　　)。

A. 实物资产的存在　　B. 内部控制的执行情况

C. 存货的所有权　　D. 经营场所

20. 管理当局声明书作为内部书面证据,其所不具有的作用表现为(　　)。

A. 可以适当减少审计人员应实施的审计程序

B. 提醒管理当局对会计报表负有会计责任

C. 将管理当局回答的问题书面化,列入审计工作底稿中

D. 可作为被审计单位管理当局未来意图的证据

21. 审计工作底稿的复核中,不能作为复核人的是(　　)。

A. 主任会计师、所长或指定代理人　　B. 业务助理人员

C. 部门经理或签字注册会计师　　D. 项目经理或项目负责人

22. 审计人员通常使用面询法取得(　　)。

A. 实物证据　　B. 书面证据　　C. 口头证据　　D. 环境证据

23. 为获得有关应收账款的真实性和可收回性的证据,主要应采用(　　)。

A. 盘点法　　B. 核对法　　C. 比较法　　D. 函询法

24. “存在或发生”认定和“完整性”认定,分别主要与(　　)有关。

A. 财务报表要素的低估和高估

B. 财务报表要素的高估和低估

C. 财务报表要素的缩小错误和夸大错误

D. 财务报表要素的错误、舞弊和不法行为

25. “权利与义务”认定只与(　　)的组成要素有关。

A. 资产负债表　　B. 会计报表

C. 损益表　　D. 现金流量表

26. 根据随机原则,任意地从总体中选取部分样本。这种选样方法被称为(　　)。

A. 任意选样　　B. 随意选样

C. 随机选样　　D. 判断选样

27. 下列哪种情况不宜采用抽样审计?(　　)

A. 对内部控制制度的符合性测试　　B. 对账户余额的实质性测试

C. 对违反财经法纪行为的专案审计　　D. 对应收账款的函证

28. 审计人员从1 200张现金支票中采取等距抽样法抽取100张做样本进行审查，假设选择6个随机起点，则抽样间隔为(　　)。

A. 12　　B. 72　　C. 10　　D. 20

29. 下列各项风险中，对审计工作效率和效果都产生影响的是(　　)。

A. 信赖过度风险　　B. 信赖不足风险

C. 误受风险　　D. 非抽样风险

二、多项选择题

1. 审计人员运用专业判断确定已获取的审计证据是否充分、适当时，应当考虑的主要因素包括(　　)。

A. 审计的成本与效益

B. 审计风险与具体审计项目的重要性

C. 审计经验

D. 审计证据的类型与获取途径

2. 审计人员在被审计单位搜集的环境证据包括(　　)。

A. 被审计单位的声明书　　B. 有关内部控制情况

C. 管理人员的素质　　D. 各种管理条件和管理水平

3. 审计人员在审计过程中搜集的环境证据包括的内容主要有(　　)。

A. 被审计单位的章程、合同、协议和营业执照

B. 被审计单位有关内部控制情况

C. 被审计单位管理人员的素质

D. 被审计单位各种管理条件和管理水平

4. 实物证据通常是证明实物资产是否存在的非常有力的证据，审计人员还应就其(　　)另行审计。

A. 报表披露　　B. 所有权归属　　C. 价值　　D. 年末余额

5. 下列各项中，对审计证据的充分性和适当性之间的关系表述正确的有(　　)。

A. 审计证据的相关性越强，所需审计证据的数量可以减少

B. 审计证据的充分性较高，就可以降低审计证据的质量

C. 审计证据的可靠程度较低时，就需要更多的审计证据

D. 审计证据的质量越高，可以适当减少审计证据的数量

6. 在评价审计证据的适当性时，审计人员一般应考虑(　　)。

A. 审计证据的相关性　　B. 审计证据的充分性

C. 审计证据的来源和及时性　　D. 审计证据的客观性

7. 外部证据是由被审计单位以外的组织机构或人士所编制的书面证据，其中包括(　　)。

A. 应收账款函证的回函　　B. 收到的支票

C. 购货发票　　D. 签发的支票

8. 会计师事务所对审计工作底稿进行复核的要点包括(　　)。

A. 所获取的审计证据是否充分恰当　　B. 所引用的资料是否翔实可靠

C. 审计判断是否有理有据　　D. 审计结论是否恰当

9. 下列证据中，属于内部书面证据的有（　　）。

A. 会计记录　　B. 客户盘点单

C. 董事会会议记录　　D. 客户律师对审计询证函的回函

10. 下列各项审计证据中，属于内部审计证据的有（　　）。

A. 被审计单位已对外报送的会计报表　　B. 被审计单位提供的销售合同

C. 被审计单位提供的供应商开具的发票　　D. 被审计单位管理当局声明书

11. 审计人员审计过程中获取实物证据的审计方法有（　　）。

A. 检查　　B. 函证　　C. 观察　　D. 监盘

12. 有可能需要审计人员发函询证的审计业务有（　　）。

A. 银行存款的审计　　B. 应收账款的审计

C. 应付账款的审计　　D. 长期投资的审计

13. 审计的目标是指审查和评价审计对象的（　　）。

A. 独立性和权威性　　B. 合理性和效益性

C. 客观性和一致性　　C. 真实性和公允性

D. 合规性和合法性

14. 根据注册会计师审计准则，我国社会审计的总目标是（　　）。

A. 对被审计单位会计报表的合法性表示意见

B. 对被审计单位会计报表的公允性表示意见

C. 对被审计单位会计处理方法的一贯性表示意见

D. 对被审计单位会计处理方法的可比性表示意见

15. 下列各项中，与审计人员设计样本时所确定的样本存在反向变动关系的有（　　）。

A. 抽样风险　　B. 可信赖程度

C. 可容忍误差　　D. 预期总体误差

16. 下列项目的实质性审查中，一般需要审计人员进行实地盘点的有（　　）。

A. 现金的审查　　B. 银行存款的审查

C. 存货的审查　　D. 长期投资的审查

17. 导致审计结果偏离事实而演变为审计失败的抽样风险有（　　）。

A. 信赖过度风险　　B. 信赖不足风险

C. 误拒风险　　D. 误受风险

三、判断题

1. 当期档案是指那些所记录内容经常变化，只供当期审计使用的审计档案。（　　）

2. 审计过程中，如果发现被审计单位存在错误或者舞弊行为，则审计人员一般应增加审计证据的数量。（　　）

3. 一般来说，受被审计单位影响越小的审计证据越可靠。（　　）

4. 实物证据是证实实物资产存在最有利的证据。（　　）

5. 审计工作底稿的记录内容只包括与审计意见有关的重要事项。（　　）

6. 审计人员应将各种重要的口头证据做成记录，必要时还应获得被询问者的确认，

从而形成书面证据。(　　)

7. 信赖不足风险和误受风险通常会使审计人员执行额外的审计程序,而降低审计效率。(　　)

8. 被审计单位内部控制的完善程度对审计人员搜集审计证据的数量有直接的影响。(　　)

9. 审计人员在获取审计证据时应考虑成本效益原则,通常应取得当时条件下最为妥当的证据。(　　)

10. 审计人员对固有风险的估计水平与所需证据的数量是反向变动。(　　)

11. 一般来说,对金额大、账龄长的应收账款,为取得有效的证据,期末都应实施肯定式函证。(　　)

12. 因为提供资料者应对资料的真实性负责,所以审计人员对获取的资料可直接作为自己的审计工作底稿使用。(　　)

13. 检查是审计人员对被审计单位所有事项的可靠程度的审阅与复核。(　　)

14. 审计人员对被审计单位进行审计,并形成审计工作底稿,该审计工作底稿应归其所有。(　　)

15. 审计人员发表的审计意见必须建立在有足够数量的审计证据基础之上,因此审计证据越多越好。(　　)

16. 当被审计单位的财务状况不佳时,审计人员只需要提高审计证据的质量。(　　)

17. 获取审计证据时,可以考虑成本效率原则。也就是说,审计人员并不一定要获取质量最高的审计证据。(　　)

18. 口头证据往往需要得到其他相应证据的支持。(　　)

19. 被审计单位内控的健全程度与审计证据反向变动。(　　)

20. 审计人员获取审计证据时,无论是重要的审计项目还是一般的审计项目,都应考虑成本效益原则。(　　)

21. 审计的“公允性”是指审查被审计单位的会计报表是否在所有方面公允地反映了被审计单位的财务状况、经营成果及资金变动情况。(　　)

22. 被审计单位于 2017 年 12 月 30 日给 A 公司发货 50 000 元,2018 年 1 月 4 日办妥托收手续。被审计单位在发出商品时,确认收入入账,则被审计单位违反了“完整性”认定。(　　)

23.“完整性”认定主要与财务报表组成要素的高估有关。(　　)

24. 审计目标中的合法性是指注册会计师的审计应符合独立审计准则及《中华人民共和国注册会计师法》。(　　)

25. 资产负债表中,固定资产项目如果未列示累计折旧及固定资产净值,则违反了完整性认定。(　　)

四、实训题

1. 审计人员在审查某企业银行存款时,发现该企业 2018 年 6 月 30 日银行存款日记账账面余额为 133 750 元,银行对账单余额为 127 000 元。经查对,发现以下几笔未达账项：

(1)6 月 29 日，委托银行收款 12 500 元，银行已入该企业账户，收款通知尚未送达企业；

(2)6 月 30 日，该企业开出现金支票一张，计 400 元，银行尚未入账；

(3)6 月 30 日，银行已代付企业电费 250 元，企业尚未收到付款通知；

(4)6 月 30 日，企业收到外单位转账支票一张，计 16 000 元，银行尚未入账。

要求：根据上述情况，编制银行存款余额调节表，并得出简要审计结论。

2. 为审核 2017 年某企业的年度决算，审计人员于 2018 年 1 月 20 日对甲材料库存进行盘点，结果为 8 500 千克。从 2018 年 1 月 1 ~20 日共收入 3 000 千克、发出 3 500 千克。2017 年 12 月 31 日，甲材料的账面余额为 10 000 千克，余额为 100 000 元。

要求：①分别计算 2017 年 12 月 31 日的甲材料应存数、盘亏（盈）数；②指出审计中所运用的审计方法，并作出简要审计结论。

3. 被审单位 A 为一家上市公司，一般纳税人，主营单一产品——甲产品购销。甲产品平均进价成本为 100 元/件，2000 年平均售价为 120 元/件（均不含增值税）。适用税率为：增值税 17%、所得税 33%、城市维护建设税 7%、教育费附加 3%。审计人员在对 A 公司 2000 年存货业务进行审查时，取得并证实以下资料：

(1) 年度利润表列“主营业务收入”18 000 万元、“主营业务成本”15 000 万元；

(2)2017 年，甲产品期初、期末余额分别为 2 000 万元和 6 000 万元；

(3)2017 年，甲产品全年进货 190 万件计 19 000 万元；

(4) 审计人员于 2018 年 1 月 31 日营业结束时开始对存货进行盘点，证实库存为 20 万件，并审查 2018 年 1 月永续盘存记录证实 1 月的进销分别为 20 万件和 10 万件。

要求：

(1) 根据 2018 年 1 月 31 日的盘点结果，运用调节法和核对法，确定 2017 年 12 月 31 日甲产品的结存数及盘盈（亏）数；

(2) 假定上述盘盈（亏）是 A 公司为人为调节损益而故意虚计（或隐瞒）销售，计算应退（或补交）的税费金额；

(3) 分析上述错误对 2015 年利润表有关项目的影响；

(4) 编制调整分录。

4. 注册会计师小李通过对 A 公司存货项目的相关内部控制制度进行分析评价后，发现该公司存在下列五种状况：

(1) 库存现金未经认真盘点；

(2) 接近资产负债表日前入库的 A 产品可能已计入存货项目，但可能未进行相关的会计记录；

(3) 由 X 公司代管的甲材料可能并不存在；

(4) Y 公司存放在 A 公司仓库的乙材料可能已计入 A 公司的存货项目；

(5) 本次审计为 A 公司成立以来的首次审计。

要求：请根据上列情况分别指出各自的审计程序、审计目标和应搜集哪些审计证据。

5. 阿兰姆机械厂生产甲产品，材料一次投入，逐步消耗，每投入 100 千克 A 材料可以生产出甲产品100千克。20×2年12月31日，该企业对在产品和产成品进行了盘点，盘点结果如下：在产品结存2 100千克，加工程度为50%；产成品结存4 800千克。期末在产品和产成品账面记录与盘点数一致。20×3年2月2日，审计人员委托对该企业进行财务审计。当日，对在产品和产成品进行了盘点，盘点结果如下：在产品盘存2 000千克，加工程度为50%；产成品盘存5 000千克。

其他有关资料如下：20×3年1月1日至2月2日，领料单记录生产领用A材料5 000千克；产成品交库单记录甲产品入库数为4 000千克；产品发货单记录甲产品出库数为4 500千克。

要求：运用调节法验证20×2年12月31日有关会计资料的准确性。

第二章　计划审计工作模拟实训

【主要内容】

本章主要讲述审计计划阶段应做的主要工作及工作底稿的编制。本章需要重点理解并掌握以下几个问题:了解被审计单位的基本情况;审计重要性水平确定的方法;签订审计业务约定书应做的主要工作;审计风险及内部控制评估;审计计划编制的内容。

第一节　计划阶段审计业务活动

对于任何一项审计业务,在执行具体审计程序之前,审计人员都必须制订计划,使审计业务以有效的方式得到执行。一般来说,计划审计工作主要包括以下几个步骤:初步了解被审计单位的基本情况;签订审计业务约定书;确定审计重要性水平;评估内部控制;识别与评估审计风险;制订审计计划。

一、初步了解被审计单位的基本情况

(一)查阅以前年度的审计工作底稿

对于连续审计业务,以前年度的审计工作底稿有助于注册会计师了解与特定经营活动和行业相关的一些因素。

(二)询问被审计单位管理层和员工

询问被审计单位管理层和内部其他相关人员是注册会计师了解被审计单位及环境的一个重要信息来源。审计人员可以考虑向管理层和财务负责人询问下列事项:

(1)管理层所关注的主要问题;

(2)被审计单位最近的财务状况、经营成果和现金流量;

(3)可能影响财务报告的交易和事项,或者目前发生的重大会计处理问题。

(4)被审计单位发生的其他重要变化,如所有权结构、组织结构的变化。

(三)查阅被审计单位内部和外部的信息资料

1. 内部信息资料

内部信息资料主要包括中期财务报告(包括管理层的讨论和分析)、管理报告、其他特殊目的的报告,以及股东大会、董事会会议、高级管理层会议的会议记录或纪要。

2. 外部信息资料

外部信息资料包括由外部顾问、代理机构、证券分析师等编制的关于被审计单位及所处行业的报告，政府部门或民间行业组织发布的行业报告、宏观经济统计数据、行业统计数据，以及贸易和商业杂志等信息资料。

（四）实地察看被审计单位的主要生产经营场所，检查相关文件记录

观察和检查程序可以印证对管理层和其他相关人员的询问结果，并可提供有关被审计单位及环境的信息。注册会计师应当实施下列观察和检查程序：

（1）观察被审计单位的生产经营活动；

（2）检查文件、记录和内部控制手册；

（3）实地察看被审计单位的生产经营场所和设备；

（4）追踪交易在财务报告信息系统中的处理过程（穿行测试）。

（五）分析程序

分析程序是指注册会计师通过研究不同财务数据之间以及财务数据与非财务数据之间的内在关系，对财务信息作出评价。在实施分析程序时，注册会计师应当预期可能存在的合理关系，并与被审计单位记录的金额、依据记录金额计算的比率或趋势相比较；如果发现异常或未预期到的关系，注册会计师应当在识别重大错报风险时考虑这些比较结果。如果使用了高度汇总的数据，实施分析程序的结果仅可能初步显示财务报表存在重大错报风险，注册会计师应当将分析结果连同识别重大错报风险时获取的其他信息一并考虑。

二、签订审计业务约定书

审计业务约定书是指由会计师事务所与委托人共同签署的，据以确认审计业务的委托与受托关系，明确委托目的、审计范围及双方应负责任与义务等事项的书面合同。审计业务约定书具有经济合同的性质，一经双方签字认可，即具有法定约束力。签署审计业务约定书之前应做好如下工作：

（1）明确审计业务的性质和范围。

（2）初步了解被审计单位的基本情况。初步了解被审计单位的基本情况主要包括但不限于以下基本情况：被审计单位的基本情况主要包括经营环境，如业务类型、产品和服务种类、行业政策等；管理人员的品行；会计政策；关联交易；内部控制制度。

（3）会计师事务所评价专业胜任能力。

（4）商定审计收费。

（5）明确被审计单位应协助的工作。审计业务约定书的主要内容包括：①签约双方的名称；②委托目的；③审计范围；④会计责任与审计责任；⑤签约双方的义务；⑥审计收费、审计业务约定书的有效期间及违约责任。

三、评估被审计单位的重大错报风险

（一）了解重大错报风险的内容

审计准则要求了解被审计单位及基本情况的内容能够获得上述各因素的相关信息。

这些内容包括:①行业状况、法律环境与监管环境以及其他外部因素;②被审计单位的性质;③被审计单位对会计政策的选择和运用:④被审计单位的目标、战略以及相关经营风险;⑤被审计单位财务业绩的衡量和评价;被审计单位的内部控制。

(二)识别和评估重大错报风险的审计程序

在识别和评估重大错报风险时,应当实施下列审计程序:

(1)在了解被审计单位及环境的整个过程中识别风险,并考虑各类交易、账户余额、列报。注册会计师应当运用各项风险评估程序,在了解被审计单位及环境的整个过程中识别风险,并将识别的风险与各类交易、账户余额和列报相联系。

(2)将识别的风险与认定层次可能发生错报的领域相联系。

(3)考虑识别的风险是否重大。风险是否重大是指风险造成后果的严重程度。

(4)考虑识别的风险导致财务报表发生重大错报的可能性。

注册会计师应当利用实施风险评估程序获取的信息,包括在评价控制设计和确定其是否得到执行时获取的审计证据,作为支持风险评估结果的审计证据。注册会计师应当根据风险评估结果,确定实施进一步审计程序的性质、时间和范围。

(三)关注特别风险

在确定哪些风险是特别风险时,根据风险的性质、潜在错报的重要程度和发生的可能性,判断风险是否属于特别风险。在确定风险的性质时,注册会计师应当考虑下列事项:

(1)风险是否属于舞弊风险;

(2)风险是否与近期经济环境、会计处理方法和其他方面的重大变化有关;

(3)交易的复杂程度;

(4)风险是否涉及重大的关联方交易;

(5)财务信息计量的主观程度;

(6)风险是否涉及异常或超出正常经营过程的重大交易。

四、初步确定审计的重要性水平

审计的重要性是指被审计单位会计报表中错报或漏报的严重程度,这一程度在特定环境下可能影响会计报表使用者的判断或决策。

(一)重要性金额和性质的考虑

重要性具有数量和质量两个方面的特征。一般来说,金额大的错报或漏报比金额小的错报或漏报更重要。但以下情况某项错报或漏报从量的方面看并不重要,从其性质方面考虑却可能是重要的。

(1)涉及舞弊与违法行为的错报或漏报;

(2)可能引起履行合同义务的错报或漏报;

(3)影响收益趋势的错报或漏报;

(4)不期望出现的错报或漏报,如实收资本、现金的错报或漏报。

(二)两个层次重要性的考虑

注册会计师应当考虑会计报表层次和相关账户层次的重要性。这就意味着注册会计师在审计过程中必须从两个层次来考虑重要性,即会计报表层次和账户层次。其中,账户层次的重要性水平就是实质性测试的可容忍误差。

(三)编制审计计划时对重要性的评估

1. 对重要性水平的总体性要求

(1)编制审计计划时必须对重要性水平作出初步判断;

(2)对重要性水平作出初步判断的目的是确定审计证据的数量;

(3)重要性水平与审计证据的数量之间呈反向关系;

(4)重要性与审计风险之间呈反向关系。

2. 对重要性水平作出初步判断时应考虑的因素

(1)以往的审计经验:审计经验越丰富,重要性水平越高。

(2)会计报表各项目的性质及相互关系:审计项目的重要性越大,重要性水平越低,如现金、有价证券、固定资产。

(3)被审计单位的经营规模和业务性质:经营规模大,业务性质越复杂,重要性水平越高。

(4)内部控制与审计风险的评估结果:内部控制越健全,重要性水平越高;评估审计风险低,重要性水平高。

(5)财务报表各项目的金额及波动幅度:财务报表各项目的金额及波动幅度越高,重要性水平越高。

(6)有关法规对财务会计的要求:法规对财务会计的要求越严,重要性水平越高。

(7)各账户层次的重要性水平与会计报表层次的重要性水平的关系。

重要性水平采用分配法时,各账户层次的重要性水平之和应等于会计报表层次的重要性水平。

(8)注册会计师还应考虑账户或交易的审计成本:对错、漏报可能性较大的账户,如应收账款和存货应制定较高的重要性水平。

(四)账户层次的重要性水平的确定

1. 各账户或各类交易的性质及错报可能性

一般来说,项目重要性越大,重要性水平越低,如现金、有价证券、固定资产;错、漏报的可能性大,重要性水平高,如应收账款、存货。

2. 各账户或各类交易的重要性水平与会计报表层次的重要性水平的关系

审计人员对认定层次的重要性水平确定可以采用分配或不分配的方法。

(1)分配法:一般适用于资产负债账表户,即把资产负债表层次的重要性水平以各账户占总资产的比重为权数分配至各账户,然后考虑各账户的性质、错报或漏报的可能性及各账户的审计成本后对其进行修正。由于报表的相关联性,损益表不参加分配。

(2)不分配法:根据各账户或各类交易的性质及错报或漏报的可能性,将各账户或各类交易的重要性水平确定为会计报表层次的重要性水平的一定百分比范围之内。

【实训案例1】某企业的资产情况如下，确定重要性水平比例为1%。某注册会计师将重要性的初步判断分配于各个账户如下所示，指出不合理之处。

资产项目	金额	重要性水平比例	账户层次重复性水平
现金	700 万元	×1%	7 万元
应收账款	2 100 万元	×1%	21 万元
存货	4 200 万元	×1%	42 万元
固定资产	7 000 万元	×1%	70 万元

【实训案例1解析】

上述各项目不能平均分配。现金及固定资产是企业特别重要的资产，重要性水平要制定得低一些，应收账款与存货错、漏报的可能性大，重要性水平高。

(五)会计报表层次的重要性水平的确定

1. 固定比率法

固定比率法是指选定会计报表既定的判断基础后，乘以固定比率得出会计报表层次的重要性水平的一种方法。常用的会计报表判断基础有资产总额、营业收入、净资产、税前利润等。在审计实务中，固定比率一般为税前利润的5% ~10%、净资产的1%、资产总额的0.5% ~1%、营业收入的0.5% ~1%。

2. 变动比率法

运用变动比率法时，规模越大的企业允许错、漏报的金额比率越小。

特别注意：同一期间的报表，取重要性水平最低的作为会计报表层次的重要性水平。

【实训案例2】A 和 B 注册会计师对 XYZ 股份有限公司 2018 年度会计报表进行审计，其未经审计的有关会计报表项目金额如表2-1所示。

表2-1 XYZ 股份有限公司 2018 年度简化会计报表

单位：万元(人民币)

会计报表项目名称	金额
资产总计	180 000
股东权益合计	88 000
主营业务收入	240 000
利润总额	36 000
净利润	24 120

要求：

(1)如果以资产总额、净资产(股东权益)、主营业务收入和净利润作为判断基础，采用固定比率法，并假定资产总额、净资产、主营业务收入和净利润的固定百分比数值分别为0.5%、1%、0.5%和5%，请代 A 和 B 注册会计师计算确定 XYZ 股份有限公司 2018 年度会计报表层次的重要性水平(请列示计算过程)。

(2)简要说明重要性水平与审计风险之间的关系。

(3)简要说明重要性水平与审计证据之间的关系。

【实训案例2解析】

(1)计算确定XYZ股份有限公司2018年度会计报表层次的审计重要性水平,见表2-2。

表2-2　XYZ股份有限公司2018年会计报表层次的审计重要性水平计算

判断基础	金额/万元	固定百分比/%	乘积/万元	会计报表层次的重要性水平/万元
资产总额	18 0000	0.5	900	880
净资产	88 000	1	880	
主营业务收入	240 000	0.5	1 200	
净利润	24 120	5	1 206	

(2)简要说明重要性水平与审计风险之间的关系:重要性水平与审计风险之间呈反向关系。也就是说,重要性水平越高,审计风险越低;反之,重要性水平越低,审计风险越高。

(3)简要说明重要性水平与审计证据之间的关系:重要性水平与审计证据之间呈反向关系。也就是说,重要性水平越低,应获取的审计证据越多;反之,重要性水平越高,应获取的审计证据越少。

五、评估内部控制

(一)评价控制的设计

评价控制的设计是指考虑一项控制单独或连同其他控制是否能够有效防止或发现并纠正重大错报。注册会计师在了解内部控制时,应当评估控制的设计,并确定其是否得到执行。

(二)了解内部控制的程序

(1)询问被审计单位人员;

(2)观察特定控制的运用;

(3)检查文件和报告;

(4)追踪交易在财务报告信息系统中的处理过程(穿行测试)。

(三)内部控制的评价内容

在识别和了解控制后,根据执行上述程序和获取的审计证据,注册会计师需要评价控制设计的合理性并确定其是否得到执行。注册会计师对控制的评价结论可能是:

(1)所设计的内部控制单独或连同其他控制能够防止或发现并纠正重大错报,并得到执行;

(2)控制本身的设计是合理的,但没有得到执行;

(3)控制本身的设计就是无效的或缺乏必要的控制。

(四)评价决策

在对控制进行初步评价及风险评估后,注册会计师需要利用实施上述程序获得的信息,回答以下问题:①控制本身的设计是否合理;②控制是否得到执行;③是否更多的信赖这些控制并拟实施控制测试。

如果认为被审计单位控制设计合理并得到执行,能够有效防止或发现并纠正重大错报,那么,审计人员通常可以信赖这些控制,减少拟实施的实质性程序。如果拟更多的信赖这些控制,需要确信所信赖的控制在整个拟信赖期间都有效地发挥了作用,即注册会计师应对这些控制在该期间内是否得到一贯运行进行测试。

如果控制测试的结果进一步证实内部控制是有效的,审计人员可以认为相关账户及认定发生重大错报的可能性较低,对相关账户及认定实施实质性程序的范围也将减少。

六、编制审计计划

审计计划是指审计人员为了完成各项审计业务,达到预期的审计目标,在具体执行审计程序之前编制的工作计划。通常,审计计划可分为总体审计计划和具体审计计划两部分。

(一)总体审计计划

总体审计计划用以确定审计范围、时间和方向,并指导制订具体审计计划。总体审计计划主要包括审计时间预算、审计工费预算、人员分工安排、重点审计领域(审计资源分配)及审计风险的评估,对专家、内部审计人员和其他审计人员工作的利用以及其他有关内容。

(二)具体审计计划

具体审计计划应当包括各具体审计项目的一些基本内容,如审计目标、审计流程、执行人和执行日期、审计工作底稿的索引以及其他有关内容。

【实训案例3】

隆兴公司自开业以来,营业额剧增。为筹措资金,该公司决定向银行贷款。但银行希望其出具审计后的财务报表,以作出是否给其贷款的决定。于是,隆兴公司决定聘请宝信会计师事务所对本公司进行审计。隆兴公司以前从未进行过审计。

审计刚开始就不太顺利。注册会计师王玲刚到隆兴公司就发现,该公司的会计账册不齐,而且账也未轧平。于是,王玲花费了一个星期的时间帮助公司会计整理账簿等。但公司会计人员却向财务经理抱怨,认为王玲太苛刻,妨碍其正常工作。第二周,当王玲向会计人员索要客户的有关资料以便对应收账款进行询证时,会计人员以这些资料系公司机密为由,加以拒绝。接着,王玲又要求,公司在年末这一天,停止生产,以便对存货进行盘点。但隆兴公司又以生产任务忙为由,也加以拒绝。王玲无奈之下,只得向她所在的会计师事务所的负责人张民汇报。随后,张民立即与隆兴公司总经理进行接洽,告知如果无法进行询证或盘点,将迫使注册会计师无法对财务报表表示意见。隆兴公司总经理闻言之后,非常生气。他说,我情愿向朋友借钱,也不要你们的审计报告。隆兴公司总经理不但命令注册会计师马上离开公司,而且拒绝支付注册会计师前两周的审计费用。

张民也非常生气，他严肃地告诉隆兴公司总经理，除非付清所有的审计费用，否则，前期由王玲代编的会计账册将不予归还。

问：该会计师事务所的做法是否妥当？如果不妥当，你有什么建议？

【实训案例3解析】

会计师事务所存在的问题：

（1）审计前没有与客户妥善会谈，以致客户不了解审计的意义、目的及范围。这是造成客户不同意注册会计师进行询证或盘点的原因。

（2）没有与客户签订审计业务约定书，没有与客户商定审计收费。在客户账未结平之前就贸然前去审计，实属不妥。

（3）没有制订审计计划，同时如没有获得项目负责人同意，就帮助客户整理账本，实属多余。

（4）通过扣留客户账册来作为要求客户付款条件，有失职业道德。搞得不好，很可能被客户起诉侵权。应立即归还客户账本。如果整理工作时间不长，可以放弃审计收费。如果审计收费金额巨大，可以通过正常的法律渠道予以申诉，通过合法程序来维护自身合法权益。

第二节　计划阶段审计工作底稿的编制

一、被审计单位基本情况表审计工作底稿的编制

（一）被审计单位基本情况表审计工作底稿

被审计单位基本情况表审计工作底稿如表2－3所示。

表2－3　被审计单位基本情况表审计工作底稿

<table>
<tr><td colspan="4">客户名称：ABC有限责任公司</td><td>法人代表：张健</td></tr>
<tr><td>经营范围：</td><td colspan="3">生产和销售铝工业、钢铁工业、玻璃工业用的高温材料及产品；生产和销售除气设备系统、部件和模具；生产和销售铸造工业用的涂料和精炼剂</td><td>经营期限：10年</td></tr>
<tr><td>总资产额：20 186 494.20元</td><td>净资产额：16 832 495.88元</td><td colspan="2">主营业务收入：6 989 666.67元</td><td>税后利润：1 263 282.14元</td></tr>
<tr><td rowspan="2">投资者名称</td><td>注册资本</td><td colspan="3">实收资本</td></tr>
<tr><td>金额</td><td>出资比例</td><td>金额</td><td>占注册资本的比例</td></tr>
<tr><td>梁丰明</td><td>560万元</td><td>40%</td><td>560万元</td><td>40%</td></tr>
<tr><td>刘云飞</td><td>490万元</td><td>50%</td><td>490万元</td><td>35%</td></tr>
<tr><td>王　珏</td><td>350万元</td><td>25%</td><td>350万元</td><td>25%</td></tr>
</table>

表2-3(续)

合计	1 400 万元	100%	1 400 万元	100%
批准机关及证书号码:450121168168168		营业执照号码:4500001001557(1-1)		
注册日期:2001 年 1 月 12 日		主管工商机关:广西壮族自治区工商行政管理局		主管税务机关:
主要负责人:梁丰明		董事长:梁丰明	总经理:覃菁	财务负责人:卫涓涓
办公地址:南宁市高新技术开发区		休假日:国定休假日		联系人:覃菁

(二)被审计单位基本情况问卷调查表审计工作底稿

被审计单位基本情况问卷调查表审计工作底稿如表 2-4 所示。

表 2-4　被审计单位基本情况问卷调查表审计工作底稿

被审计单位:ABC 有限责任公司	编制人:	黄少颖	日期:2019. 01. 13
内容:了解被审计单位及其环境	复核人:	林华君	日期:2019. 01. 13
会计期间或截止日:2018 年 12 月 31 日	索引号:		页码:
被审计单位概况			
说明被审计单位的概况,并获取营业执照、章程以及重要的合同、协议等法律文件			
被审计单位名称	南宁市骏业高温材料有限责任公司		
被审计单位类型	制造业		
成立日期	2001 年 1 月 12 日		
组织结构	主要按部门职能设置组织机构		
所有制性质	私营,民营综合性企业		
1. 治理结构	只设立了股东会和执行董事,未按照公司章程设立监事,治理结构不健全		
2. 行业	机械工业-铝加工辅助工业		
3. 所在行业适用的特定法律法规和规章	《中华人民共和国公司法》《中华人民共和国私营企业暂行条例》		
4. 所在行业适用的会计准则、会计制度或特定惯例	《小企业会计制度》		
5. 可能影响当期审计的新颁布的会计准则或审计准则	无		
6. 可能影响被审计单位经营的经济环境、行业竞争状况及其他最新情况	近年来,随着世界高载能产业向中国的转移,中国铝产量突飞猛进。在全球铝消费量不断增长和新一轮铝代铜、铝代钢的热潮拉动下,中国目前已成为世界上最大的铝生产和消费国。铝工业以及国内经济的迅猛发展,必然会拉动对除气设备及部件、过滤袋等可以提高铝制品清洁度的设备需求。高温材料行业面临一个很好的发展机遇		

表2-4(续)

7.所在行业的特殊监管或报告要求	无
8.被审计单位的主要业主及其所占资本份额	梁丰明出资560万元,占注册资本的比例为40%;刘云飞出资490万元,占注册资本的比例为35%;王珏出资350万元,占注册资本的比例为25%
9.被审计单位管理层的主要成员	总经理覃菁,总经理助理邹俊,副总经理黎福林、陈广炎、罗珏齐,行政部经理彭耀安,行政部副经理陈家龙,人事部经理刘太乐,人事部副经理韦喜香,物流部经理李林时,物流部副经理周锟,采购部经理陈世玉,采购部副经理谭元,生产部经理韦建,生产部副经理唐容,市场部经理陈海斌,市场部副经理吴秉,销售部经理黄善良,销售部副经理刘昆,财务部经理卫涓涓,财务部副经理谭吉吉
业主(管理层)的诚信度	
10.根据以前年度为被审计单位提供专业服务的经验以及从其他渠道获取的信息,考虑业主(管理层)的诚信度	
(1)业主(管理层)是否作出过重大的错误陈述	否
(2)业主(管理层)是否已采纳其前期接受的审计调整意见	否,上年度会计报表审计报告为保留意见类型
(3)以往审计中向业主(管理层)获取信息是否存在困难	否
(4)从前任注册会计师、供应商、客户、律师、监管部门等获取的信息	信用良好
11.业主(管理层)的工作方法是否激进	否,较为稳妥
12.业主(管理层)是否充分了解被审计单位的经营活动和财务状况	是
13.业主(管理层)是否充分了解其对财务报表的真实性、完整性应当承担的责任	是
报酬安排	
14.有无员工奖励或者利润分红计划,如果有,说明所涉及的人员、职务和计算方法等	有,奖金发放与公司的效益挂钩

表2-4(续)

15. 是否为员工办理了有关社会保险	有养老、失业、生育、工伤基本社会保险
16. 被审计单位的计酬方式,如月薪、计时工资、佣金、计件工资、发放频率与时间等	月薪每月8日左右发放,工资由“基础工资”“岗位津贴”“物价补贴”“奖金”四部分组成
财务报表的使用情况	
17. 已审计财务报表是否需要满足下列机构或文件的要求	
(1)银行或其他债权人	否
(2)监管机构或其他政府部门	否
(3)合同、协议	否
(4)其他用途	用作评价企业财务状况和经营成果,并作为设计高层管理人员薪酬计划的参考标准
18. 财务报表是否提供不参与被审计单位经营的业主、供应商、客户或员工	否
19. 公布已审计财务报表的最后期限	2019年2月1日
审计范围的限制	
20. 业主(管理层)是否对审计范围施加限制	否
21. 审计工作是否存在时间压力	否,时间较充裕
22. 注册会计师是否可以实施替代程序,以克服上述范围限制	可以
独立性	
注册会计师及其所在的会计师事务所与被审计单位之间是否存在可能损害独立性的利害关系	
24. 注册会计师是否需要代行通常由业主(管理层)或员工承担的职责	没有
经营活动	
25. 被审计单位生产经营部门、销售部门、管理部门等的员工人数	生产部49名,销售部5名,总经理办公室5名,行政部5名,人事部4名,物流部8名,采购部5名,财务部6名,市场部4名

表2－4(续)

26. 被审计单位的主要产品目录、服务种类、重要客户名录	主要产品:除气机、过滤袋、石墨杆与石墨轮
被审计单位的经营活动是否主要依赖于某一客户,列出该客户名称和来自该客户的收入占总收入的百分比	
28. 被审计单位的经营活动是否主要依赖于某一供应商,列出该供应商的名称以及与该供应商的采购额占总采购额的百分比	
29. 营业成本的构成要素	工资约占40%,制造费用约占25%,材料成本约占35%
30. 营业成本以外的其他主要费用	营业税金及附加、销售费用、管理费用、财务费用
31. 被审计单位主要筹资渠道,如银行借款、融资租赁、业主投入资本等	以股东投入资本为主,也有向银行贷款补充流动资金不足与用固定资产投资
32. 税前会计利润与应纳税所得额的差异及原因	采用应付税款法,不存在时间性差异
33. 所有已知的关联方、关联方交易类型及交易要素	无
内部控制	
34. 是否存在导致业主(管理层)歪曲财务报表的情形	
(1)业主(管理层)是否存在少纳税、费的强烈动机	无
(2)被审计单位是否处于财务困境,或者经营严重恶化	无
(3)业主(管理层)是否面临外部筹资的压力	压力较小
(4)外部筹资是否依赖于财务比率或财务状况	不依赖
(5)业主(管理层)是否存在不合理或不必要经营风险的倾向	否,比较稳健
(6)管理层的报酬是否依赖于经营成果	是
(7)管理层的报酬是否与被审计单位的规模及承担的责任相匹配	是

表2-4(续)

35. 业主(管理层)的控制意识	
(1)业主(管理层)是否执行重要的控制职能	是
(2)业主(管理层)是否设计与批准会计制度	是
(3)业主(管理层)是否制定措施,以防止未经授权接触与毁损资产、记录	是
(4)业主(管理层)是否理解并使用财务资料和经营管理报告	是
(5)会计人员是否具有履行其职责所必需的知识和经验	是
(6)会计人员是否清楚自己的职责和相关工作程序	是
(7)业主(管理层)是否检查、控制会计处理质量	是
(8)会计人员是否稳定	稳定
(9)业主(管理层)对员工的诚信度是否满意	是
(10)在与被审计单位交往过程中是否发现被审计单位员工缺乏胜任能力或不诚实	否
(11)业主(管理层)是否定期核定被审计单位保险金额,并在必要时予以增加	是
36. 简要说明会计系统和人员分工	
会计记录	人员分工
总分类账	庞　英
应收账款明细账	张静娜
应付账款明细账	张静娜
存货永续盘存记录	周立为
销售明细账	周立为
购货明细账	周立为
应付工资明细账	张静娜
其他明细账	周立为

表2－4(续)

现金日记账	卢　敏
银行存款日记账	卢　敏
银行存款余额调节表	谭吉吉
月度财务报表	卫涓涓
被审计单位是否使用计算机进行会计处理,如果是,简要说明计算机信息系统及其所进行的会计处理是用用友 V8 财务软件进行会计处理	
被审计单位是否制定相关的内部控制政策与程序,以识别被审计单位发生的交易,并合理保证所有交易均已入账,如果是,予以说明	有采购业务、销售业务费用报销等业务控制流程
39. 会计系统是否提供了完整的会计记录,使注册会计师能够在成本与效益原则的基础上实施审计程序	是
40. 根据上述调查,初步确定对内部控制的拟依赖程度	
(1)由于缺少职责分工,业主(管理层)凌驾于内部控制之上,或按成本与效益原则,无法依赖内部控制,以减少实质性程序的范围了 (2)在某些方面可以依赖内部控制,以减少实质性程序的范围(说明对内部控制了解、评价的过程及结果)	

二、承接业务审计风险初步评价工作底稿

表 2－5 为承接业务审计风险初步评价工作底稿。

表 2－5　承接业务审计风险初步评价工作底稿

被审计单位:ABC 有限责任公司　　编制人:林华君　　日期:2019 年 1 月 12 日　　索引号:

会计期间或截止日:2018 年 12 月 31 日　　复核人:黄少颖　　日期:2019 年 1 月 13 日　　页码:

项　目		说　明	风险评价
委托人	委托原因	股东委托	低
	审计内容	2018 年度财务报表	低
	委托人动机	为规范经济业务支出的审批及报销程序,明确业务经办人、部门负责人及签批人的责任,确保公司各项经济业务支出“合理、合法、合规”的进行,有效避免财务风险	中

表2－5(续)

被审计单位	行业环境	我国铝工业以及国内经济的迅猛发展，必然会拉动对除气设备及其部件、过滤袋等可以提高铝制品清洁度的设备需求，高温材料行业面临一个很好的发展机遇	低
	产品销售情况		中
	企业背景	2001年1月开始投资建厂，并于2002年1月建成投产，是一家生产铝工业、钢铁工业、玻璃工业用的高温材料及除气设备系统、部件和模具的小型工业制造企业，客户主要为全国各地的航天航空公司、钢铁公司、铝制品公司以及玻璃制品公司	中
	上一会计期间是否经过审计	是	低
	是否连续亏损	否	低
	资产负债率	14.03%	低
	内部管理制度	较完善	中
	有无潜亏因素	无	中
	是否限制范围	否	低
如果变更会计师事务所	变更原因		
	是否与前任注册会计师沟通		
	是否得到回复并评价回复		
会计师事务所及注册会计师	独立性	具备独立性	低
	胜任能力	具备胜任能力	低
	是否向客户提供其他专业服务	否	低
	是否具有充足的时间和人力执行该业务	是	低
审计结论：审计风险水平——低。			

注："风险评价栏"以"高、中、低"表示。

三、审计业务约定书工作底稿的编制

审计业务约定书工作底稿编制的范例：

审计业务约定书工作底稿

甲方：ABC有限责任公司

乙方：XYZ会计师事务所

兹由甲方委托乙方对2018年度财务报表进行审计，经双方协商，达成以下约定：

一、业务范围与审计目标

1. 乙方接受甲方委托,对甲方按照《企业会计准则》编制的2018年12月31日的资产负债表,2018年度的利润表、股东权益变动表和现金流量表以及财务报表附注(以下统称财务报表)进行审计。

2. 乙方通过执行审计工作,对财务报表的下列方面发表审计意见:

(1)财务报表是否按照《企业会计准则》的规定编制;

(2)财务报表是否在所有重大方面公允反映甲方的财务状况、经营成果和现金流量。

二、甲方的责任与义务

(一)甲方的责任

1. 根据《中华人民共和国会计法》及《企业财务会计报告条例》,甲方及甲方负责人有责任保证会计资料的真实性和完整性。因此,甲方管理层有责任妥善保存和提供会计记录(包括但不限于会计凭证、会计账簿及其他会计资料),这些记录必须真实、完整地反映甲方的财务状况、经营成果和现金流量。

2. 按照《企业会计准则》规定编制财务报表是甲方管理层的责任。这种责任包括:

(1)设计、实施和维护与财务报表编制相关的内部控制,以使财务报表不存在由于舞弊或错误而导致的重大错报;

(2)选择和运用恰当的会计政策;

(3)作出合理的会计估计。

(二)甲方的义务

1. 及时为乙方的审计工作提供其所要求的全部会计资料和其他有关资料(在2019年1月12日之前提供审计所需的全部资料),并保证所提供资料的真实性和完整性。

2. 确保乙方不受限制地接触任何与审计有关的记录、文件和所需的其他信息。

3. 为满足乙方对甲方合并财务报表发表审计意见的需要,甲方须确保:

乙方和为组成部分执行审计的其他会计师事务所的注册会计师(以下简称其他注册会计师)之间的沟通不受任何限制。组成部分是指甲方的子公司、分部、分公司、合营企业、联营企业等。

如果甲方管理层、负责编制组成部分财务信息的管理层(以下简称组成部分管理层)对其他注册会计师的审计范围施加了限制,或客观环境使其他注册会计师的审计范围受到限制,甲方管理层和组成部分管理层应当及时告知乙方。乙方及时获悉其他注册会计师与组成部分治理层和管理层之间的重要沟通(包括就内部控制重大缺陷进行的沟通)。乙方及时获悉组成部分治理层和管理层与监管机构就财务信息事项进行的重要沟通。在乙方认为必要时,允许乙方接触组成部分的信息、组成部分管理层或其他注册会计师(包括其他注册会计师的审计工作底稿),并允许乙方对组成部分的财务信息实施审计程序。

3. 甲方管理层对其作出的与审计有关的声明予以书面确认。

4. 为乙方派出的有关工作人员提供必要的工作条件和协助,主要事项将由乙方于外勤工作开始前提供清单。

5. 按本约定书的约定及时足额支付审计费用以及乙方人员在审计期间的交通、食宿和其他相关费用。

三、乙方的责任和义务

(一)乙方的责任

1. 乙方的责任是在实施审计工作的基础上对甲方财务报表发表审计意见。乙方按照中国注册会计师审计准则(以下简称审计准则)的规定进行审计。审计准则要求注册会计师遵守职业道德规范,计划和实施审计工作,以对财务报表是否不存在重大错报获取合理保证。

[下段适用于集团财务报表审计业务,使用时需按每位客户/约定项目的特定情况而修改,如果加入此段,应相应修改下面其他条款编号。]

【2. 乙方不对非由乙方审计的组成部分的财务信息单独出具审计报告;有关的责任由对该组成部分执行审计的其他注册会计师及其所在的会计师事务所承担。】

2. 审计工作涉及实施审计程序,以获取有关财务报表金额和披露的审计证据。选择的审计程序取决于乙方的判断,包括对由于舞弊或错误导致的财务报表重大错报风险的评估。在进行风险评估时,乙方考虑与财务报表编制相关的内部控制,以设计恰当的审计程序,但目的并非对内部控制的有效性发表意见。审计工作还包括评价管理层选用会计政策的恰当性和作出会计估计的合理性,以及评价财务报表的总体列报。

3. 乙方需要合理计划和实施审计工作,以使乙方能够获取充分、适当的审计证据,为甲方财务报表是否不存在重大错报获取合理保证。

4. 乙方有责任在审计报告中指明所发现的甲方在某重大方面没有遵循《企业会计准则》编制财务报表且未按乙方的建议进行调整的事项。

5. 由于测试的性质和审计的其他固有限制,以及内部控制的固有局限性,不可避免地存在某些重大错报在审计后可能仍然未被乙方发现的风险。

6. 在审计过程中,乙方若发现甲方内部控制存在乙方认为的重要缺陷,应向甲方提交管理建议书。

但乙方在管理建议书中提出的各种事项,并不代表已全面说明所有可能存在的缺陷或已提出所有可行的改善建议。甲方在实施乙方提出的改善建议前应全面评估其影响。未经乙方书面许可,甲方不得向任何第三方提供乙方出具的管理建议书。

7. 乙方的审计不能减轻甲方及甲方管理层的责任。

(二)乙方的义务

1. 按照约定时间完成审计工作,出具审计报告。乙方应于2019年2月5日前出具审计报告。

2. 除下列情况外,乙方应当对执行业务过程中知悉的甲方信息予以保密:

(1)取得甲方的授权;

(2)根据法律法规的规定,为法律诉讼准备文件或提供证据,以及向监管机构报告发现的违反法规行为;

(3)接受行业协会和监管机构依法进行的质量检查;

(4)监管机构对乙方进行行政处罚(包括监管机构处罚前的调查、听证)以及乙方对此提起行政复议。

四、审计收费

1. 本次审计服务的收费是以乙方各级别工作人员在本次工作中所耗费的时间为基础计算的。

乙方预计本次审计服务的费用总额为人民币50万元。

2. 甲方应于本约定书签署之日起5日内支付50%的审计费用,其余款项于[2019年2月1日]结清。

3. 如果由于无法预见的原因,致使乙方从事本约定书所涉及的审计服务实际时间较本约定书签订时预计的时间有明显的增加或减少时,甲、乙双方应通过协商,相应调整本约定书第四条第1项下所述的审计费用。

4. 如果由于无法预见的原因,致使乙方人员抵达甲方的工作现场后,本约定书所涉及的审计服务不再进行,甲方不得要求退还预付的审计费用;如上述情况发生于乙方人员完成现场审计工作并离开甲方的工作现场之后,甲方应另行向乙方支付人民币50 000元的补偿费,该补偿费应于甲方收到乙方的收款通知之日起7日内支付。

5. 与本次审计有关的其他费用(包括交通费、食宿费等)由甲方承担。

五、审计报告和审计报告的使用

1. 乙方按照《中国注册会计师审计准则第1501号——审计报告》和《中国注册会计师审计准则第1502号——非标准审计报告》规定的格式和类型出具审计报告。

2. 乙方向甲方致送审计报告一式两份。

3. 甲方在提交或对外公布审计报告时,不得修改乙方出具的审计报告及后附的已审计财务报表。

当甲方认为有必要修改会计数据、报表附注和所做的说明时,应当事先通知乙方,乙方将考虑有关的修改对审计报告的影响,必要时,将重新出具审计报告。

六、本约定书的有效期间

本约定书自签署之日起生效,并在甲、乙双方履行完毕本约定书约定的所有义务后终止。

七、约定事项的变更

如果出现不可预见的情况,影响审计工作如期完成,或需要提前出具审计报告,甲、乙双方均可要求变更约定事项,但应及时通知对方,并由甲、乙双方协商解决。

八、终止条款

1. 如果根据乙方的职业道德及其他有关专业职责、适用的法律法规或其他任何法定的要求,乙方认为已不适宜继续为甲方提供本约定书约定的审计服务时,乙方可以采取向甲方提出合理通知的方式终止履行本约定书。

2. 在终止业务约定的情况下,乙方有权就其于本约定书终止之日前对约定的审计服务项目所做的工作收取合理的审计费用。

九、违约责任

甲、乙双方按照《中华人民共和国合同法》的规定承担违约责任。

十、适用法律和争议解决

本约定书的所有方面均应适用中华人民共和国法律进行解释并受其约束。本约定书履行地为乙方出具审计报告所在地,因本约定书所引起的或与本约定书有关的任何纠

纷或争议(包括关于本约定书条款的存在、效力或终止,或无效之后果),双方选择以下第　　　种解决方式:

1. 向有管辖权的人民法院提起诉讼;

2. 提交南宁市仲裁委员会仲裁。

十一、双方对其他有关事项的约定

本约定书一式两份,甲、乙方各执一份,具有同等法律效力。

甲方:ABC 有限责任公司(盖章)　　　　乙方:XYZ 会计师事务所(盖章)

授权代表:(签名并盖章)　　　　授权代表:(签名并盖章)

二〇一九年一月十二日　　　　二〇一九年一月十二日

四、识别与评价被审计单位内部控制工作底稿

识别与评价被审计单位内部控制工作底稿见表 2-6。

表 2-6　识别并评价被审计单位内部控制工作底稿

被审计单位名称:ABC 有限责任公司　　编制人:黎杏平　　日期:2019 年 1 月 15 日

内 容:业务循环重要内部控制评价　　复核人:黄少颖　　日期:2019 年 1 月 16 日

会计期间:2018 年 12 月 31 日　　索引号:　　页码:

与审计相关的重要的内部控制	所执行的风险评估程序	设计是否有效并得到执行?	存在的缺陷和影响
1. 请购、采购、验收职责是否与发票传递、应付账款明细账登记、总账登记职责相分离	询问、观察	是 □√　否 □	
2. 采购中是否禁止为采购人员提供便利或对该类采购实施适当的控制	询问、观察	是 □√　否 □	
3. 是否对不符合采购部门所指定质量或业绩标准的供货商予以记录	询问、检查文件和记录	是 □√　否 □	
4. 仓库是否依据经批准的发货单或提货单发货	检查有形资产	是 □√　否 □	
5. 是否建立了目标成本管理制度,规定产品的材料、工时和费用消耗定额,定期检查实际发生额与定额的差异	检查文件和记录	是 □√　否 □	
6. 制造费用在各种产成品之间,在产成品与在产品之间的分摊标准和方法是否合理,是否与上年一致	检查文件和记录	是 □√　否 □	
7. 审批、发货、开票、收款、记账、对账等职责是否分离	观察、询问	是 □√　否 □	
8. 是否及时记账、证证核对、账证核对	询问、检查文件和记录	是 □√　否 □	

表2－6(续)

与审计相关的重要的内部控制	所执行的风险评估程序	设计是否有效并得到执行?	存在的缺陷和影响
9. 是否按月寄出对账单	询问、观察	是 □　否　□√	无法控制记账错误和舞弊行为
10. 是否存在内部监督检查	询问、检查内审人员报告	是 □　否　□√	
11. 采购、销售、差旅费报销、备用金报销、劳动工资和记账职责是否相互独立	询问、观察	是 □√　否　□	
12. 银行存款日记账与银行对账单是否定期核对,并编制银行存款调节表	询问、检查文件和记录	是 □√　否　□	
13. 是否由独立人员对现金进行不定期盘点,并与日记账核对	检查文件和记录	是 □√ 否　□	

五、初步评估被审计单位审计风险工作底稿的编制

初步评估被审计单位审计风险工作底稿见表2－7。

表2－7　审计风险工作底稿

被审计单位:ABC有限责任公司　　编制人:颜灿　　日期:2019年1月10日　　索引号:
会计期间或截止日:2018年12月31日　　复核人:黄少颖　　日期:2019年1月12日　　页码:

项　目	是(Y)或(N)			
	需要估计的账户	易被错误使用的账户	复杂的交易或计算	异常的交易或偶然交易
货币资金	N	N	N	N
交易性金融资产				
应收账款	Y	Y	Y	Y
预付账款	N	N	N	N
存货	Y	Y	Y	N
固定资产	Y	Y	Y	N
累计折旧	Y	Y	Y	N
在建工程	N	N	N	N
无形资产	N	N	N	N
短期借款	N	N	N	N
应付账款	N	N	N	N
应交税费	N	N	N	N

表2－7(续)

项　目	是(Y)或(N)			
	需要估计的账户	易被错误使用的账户	复杂的交易或计算	异常的交易或偶然交易
应付股利	Y	N	N	N
资本公积	N	N	N	N
盈余公积	Y	N	N	N
主营业务收入	N	Y	N	N
主营业务成本	N	Y	N	N
管理费用	N	Y	Y	N
审计结论:应收账款、存货、固定资产、累计折旧应考虑评估为较高风险！在本公司2018年的资产负债表中,应收账款所占比例很大,由于应收账款容易遭受损失以及损失大小的不确定性,所以应考虑被评估为较高风险;企业的存货、报表上的数额要确认是否存在,并且需要去仓库实地查看,看看是不是有那么多存货,另外还要关注存货的状况,可能被审计单位的确有那么多存货,但是如果陈旧过时也是不可以的;固定资产的确定受到很多因素的影响,如累计折旧的多少,企业的会计使用政策及固定资产的所有权需要进行进一步调查确认。				

注:审计人员应根据客户具体情况选择重要的项目进行评价,任何一个重要账户如果有一到多个"Y"的回答,应考虑评估为较高风险,并解释原因。

六、初步评估被审计单位审计重要性水平审计工作底稿的编制

(一)报表层次的重要性水平初步评估表

报表层次的重要性水平初步评估表见表2－8。

表2－8　报表层次的重要性水平初步评估表

被审计单位:ABC有限责任公司　　编制人:陈心怡　　日期:2019.01.13　　索引号:

会计期间或截止日:2018年12月31日　　复核人:黄少颖　　日期:2019.01.13　　页码:　　单位:元

年份或项目	税前利润法	总收入法	总资产法
2016年	1 885 495.73	6 989 666.67	19 105 513.03
2017年	2 885 588.44	8 038 116.67	20 186 494.20
2018年	2 050 874.09	9 432 580.00	20 631 886.90
前三年平均	2 273 986.09	8 153 454.45	19 974 631.38
当年未审数	2 050 874.09	9 432 580.00	20 631 886.90
重要性比例	5.00%	0.50%	0.50%
重要性水平(绝对值)	102 543.70	47 162.90	103 159.43

表2-8(续)

审计说明	虽然按总收入法在三种方法计算中报表层次重要性水平是最小的,4万多元,但三种方法计算得出三年平均盈利,而且较稳定。为了适当提高重要性水平,以降低审计成本,提高审计效率,参照税前利润法和总资产法计算结果,选择报表层次的重要性水平为10万元
部门经理对总体审计重要性标准意见	同意;按9万元作为报表层次的重要性水平,对审计中发现需要调整的会计事项,在征得被审计单位同意的前提下,能调整的尽量调整而不受9万元的影响,但是,未调整不符合事项总和不能超过9万元

注:"重要性水平(绝对值)"行,分别填写按其选用的以上三种方法之一计算得出的数额(或修订后的数额)了"审计说明"行,列明选用该方法以及对计算结果加以修订或未做任何修订的理由。

(二)账户层次的重要性水平工作底稿

账户层次的重要性水平工作底稿见表2-9。

表2-9 账户层次的重要性水平工作底稿

被审计单位:ABC有限责任公司　　编制人:陈四　　日期:2019.01.13　　索引号:

会计期间或截止日:2018年12月31日　　复核人:黄三　　日期:2019.01.14　　页　码:　　单位:元

资产类	分配金额	负债及所有者权益	分配金额
货币资金	1 000.00	短期借款	20 000.00
交易性金融资产	2 000.00	应付票据	2 000.00
应收票据	1 000.00	应付账款	25 000.00
应收账款	25 000.00	预收账款	5 000.00
坏账准备	2 000.00	应付工资	2000.00
其他应收款	2 000.00	应付福利费	25 000.00
预付账款	2 000.00	应付股利	2 000.00
存货	20 000.00	应交税费	2 000.00
存货跌价准备	2 000.00	其他应交款	2 000.00
长期投资	2 000.00	预提费用	2 000.00
固定资产原价	20 000.00	长期借款	1 000.00
累计折旧	2 000.00	应付债券	2 000.00
在建工程	10 000.00	长期应付款	2 000.00
固定资产清理	2 000.00	其他长期负债	2 000.00
无形资产	1 000.00	实收资本	0
长期待摊费用	2 000.00	资本公积	2 000.00
其他长期资产	2 000.00	盈余公积	0
		未分配利润	2 000.00
资产总计	100 000.00	负债及所有者权益合计	100 000.00

七、审计计划工作底稿的编制

(一)审计总体计划工作底稿

审计总体计划工作底稿见表2-10。

表2-10 审计总体计划工作工作底稿

被审计单位:ABC有限责任公司　　编制人:林华君　　日期:2019.1.12　　索引号:
会计期间或截止日:2018年12月31日　　复核人:黄少颖　　日期:2019.1.13　　页码:

一、委托审计的目的、范围			
ABC有限责任公司2018年12月31日资产负债表,2018年利润表以及财务报表附注,并对其合法性、公允性发表审计意见			
二、审计策略(是否实施预审,是否进行控制测试。实质性测试是按业务循环还是按报表项目等)			
进行控制测试,并按业务循环进行实质性程序			
三、评价内部控制和审计风险			
内部控制设计尚健全,但由于本年度企业由盈转亏,可能存在某种程度的财务问题,审计风险较大			
四、重要会计问题及重点审计领域			
1.营业收入、营业成本项目			
2.影响利润的其他业务利润、费用、营业外支出项目			
3.应收账款项目			
4.存货项目			
5.在建工程项目			
五、重要性标准初步估计			
采用总收入法来计算重要性水平,以当年未审数为计算依据,综合企业的审计风险,我们确定的报表层次的重要性水平可初步评估为250万元			
六、计划审计日期			
外勤工作日自2019年1月26日至2019年2月2日,共计8天;编写报告自2019年2月3日至2019年2月10日。			
七、审计小组组成及人员分工			
姓名	职务或职称	分工	备注
黄少颖	副主任会计师	对被审计单位的基本情况进行问卷调查、统筹时间预算和人员安排	项目经理
颜灿	注册会计师	编制基本情况表和审计风险初步评价表	项目负责人
林华君	注册会计师	编制承接业务审计风险工作底稿和审计总体工作计划表	
陈心怡	注册会计师	编制重要性水平初步评估表和账户层次的重要性水平工作底稿	
黎杏平	助理人员	拟定审计业务约定书以及设计识别评价内部控制表	
根据	助理人员	根据横向比率和纵向比率分析表编制比率分析表及分析性测试情况汇总表	
八、修订计划记录			

(二)审计具体计划工作底稿

审计具体计划工作底稿见表2－11。

表2－11　审计具体计划工作底稿　　单位:小时

客户:ABC有限责任公司				签名	日期	索引号	
项目:时间预算与人员安排表			编制人	黎平	2019.01.12	页次	
会计期间:2019年1月12日—2019年2月5日			复核人	黄颖	2019.01.12		
项目	本年预算	本年实际耗用时间		本年实际与预算的差额			差异说明
		总时数	备注				
一、管理工作	30						
接受审计委托	1						
了解客户概况	2						
会计报表	1						
试算平衡表	1						
重要性水平	2						
设计控制测试	4						
时间预算与控制	3						
设计交易测试	4						
设计余额测试	4						
分析程序	5						
管理建议书	1						
复核与修改	2						
二、外勤工作	160						
销售与收款循环控制测试	8						
应收账款	5						
坏账准备	3						
预收账款	2						
应交税费	5						
主营业务收入	8						
税金及附加	2						
销售费用	1						
其他业务利润	1						
购货与付款循环控制测试	8						
预付账款	5						

表2－11（续）

固定资产与累计折旧	2				
固定资产减值准备	2				
在建工程	3				
固定资产清理	1				
应付账款	3				
生产循环控制测试	10				
存货	8				
存货跌价准备	1				
生产成本	5				
制造费用	5				
待处理财产损溢	0.5				
应付职工薪酬	5				
其他应付款	4				
主营业务成本	2				
筹资与投资循环	4				
交易性金融资产	0.5				
应收股利	0				
其他应收款	2				
长期股权投资	1				
债权投资	1				
无形资产	4				
无形资产减值准备	0.5				
长期待摊费用	0				
长短期借款	3				
应付股利	1				
实收资本	1				
资本公积	1				
盈余公积	1				
未分配利润	2				
管理费用	5				
财务费用	2				
投资收益	0				

表2－11(续)

营业外收支	1				
所得税费用	5				
以前年度损益调整	0				
货币资金控制测试	5				
库存现金	3				
银行存款	6				
关联方交易	3				
或有事项	3				
期后事项	3				
复核	3				
三、所需沟通	10				
与管理层及治理层的会议	5				
项目组会议(包括预备会和总结会)	5				
四、后勤工作	10				
打字/校正	6				
复印	2				
归档	2				
总计	210				

同步练习

一、资料:长江会计师事务所决定接受本市纺织公司的委托,对其会计报表进行审计,因此,由负责的项目经理、注册会计师李山与纺织公司的财务主任签订审计业务约定书。审计业务约定书的基本内容如下:①签约双方的名称;②委托的目的;③审计范围;④签约双方的义务;⑤审计收费;⑥违约责任;⑦其他事项。

要求:

(1)该审计业务约定书的签订人有无问题? 如果有问题,是什么?

(2)该审计业务约定书的内容中少了两项重要内容条款,是什么? 会产生什么后果?

(3)审计双方的义务各应是什么?

二、A和B注册会计师对XYZ股份有限公司2018年度会计报表进行审计,其未经审计的有关会计报表项目金额见表2－12。

表 2－12　XYZ 股份有限公司 2018 年度简化会计报表　单位：万元

会计报表项目名称	金额
资产总计	180 000
股东权益合计	88 000
主营业务收入	240 000
利润总额	36 000
净利润	24 120

要求：

(1)如果以资产总额、净资产(股东权益)、主营业务收入和净利润作为判断基础，采用固定比率法，并假定资产总额、净资产、主营业务收入和净利润的固定百分比数值分别为 0.5%、1%、0.5%和5%，请代 A 和 B 注册会计师计算确定 XYZ 股份有限公司 2018 年度会计报表层次的重要性水平(请列示计算过程)。

(2)简要说明重要性水平与审计风险之间的关系。

(3)简要说明重要性水平与审计证据之间的关系。

三、审计人员受委托对渝香食品有限公司 2019 年 12 月的财务报表进行审计。

该公司会计报表显示，2019 年全年实现利润 8 00 万元，资产总额 4 000 万元。审计人员在审查和阅读该公司会计报表时，发现下列问题：

(1)该公司 10 月份虚报冒领工资 1 820 元，被会计人员占为己有；

(2)11 月 15 日收到业务咨询费 3 850 元，列入小金库；

(3)资产负债表中的存货低估 16 万元，原因尚待查明。上述问题尚未调整。

要求：

(1)根据上述问题，作出重要性的初步判断，并简要说明理由；

(2)说明审计人员在审计实施阶段和审计报告阶段应采取的对策。

四、审计人员受委托对某公司会计报表审计时，初步判断的会计报表层次的重要性水平按资产总额的 1% 计算为 140 万元，即资产账户可容忍的错误或漏报为 140 万元。并采用两种分配方案将这一重要性水平分给了各资产账户。某公司资产构成及重要性水平的分配方案见表 2－13。

表 2－13　重要性水平的分配　单位：万元

项目	金额	甲方案	乙方案
现金	700	7	2.8
应收账款	2 100	21	25.2
存货	4 200	42	70
固定资产	7 000	70	42
总计	14 000	140	140

要求：根据上述资料，说明哪一种方案较为合理，并简要说明理由。

五、审计人员对渝香食品有限公司2018年12月的会计报表进行审计，公司报表显示，2018年全年实现净利润800万元，资产总额为4 000万元。审计人员在审查和阅读公司报表时发现：公司10月份虚报冒领工资1 820元，被出纳占为己有；11月15日，公司收到业务咨询费3 850元，列入小金库；资产负债表中的存货低估16万元，原因不明。

要求：

(1)根据上述问题作出重要性的初步判断，并简要说明理由；

(2)说明审计人员在审计实施阶段和报告阶段应采取的对策。

六、昌运锅炉厂有以下一些工作：

(1)批准物资采购的工作；

(2)执行物资采购的工作；

(3)对采购的物资进行验收的工作；

(4)物资保管和发放的工作；

(5)物资保管账的记录工作；

(6)物资明细账的记录工作；

(7)物资总分类账的记录工作；

(8)物资的定期清查工作；

(9)物资的账实核对工作；

(10)物资明细账和总账的核对工作。

要求：分析该厂上述工作中，哪些是不相容职务，并说明理由。

七、东方贸易公司请你就下列问题提供咨询服务，该公司有三位员工必须分担下列工作：

(1)记录并保管总账；

(2)记录并保管应付账款明细账；

(3)记录并保管应收账款明细账；

(4)记录货币资金日记账；

(5)保管，填写支票；

(6)发出销货退回及折让的贷项通知单；

(7)调节银行存款日记账与银行存款对账单；

(8)保管并送存现金收入。

上述工作中，除(6)(7)两项工作量较小外，其余各项工作量大体相当。

要求：假如这三位职工的能力都不成问题，而且只需要他们做上面列出的工作。请根据上述资料，说明应如何将这八项工作分配给这三位职工，才能达到内部控制制度的要求。

八、大中华剧院的出纳员在剧院专设的售票室负责售票、收款工作，每日各场次所出售的戏票、电影票均事先连续编号。顾客一手交钱，出纳员一手交票。顾客买票后须将入场券交给收票员才能进入剧院，收票员将入场券撕成两半，正券交还给顾客，副券则投入加锁的票箱中。

要求：

(1)请问本例中在现金收入方面采取了哪些内部控制措施？

(2)假设售票员与收票员串通窃取现金收入，他们将采取哪些行动？

(3)对串通舞弊行为，可以采取哪种措施揭发？

(4)剧院经理可采取哪些手段使其现金内部控制达到最佳的效果？

九、审计业务约定书

××股份有限公司委托ABC会计师事务所对其会计报表进行审计，甲、乙双方签订了如下审计业务约定书。

要求：

(1)指出下述审计业务约定书中存在的问题；

(2)重新起草审计业务约定书。

审计业务约定书

甲方：××股份有限公司

乙方：ABC会计师事务所

甲方委托乙方进行2018年财务报表审计，经双方协商，达成以下约定：

一、审计范围及委托目的

乙方接受甲方委托，对甲方2018年12月31日的资产负债表以及该年度的利润表和现金流量表进行审计。乙方将根据中国注册会计师独立审计准则，对甲方内部控制制度进行研究和评价，对会计记录进行必要的抽查，并在乙方认为需要时实施其他必要的审计程序，在此基础上，对上述财务报表的合法性、公允性发表审计意见。

二、甲方的责任与任务

1. 为乙方审计工作及时提供所需的全部资料和其他有关资料。

2. 委派乙方的审计人员提供必要的条件及合作，具体事项将在乙方所派人员于审计工作开始之前提供的清单中列名。

3. 按本约定书的规定，向乙方及时足额地支付审计费用。

三、按照独立审计准则的要求进行审计，出具审计报告，保证审计报告的真实性、合法性。

四、审计收费

按《×××收费规定》，乙方应收本项业务具体费用，以及所花费的工作时间确定，预计收取人民币×××万元，甲方应在本约定书签订后预付上述费用的××%，其余部分在乙方提交审计报告时一并付清。如在审计过程中遇到重大问题，致使乙方实际花费审计工作时间有较大幅度的增加，甲方应在了解实际情况后，酌情增加审计费用。

五、审计约定书的有效期间

本约定书一式两份，甲、乙双方各执一份。

本约定书自2019年1月10日期生效，并在全部约定事项完成之前有效。

六、约定事项的变更

由于出现不可预见的情况，影响审计工作的如期完成，或需提前出具审计报告，甲、乙双方可要求更约定事项，但应及时通知对方，由双方协商解决。

七、甲、乙双方对其他事项的约定

甲方：××股份有限公司　　　　乙方：ABC会计师事务所

代表：（签章）　　　　代表：（签章）

第三章　采购与付款循环审计模拟实训

【主要内容】

本章主要讲述采购与付款循环的主要业务活动及工作底稿的编制。通过本章学习，需要重点理解并掌握以下几个问题:采购业务的控制测试;应付账款的实质性审计;固定资产的实质性审计、累计折旧实质性审计及采购与付款循环相关账户审计等审计业务活动及工作底稿的撰写。

第一节　采购与付款循环的审计业务活动

一、采购与付款循环内部控制测试

考虑到采购与付款循环测试的重要性，注册会计师往往会对这一循环采用属性抽样审计方法。采购与付款循环内部控制测试包括：

(1)检查企业有关岗位责任制度等文件，了解购货与付款循环的业务分工，评价分工是否合理，是否能够起到自动复核的作用，并通过实地观察判断这些分工是否得到了执行。

(2)检查采购部门是否有专人审批购货价格，检查订货单上的采购单价是否都经过事先授权批准。

(3)检查采购制度中是否规定大额采购应通过招标方式选择供货商，并且检查这一制度是否得到了执行。

(4)检查订货单和验收单是否都已经预先编号，检查作废的单据是否有注销的痕迹并保存良好。

(5)从存货增加的明细账上抽取一定的业务，检查相应的记账凭证以及后附的请购单、订货单、验收单和卖方发票等原始凭证，将这些凭证一一核对，对原始凭证和记账凭证上的授权批准标识和内部审核标识要特别注意。

(6)检查企业会计制度的规定，判断企业会计制度的合理性和严密性。

(7)检查存货和应付账款的明细账，检查会计记录是否按照企业会计制度的要求进行。

(8)检查原始凭证、记账凭证和明细账的日期，判断企业的会计核算是否及时。

(9)获取某月末卖方对账单，检查是否进行了核对，注意对不相符的内容的处理程序。

(10)检查对编制的会计报表有无独立审核程序,并对应披露事项的核对检查。

(11)检查企业有无内部审计制度,内部审计是否定期进行审计和报告。

二、应付账款实质性审计

应付账款审计目标是:确定应付账款的真实性;确定应付账款的发生和偿还记录是否完整;确定应付账款是否应由被审计单位承担;确定应付账款期末余额是否正确;确定应付账款在会计报表上的披露是否恰当。作为负债项目,应付账款完整性的审计是重点。应付账款实质性审计程序为:

(1)获取或编制应付账款明细表,复核加计正确,并与报表数、总账数和明细账合计数核对是否相符。

(2)根据被审计单位的实际情况,对应付账款进行分析程序。

(3)函证应付账款。

(4)查找未入账的应付账款。

(5)从应付账款明细账上抽取交易,与相关原始凭证核对,检查每笔业务的入账金额,检查带有现金折扣的应付账款是否按发票上记载的全部应付金额入账,待实际获得现金折扣时再冲减财务费用项目。

(6)从订货单或验收单出发,追查至应付账款明细账,检查是否所有发生的业务都已经正确地记账。同时,检查每笔业务的入账金额。

(7)检查应付账款是否存在借方余额。

(8)检查应付账款长期挂账的原因,作出记录,注意其是否可能无须支付。

(9)关注是否存在应付关联方账款。

(10)验明应付账款在资产负债表上的披露是否恰当。

三、固定资产的审计

固定资产的主要审计目标是:确定固定资产是否存在;确定固定资产是否完整;确定固定资产是否归被审计单位所有;确定固定资产的计价是否恰当;确定固定资产的期末余额是否正确;确定应付账款在会计报表上的披露是否恰当。

(一)固定资产实质性测试程序

1. 获取或编制固定资产和累计折旧分类汇总表

检查固定资产的分类是否正确并与总账数和明细账合计数核对是否相符,结合累计折旧、减值准备科目与报表数核对是否相符。

2. 实施实质性分析程序

(1)计算固定资产原值与本期产品产量的比率,并与以前期间比较,可能发现闲置固定资产或已减少固定资产未在账户上注销的问题。

(2)本期计提折旧额/固定资产总成本。将此比率同上期比较,旨在发现本期折旧额计算的错误。

(3)累计折旧/固定资产总成本。将此比率同上期比较,旨在发现累计折旧核算的错误。

(4)比较本期各月之间、本期与以前各期之间的修理及维护费用,旨在发现资本性支出和收益性支出区分上可能存在的错误。

(5)比较本期与以前各期的固定资产增加和减少。应当深入分析其差异,并根据被审计单位以往和今后的生产经营趋势判断差异产生的原因是否合理。

(6)分析固定资产的构成及增减变动情况,与在建工程、现金流量表、生产能力等相关信息交叉复核,检查固定资产相关金额的合理性和准确性。

3. 检查固定资产的增加

固定资产的增加包括购置、自制自建、投资者投入、更新改造增加、债务人抵债增加。

4. 检查本期固定资产的减少

固定资产的减少主要包括出售、向其他单位投资转出、向债权人抵债转出、报废、毁损、盘亏等。主要目的是查明已减少的固定资产是否已做适当的会计处理。审计工作要点主要包括:

(1)检查授权批准文件;

(2)检查会计处理,验证金额的准确性;

(3)结合固定资产清理和待处理固定资产净损失科目,抽查转销是否正确;

(4)检查是否存在未做会计记录的固定资产减少业务:①复核本期是否有新增加的固定资产替换了原有固定资产;②分析营业外收支等账户,查明有无处置固定资产所带来的收支;③追查停产产品专用设备的处理情况;④向被审计单位的固定资产管理部门查询本期有无未做会计记录的固定资产减少业务。

5. 检查固定资产的所有权

对各类固定资产,获取、搜集不同的证据以确定其是否归被审计单位所有:

(1)对外购的机器设备等固定资产,审核采购发票、采购合同等;

(2)对于房地产类固定资产,查阅有关的合同、产权证明、财产税单、抵押借款的还款凭据、保险单等书面文件;

(3)对融资租入的固定资产,检查有关融资租赁合同;

(4)对汽车等运输设备,检查有关运营证件等;

(5)对受留置权限制的固定资产,结合有关负债项目进行检查。

6. 对固定资产进行实地观察

实地检查固定资产的存在性。注册会计师可以固定资产明细分类账为起点,进行实地查验,以证明会计记录中所列固定资产确实存在。

7. 检查固定资产的租赁

8. 检查固定资产的抵押、担保情况

9. 检查有无关联方之间的固定资产购售活动

10. 检查固定资产是否已在资产负债表上恰当披露

四、累计折旧的审计

累计折旧的主要审计目标是:①确定折旧政策和方法是否符合国家有关的财务会计

制度,是否一贯遵循;②确定累计折旧增减变动的记录是否完整;③确定折旧费用的计算、分摊是否正确、合理和一贯;④确定累计折旧的期末余额是否正确;⑤确定累计折旧在会计报表上的披露是否恰当。

累计折旧的实质性测试程序如下:

(1)获取或编制固定资产及累计折旧分类汇总表,复核加计正确,并与报表数、总账数和明细账合计数核对相符。

(2)检查被审计单位制定的折旧政策和方法是否符合国家有关财务会计制度的规定,确定其所采用的折旧方法能否在固定资产使用年限内合理分摊其成本,前后期是否一致。

(3)根据情况,对累计折旧进行分析程序。

(4)检查折旧的计提和分配。

(5)将"累计折旧"账户贷方的本期计提折旧额与相应的成本费用中的折旧费用明细账户的借方相比较,以查明所计提折旧金额是否已全部摊入本期产品成本或费用。一旦发现差异,应及时追查原因,并考虑是否应建议做适当调整。

(6)结合固定资产审计,检查其折旧的计提是否正确无误,并追查至固定资产登记卡,检查累计折旧的披露是否恰当。

五、采购与付款循环其他相关账户的审计

(一)预付账款的审计

预付账款的审计的主要目标是:①确定预付账款是否存在;②确定预付账款是否归被审计单位所有;③确定预付账款增减变动的记录是否完整;④确定预付账款期末余额是否正确;⑤确定预付账款在会计报表上的披露是否恰当。预付账款的实质性测试程序如下:

(1)获取或编制预付账款明细表,复核加计正确,并与报表数、总账数和明细账合计数核对相符;

(2)根据被审计单位的具体情况,对预付账款进行分析程序;

(3)分析预付账款账龄及余额构成,选择大额或异常的预付账款重要项目(包括零账户),函证其余额是否正确,并根据回函情况编制函证结果汇总表;

(4)结合应付账款明细账,查核有无重复付款或将同一笔已付清的账款在预付账款和应付账款这两个项目同时挂账的情况;

(5)分析明细账余额,对于出现贷方余额的项目,应查明原因,必要时建议做重分类调整;

(6)检查预付账款长期挂账的原因;

(7)关注是否存在预付关联方账款;

(8)对于用非记账本位币结算的预付账款,检查其采用的折算汇率和汇兑损益处理的正确性;

(9)检查预付账款是否已在资产负债表上做恰当披露。

（二）固定资产减值准备的审计

固定资产减值准备的审计的主要目标是：①确定计提固定资产减值准备的方法是否恰当；②确定固定资产减值准备的计提是否充分；③确定固定资产减值准备增减变动的记录是否完整；④确定固定资产减值准备期末余额是否正确；⑤确定固定资产减值准备的披露是否恰当。固定资产减值准备的实质性测试程序如下：

（1）获取或编制固定资产减值准备明细表，复核加计正确，并与报表数、总账数和明细账合计数核对相符；

（2）检查固定资产减值准备计提的批准程序，取得并核对书面报告等证明文件；

（3）运用分析程序；

（4）检查实际发生固定资产损失时，相应固定资产减值准备的转销是否符合有关规定，会计处理是否正确；

（5）确定固定资产减值准备的披露是否恰当。

（三）在建工程的审计

在建工程的审计的主要目标是：①确定在建工程是否存在；②确定在建工程是否归被审计单位所有；③确定在建工程增减变动的记录是否完整；④确定计提在建工程减值准备的方法和比例是否恰当，在建工程减值准备的计提是否充分；⑤确定在建工程的期末余额是否正确；⑥确定在建工程在会计报表上的披露是否恰当。在建工程的审计实质性测试程序如下：

（1）获取或编制在建工程明细表，复核加计正确，并与报表数、总账数和明细账合计数核对相符；

（2）检查本期在建工程的增加数；

（3）检查本期在建工程的减少数；

（4）检查在建工程项目期末余额的构成内容，并实地观察工程现场，确定在建工程是否存在；

（5）结合银行借款等的检查，了解在建工程是否存在抵押、担保情况；

（6）确定在建工程在资产负债表上的披露是否恰当。

（四）固定资产清理的审计

固定资产清理的审计目标是：①确定固定资产清理的记录是否完整；②确定反映的内容是否正确；③确定固定资产清理的期末余额是否正确；④确定固定资产清理在会计报表上的披露是否恰当。固定资产清理的审计实质性测试程序如下：

（1）获取或编制在建工程明细表，复核加计正确，并与报表数、总账数和明细账合计数核对相符。

（2）检查固定资产清理的发生是否有正当理由，是否经有关技术部门鉴定，固定资产清理的发生和转销是否经授权批准，相应的会计处理是否正确。

（3）检查固定资产清理是否长期挂账，如有，应作出记录，必要时建议做适当调整。

（4）检查固定资产是否已在资产负债表上做恰当披露。

第二节 采购及付款循环工作底稿的编制

一、购货与付款循环控制测试程序工作底稿

购货与付款循环控制测试程序工作底稿见表3-1。

表3-1 购货与付款循环控制测试程序工作底稿

客户:ABC有限责任公司			签名	日期	索引号	B00	执行人
项目:购货与付款循环控制测试		编制人	万涛	2019-01-05	页次		
会计期间:2018年度		复核人	王梓轩	2019-01-05	执行情况	索引号	
1	选择(　　)份购货合同,做如下检查						万涛
1.1	核对货物名称、规格、型号、请购量是否与请购单一致				已执行	B00-2	
1.2	检查购货合同是否已经授权批准及批准采购量、采购限价				已执行	B00-2	
1.3	核对相应的运货单副本,检查购货发票日期与货运日期是否一致				已执行	B00-2	
1.4	复核购货发票中所列商品的单价,合计金额计算是否正确				已执行	B00-2	
2	审核与所抽取购货合同有关的购货发票、验收报告、入库单、付款结算凭证、记账凭证,并追查至相关的明细账与总账				已执行	B00-2	
3	对固定资产和在建工程内部控制制度做如下测试						
3.1	抽查新增固定资产和在建工程项目有无预算,是否经过授权批准				未执行		
3.2	抽查在建工程项目的完工程度和是否达到预定可使用的状态,已完工在建工程转入的固定资产是否办妥竣工验收和移交使用手续				已执行	B3-1	
3.3	抽查固定资产的折旧方法和折旧率是否符合规定,前后期是否一致				已执行	B2-2	
3.4	抽查固定资产的损毁、报废、清理是否经过技术鉴定和授权批准				已执行	B2-4	
3.5	抽查固定资产定期盘点制度是否得到执行				未执行		
4	选择(　　)份付款凭证,做如下检查						
4.1	检查是否实行费用预算控制,是否明确款项支付权限				已执行	B00-3	
21	编制付款凭证时,是否与订购合同、预(决)算计划、验收单和发票相核对				已执行	B00-3	
4.3	检查支付货款的付款凭证和银行存款日记账、有关明细账及总分类账的记录是否正确				已执行	B00-3	
4.4	核对记入有关明细账的原始凭证,如订货单、验收单、购货发票的正确性,以及其金额是否与相关明细账一致,有关凭证是否经过授权批准				已执行	B00-3	
4.5	款项支付凭证是否及时入账,货款支出与记账的职责是否分离				已执行	B00-3	
5	购货与付款循环内部控制评估				已执行	B00-1	

二、采购与付款循环控制测试工作底稿

(一)采购管理控制测试工作底稿

采购管理控制测试工作底稿见表3-2。

表3-2　采购与付款循环控制测试之一——采购管理控制测试工作底稿

被审计单位:ABC有限责任公司　编制人:蔡捡萍　日期:2019年1月4日　索引号:B00-1

会计期间:2018年度　复核人:邓春红　日期:2019年5月5日　页次:1

会计凭证(应付账款或预付账款在贷方的凭证)										订购合同或订购清单(在预付账款的辅助明细账的原始凭证里)					仓库(收料单)			授权		备注
日期	编号	贷方会计科目	入库单号(收料单号)	物资品名	规格	数量(件)	入库单日期	单价(元)	金额(元)	规格	数量	单价	交货日期	批准人	日期	质量验货人	数量验货人	批准付款人	价格变动批准人	
2018-03-24	87	应付账款	收8	刨花板		300	2018-03-24	40.5	12 150	无	无	无	无	无	2018-03-24	区博	区博	无	无	
				泡沫板	20mm	400	2018-03-24	6.63	2 652	无	无	无	无	无	2018-03-24	区博	区博	无	无	
				纸箱		100	2018-03-24	8.4	840	无	无	无	无	张三	2018-03-24	区博	区博	无	无	
2018-07-21	62	应付账款	收6	压力容器		18	2018-07-21	2823.82	50 828.76		18	2 823	2018-07-21	张三	2018-07-21	区博	区博	区博	覃菁	
2018-02-16	36	应付账款	收3	N14/25.4mm板	1 280×2 568	70	2018-02-16	771	53 970	无	无	无	无	无	2018-02-16	区博	区博	无	无	
2018-04-30	95	应付账款	收6	玻璃纤维过滤布	43#,宽1米	4 500	2018-04-30	7.5	33 750	43#,宽1米	4 500	7.5	一个月内	张三	2018-04-30	区博	区博	区博	覃菁	
				衬布	7 628宽1米	3 000	2018-04-30	7.3	21 900	7 628宽1米	3 000	7.3	一个月内	张三	2018-04-30	区博	区博	区博	覃菁	

(二)付款管理控制测试工作底稿

付款管理控制测试工作底稿见表 3-3。

表 3-3　采购与付款循环控制测试之二——付款管理控制测试工作底稿

被审计单位名称:ABC 有限责任公司　编制人:蔡检萍　日期:2019 年 1 月 11 日　索引号:B00-2
会计期间:2018 年度　复核人:　日期:2019 年 1 月 12 日　页次:1

序号	日期	凭证号	借方科目	金额	填制人	审核人	日期	名称	经办人	实物验收人	批准人	日期	金额	备注
1	2018-10-26	74	应付账款	5 936.55	无	无	2018-10-22	付款通知	无	无	无	2018-10-22	5 936.55	
2	2018-11-17	55	应付账款	79 295.6	无	无	2018-11-17	付款申请书	庞英	无	陈世玉、卫涓涓、黎福林	2018-11-17	79 295.66	
3	2018-11-22	67	应付账款	39 591.6	无	无	218-11-22	付款申请书	庞英	无	陈世玉、卫涓涓、黎福林	2018-11-22	39 591.6	

三、预付账款审计工作底稿

(一)预付账款审计程序工作底稿

预付账款审计程序工作底稿见表 3-4。

表 3-4　预付账款审计程序工作底稿

截止日:2018-12-31	复核人:　蔡检萍　2019-01-20	执行情况:	索引号
1	获取或编制预付账款明细表,复核加计,并与报表数、总账和明细账核对相符	已执行	B1-1
2	对预付账款进行分析性复核		
2.1	对期末预付账款余额与上期期末余额进行比较,解释其波动原因	未执行	
2.2	对大额异常项目进行调查	未执行	
3	选择预付款重要项目(包括零账户),函证其余额是否正确	未执行	
4	根据回函情况,编制与分析函证结果汇总表。对未回函的,决定是否再函证	未执行	
5	对未回函的预付账款,采用替代程序,确定其是否真实		
5.1	检查该笔债权的相关凭证资料,核实交易事项的真实性	未执行	
5.2	抽查资产负债表日后预付账款明细账及存货明细账,核实是否已收到货物并转销	未执行	

表3-4(续)

6	注意结合应付账款明细账查核有无重复付款或将同一笔已付清的账款在“应付账款”和“预付账款”中同时挂账的情况	已执行	B1-1
7	检查预付账款是否存在贷方余额,如有,应查明原因,必要时做重分类调整	已执行	B1-1
8	检查预付账款长期挂账的原因,并关注是否存在将实际为“其他应收款”或“应收账款”款项记入预付账款,以减少计提坏账准备的情形	未执行	
9	对于用非记账本位币结算的预付账款,检查其采用的结算汇率是否正确	未执行	
10	检查预付关联款项的合法性和真实性		
10.1	了解交易事项的目的、价格和条件	已执行	B1-2
10.2	检查采购合同等有关文件	已执行	B1-2
10.3	向关联方或其他注册会计师询问,以确认交易的真实性	未执行	
10.4	注明预付关联方(包括持股5%以上的股东)的款项中合并报表时应予抵消的数字	未执行	
10.5	必要时,向公司管理当局索取关联交易的声明书	未执行	
11	验明预付账款的披露是否恰当	已执行	B1-1

(二)预付账款审定工作底稿

预付账款审定工作底稿见表3-5。

表3-5 预付账款审定工作底稿

客户:ABC有限责任公司　　编制人:万涛　　日期:2019-01-20　　索引号:B1-1

截止日:2018-12-31　　复核人:　　日期:2012-05-20　　页次:

序号	户名	期初余额	期末余额	未审数及账龄分析					函证	其他程序	调整数	审定数
				1年内	1~2年	2~3年	3年以上	原因				
1	旺达钢材有限责任公司	2 500	0		2 500					不填	2 500	0
2	华美自控设备有限责任公司	24 000	45 000	21 000	24 000						0	45 000
3	上海碳素厂	0	40 000	40 000							0	40 000
	合计											

审计说明:

审计结论:预付账款账龄管理不存在太大问题

四、采购循环会计凭证抽查工作底稿

采购循环会计凭证抽查工作底稿见表3－6。

表3－6　采购循环会计凭证抽查工作底稿

会计期间或截止日:2018年度

序号	样本	样本内容				备　注
	(月份+凭证号)	总账科目	明细科目	借方金额	贷方金额	
1	1~12+30	应付账款		9 340.11		无
		预付账款	供应商		2 500.00	无
		银行存款	工商银行高新区分理处(00381208010019)		6 840.11	无
2	1~26+70	预付账款	供应商	16 000.00		无
		财务费用	手续费	10.5		无
		银行存款	交通银行高新区分理处(039401040008522)		16 010.50	无
3	2~5+22	原材料	气动开关 FXIJ108	34 320.00		无
		原材料	流量计 CAB016	16 315.00		无
		原材料	转速表 DP4－PRI	5 564.00		无
		原材料	铝棒¢90	960		无
		原材料	泄气阀 FXIJ117	2 379.00		无
		原材料	台安交流接触器	3 360.00		无
		原材料	铜棒¢30	2 592.00		无
		应交税费	进项税额	11 133.30		无
		预付账款	供应商		20 000.00	无
		应付账款			56 623.30	无
4	2~25+72	预付账款	供应商	20 000.00		无
		银行存款	工商银行高新区分理处(00381208010019)		20 000.00	无
5	3~25+91	原材料	压力容器	56 420.00		无
		应交税费	进项税额	9 591.40		无
		应付账款			46 011.40	无
		预付账款	供应商		20 000.00	无
6	4~27+82	预付账款	供应商	35 000.00		无

表3-6(续)

序号	样本（月份+凭证号）	总账科目	明细科目	借方金额	贷方金额	备注
		银行存款	工商银行高新区分理处(00381208010019)		35 000.00	无
7	5~8+1	原材料	石墨毛坯 φ75	31 800.00		无
		原材料	石墨毛坯 φ150	7 940.00		无
		原材料	石墨毛坯 φ180	9 680.00		无
		应交税费	进项税额	8 401.40		无
		预付账款	供应商		18 000.00	无
		应付账款			39 821.40	无
8	5~16+42	固定资产	机器设备	36 855.00		无
		固定资产	机器设备	97 110.00		无
		应付账款			85 965.00	无
		预付账款	供应商		48 000.00	无
9	7~11+28	原材料	时间计数器 FXIJ77	5 279.22		无
		原材料	出粉铁三通(喷射头)	28 450.44		无
		原材料	气动震动器 FXIJ128	14 270.22		无
		原材料	配重块	3 853.85		无
		应交税费	进项税额	8 815.13		无
		应付账款			45 668.86	无
		预付账款	供应商		15 000.00	无
10	8~24+74	原材料	石墨毛坯 φ75	53 055.00		无
		原材料	石墨毛坯 φ150	9 935.00		无
		原材料	石墨毛坯 φ180	12 112.00		无
		应交税费	进项税额	12 767.34		无
		预付账款	供应商		30 000.00	无
		应付账款			57 869.34	无

审计说明及调整分录：

五、固定资产及累计折旧审计工作底稿

（一）固定资产及累计折旧程序表

固定资产及累计折旧程序表见表3－7。

表3－7　固定资产及累计折旧程序表

客户：ABC有限责任公司　　签名　　日期2019－02－11　　索引号B2－1

项目：固定资产及累计折旧　　编制人：彭柳　　页次

截止日：　　复核人：　　执行情况　　索引号

1	获取或编制固定资产及累计折旧分类汇总表，检查固定资产的分类是否正确，复核加计，并与报表数、总账和明细账核对相符	是	B2－2
2	实地抽查新增固定资产（如为初次审计，应做全面盘点），确定其是否存在		
3	检查房屋产权证、车辆运营证、船舶船籍证明等所有权证明文件，确定固定资产是否归被审计单位所有		
4	检查本期固定资产的增加数	是	B2－3
4.1	外购固定资产		
	通过核对购货合同、发票、保险单、运货单等文件抽查测试其计价是否正确，授权批准手续是否齐备，会计处理是否正确，关注外商投资企业采购的国产设备所收到税务机关退还的增值税款的账务处理是否正确		
4.2	在建工程转入固定资产		
	检查竣工结算、验收和移交报告是否正确，与在建工程的相关记录是否核对相符，借款费用资本化金额是否恰当；对已经达到预定可使用状态但尚未办理竣工结算的固定资产，检查其是否已经暂估转入固定资产，并按规定计提折旧，竣工结算完成后，是否及时调整		
4.3	投资投入固定资产		
	检查其入账价值是否与投资合同中规定的一致，需经评估确认的，应检查是否有资产评估报告并经财政部门核准、固定资产交接手续是否齐全		
4.4	更新改造增加固定资产		
	查明通过更新改造而增加的固定资产是否确实提高了固定资产的效用或延长了使用寿命，增加的固定资产原值是否真实，重新确定的剩余折旧年限是否恰当		
4.5	通过债务重组、非货币性交易增加的固定资产，应检查产权过户手续是否完备，固定资产的入账是否正确		
4.6	融资租入固定资产的会计处理是否正确、入账价值是否准确		
	其他增加固定资产		
	检查其他增加固定资产原始凭证，核对其计价及会计处理是否正确、法律手续是否齐全		

表3-7(续)

5	检查本期固定资产的减少数		
5.1	结合固定资产清理和待处理财产损溢科目,抽查固定资产账面转销额是否正确		
5.2	检查其盘亏、毁损、报废或出售固定资产是否经授权批准		
5.3	检查投资转出会计资产的会计处理是否正确		
5.4	检查债务重组、非货币性交易转出的固定资产的账务处理是否正确		
5.5	检查其他减少固定资产的会计处理是否正确		
6	获取经营性租出和融资租入固定资产的相关证明文件,并结合租金收入、融资租入固定资产分期付款检查相关科目的会计处理是否正确		
7	对于因资产评估调整固定资产账面价值的,取得有关资产评估报告和财政部门的核准文件,检查其会计处理是否正确		
8	查询固定资产保险情况,复核保险范围是否足够		
9	检查与关联方之间的固定资产购销活动是否经适当授权,是否未按正常交易价格进行交易		
10	结合银行借款等的检查,了解固定资产是否存在抵押、担保情况。如存在抵押、担保情况,则应取证并记录,提请被申请单位做必要披露		
11	检查固定资产购置时是否存在与资本性支出有关的财务承诺		
12	检查折旧的计提和分配		
12.1	了解被审计单位的折旧政策是否符合财务制度的规定,如采用加速折旧法,应取得批准文件;如未采用加速折旧法,应提请被审计单位改正或调整应纳税所得额		
12.2	检查被审计单位折旧政策是否前后期一致;如果不一致,是否经过适当的会计政策变更程序,变更政策的依据是否充分		
12.3	计算复核本期折旧费用的计提是否正确,需要计提折旧的固定资产范围是否恰当	是	B2-2
12.4	检查折旧费用的分配是否合理、正确,与相应的成本费用科目中的折旧费核对是否一致,并与上期分配方法一致		
12.5	检查固定资产增减变动时,有关折旧的会计处理是否符合规定	是	B2-3
12.6	查明通过更新改造而增加的固定资产是否重新计算折旧费用		
13	对于因固定资产评估调整累计折旧的,取得有关资产评估报告和财政部门的核准文件,检查其会计处理是否正确	是	B2-2
14	验明固定资产及累计折旧的披露是否恰当	是	B2-2

(二)固定资产及累计折旧审定表

固定资产及累计折旧审定表见表3-8。

表3－8 固定资产及累计折旧审定表

客户：ABC有限责任公司 编制人：彭柳 日期：2019－01－11 索引号：B2－2

截止日：2018－01－01—2018－12－31 复核人：邓春红 日期：2019－01－11 页次：

项目	固定资产类别	期初余额	本期增加	本期减少	期末账面未审数	调整数	审定数
一、原价	办公家具及器材	1 124 323.00	119 457.30		1 243 780.30	0	1 243 780.30
	机器设备	1 096 484.00	480 321.71		1 576 805.71	0	1 576 805.71
	建筑物	5 193 250.00	3 996 000.00		9 189 250.00	0	9 189 250.00
	运输工具	1 989 704.00	648 000.00	443 500.00	2 194 204.00	0	2 194 204.00
合计		9 403 761.00	5 243 779.01	443 500.00	14 204 040.01		14 204 040.01
二、累计折旧	办公家具及器材	401 075.18	197 645.88		598 721.06	0	598 721.06
	机器设备	340 672.66	155 042.36		495 715.02	0	495 715.02
	建筑物	370 489.65	270 418.80		640 908.45	0	640 908.45
	运输工具	865 450.28	437 662.08	379 074.08	924 038.28	0	924 038.28
合计		1 977 687.77	1 060 769.12	379 074.08			
三、固定资产净值	办公家具及器材	723 247.82	－78 188.58		645 059.24	0	645 059.24
	机器设备	755 811.34	32 529.35		1 081 090.65	0	1 081 090.65
	建筑物	4 822 760.35	3 725 581.20		8 548 341.55	0	8 548 341.55
	运输工具	1 124 253.72	210 377.92	64 425.92	1 270 165.72	0	1 270 165.72
合计		7 426 073.23	4 183 009.89	64 425.92	11 544 657.2	0	11 544 657.2
审计说明及调整分录：							
审计结论：记录正确							

（三）固定资产增加审定表

固定资产增加审定表见表3－9。

表 3-9　固定资产增加审定表

客户：ABC 有限责任公司　　编制人：彭柳　　日期：2019-02-11　　索引号：B2-3

截止日：2018-01-01—2018-12-31　复核人：邓春红　　日期：2019-02-11　　页次：

序号	固定资产名称或类别	计量单位	数量	增加月份	减少月份	折旧方法	折旧率		本期内应提折旧月数	固定资产原值			已提折旧			
													本期提取			期末余额
							年	月		固定资产原值	调整数	审定数	未审数	调整数	审定数	
1	办公家具及器材	套	1	3	4	直线平均法	15.90	1.33	9	6 025.5		6 025.5	721.25	0	721.25	5 304.2
2	办公家具及器材	台	3	3	4	直线平均法	15.9	1.3	9	21 691.8		21 691.8	2 596.5	0	2 596.5	19 095
3	机器设备	台	3	10	11	直线平均法	9.8	0.82	2	117 000		117 000	1 911	0	1 911	115 089
4	机器设备	台	1	1	12	直线平均法	9.8	0.82	1	134 800		134 800	2 201.7	0	2 201.7	132 598
5	建筑物	栋	1	3	4	直线平均法	7	0.58	9	3 996 000		3 996 000	209 790	0	209 790	378 621
6	运输工具	辆	1	8	9	直线平均法	20	1.67	4	648 000		648 000	43 200	0	43 200	604 800
审计说明及调整分录：																
审计结论：固定资产计提折旧基本准确																

（四）固定资产减少审计表

固定资产减少审计表见表 3-10。

表 3－10　固定资产减少审计表

客户：ABC 有限责任公司　　编制人：彭华　日期：2019 年 2 月 11 日　索引号：B2－4

截止日：2018 年 1 月 1 日—2018 年 12 月 31 日　复核人：邓春红　日期：2019 年 2 月 11 日　页次：

序号	固定资产名称或类别	单位	数量	增加月份	减少月份	折旧方法	折旧率		本期内应提折旧月数	固定资产原值			已提折旧				
														本期提取			
							年	月		未审数	调整数	审定数	期初余额	未审数	调整数	审定数	期末余额
1	运输工具	辆	1	0	0	直线平均法	20	1.67	8	443 500	0	443 500	319 941	59 133		59 133	379 074
审计说明及调整分录：																	

(五)固定资产抽盘表

固定资产抽盘表见表 3－11。

表 3－11　固定资产抽盘表

客户：　　编制人：　　日期：　　索引号：

截止日：　　复核人：　　日期：　　页次：

索引号	项目	账面数			实际核实盘点			差异数
		数量	金额	存放地点	数量	金额	存放地点	
审计说明及调整分录：								
审计结论：								

六、固定资产减值准备工作底稿

（一）固定资产减值准备审计程序表

固定资产减值准备审计程序表见表3－12。

表3－12　固定资产减值准备审计程序表

客户：　　　签名　　　日期　　　索引号

项目：固定资产减值准备　　　编制人：　　　页次

截止日：　　　复核人：　　　执行情况　　　索引号

1	核对固定资产减值准备报表数、总账与明细账相符		
2	检查固定资产减值准备计提和核销的批准程序，取得书面报告等证明文件		
3	查明固定资产减值准备计提的方法是否符合规定，前后期是否一致，依据是否充分，并作出记录		
4	查明固定资产减值准备本期计提数是否恰当，会计处理是否正确		
5	实际发生的固定资产损失转销是否符合有关法规规定的审批手续，会计处理是否正确		
6	已计提减值准备的固定资产价值又得以恢复时，检查其会计处理是否正确，是否在原已计提减值准备的范围内转回		
7	验明固定资产减值准备的披露是否恰当		

（二）固定资产减值准备审定表

固定资产减值准备审定表见3－13。

表3－13　固定资产减值准备审定表

客户：　编制人：　日期：　索引号：　截止日：　复核人：　日期：　页次：

<table>
<tr><th rowspan="3">类别</th><th rowspan="3">名称及规格、型号</th><th rowspan="3">计量单位</th><th rowspan="3">账面数量</th><th rowspan="3">账面净值</th><th rowspan="3">可收回金额</th><th colspan="10">减值准备</th></tr>
<tr><th rowspan="2">期初余额</th><th colspan="3">本期计提</th><th colspan="3">本期转回</th><th colspan="3">期末余额</th></tr>
<tr><th>未审数</th><th>调整数</th><th>审定数</th><th>未审数</th><th>调整数</th><th>审定数</th><th>未审数</th><th>调整数</th><th>审定数</th></tr>
<tr><td></td><td></td><td></td><td></td><td></td><td></td><td></td><td></td><td></td><td></td><td></td><td></td><td></td><td></td><td></td><td></td></tr>
<tr><td></td><td></td><td></td><td></td><td></td><td></td><td></td><td></td><td></td><td></td><td></td><td></td><td></td><td></td><td></td><td></td></tr>
<tr><td colspan="16">审计说明：</td></tr>
<tr><td colspan="16">审计结论：</td></tr>
</table>

七、在建工程审计工作底稿

(一)在建工程审计程序表

在建工程审计程序表见表3－14。

表3－14　在建工程审计程序表

客户:ABC有限责任公司　　签名　　日期:2019－01－08　　索引号B3－1

项目:在建工程　　编制人:邓红　　页次

截止日:2018－12－31　　复核人:彭春柳　　执行情况　　索引号

1	获取或编制在建工程明细表,复核加计,并与报表数、总账和明细账核对相符	已执行	B3－2
2	实地观察工程现场		
2.1	确定在建工程是否存在	已执行	B3－2
2.2	观察和询问工程项目的实际完工程度	否	
2.3	检查是否存在已达到预定可使用状态,但是未办理竣工决算手续、未及时进行会计处理的项目	否	
3	对于重大建设项目,取得有关工程项目的预算总额及建设批准文件,施工承包合同、现场监理施工进度报告等业务资料	已执行	B3－2
4	检查本年度在建工程的增加数		
4.1	支付工程款		
	抽查工程是否按照合同、协议、工程进度、监理进度报告分期支付,其付款授权批准手续是否齐备,会计处理是否正确	已执行	B3－3
4.2	领用工程物资		
	抽查工程物资的领用是否有审批手续,会计处理是否正确	已执行	B3－3
4.3	借款费用资本化		
	结合长、短期借款和应付债券的审计工作,检查借款费用(利息、折价或溢价的摊销和辅助费用、汇兑损益)资本化的金额是否合理,会计处理是否正确	否	
4.4	计缴土地开发费		
21	审查土地开发费的合法性、真实性,会计处理是否正确	否	
4.5	土地使用权		
	审查在开发或建造自用项目时,土地使用权账面价值的结转是否正确	已执行	B3－2
5	检查本年度在建工程的减少数		
5.1	结合固定资产科目,检查在建工程转销额是否正确,是否存在将已交付使用的固定资产列于在建工程中而少计提折旧的情形	否	
5.2	检查已完工项目的竣工结算报告、验收交接单等其他凭证以及其他转出数的原始凭证,检查账务处理是否正确	已执行	B3－2
6	查询在建工程项目的保险情况,复核是否达到规定的保险范围	否	

表3－14(续)

7	对于因资产评估调整在建工程账面原值的,检查其会计处理是否正确,是否取得有关资产评估报告,如为国有资产,应取得财政部门的核准文件	已执行	B3－2
8	检查是否有长期挂账的在建工程。如有,则应了解原因,并关注是否会发生损失	否	
9	检查有无与关联方之间的工程建造或代开发业务,其是否经适当授权,是否为按正常交易价格进行交易	否	
10	检查由于非货币性交易或债务重组增加、减少的在建工程会计处理是否正确	否	
11	结合银行借款等的检查,了解在建工程是否存在抵押、担保情况。如有,则应取证记录,并提请被审计单位做必要披露	否	
12	检查在建工程合同,以确定是否存在与资本性支出有关的财务承诺	已执行	B3－2
13	将在建工程的增减与募集资金使用状况的披露进行核对	否	
14	验明在建工程的披露是否恰当	已执行	B3－2

(二)在建工程审定表

在建工程审定表见表3－15。

表3－15 在建工程审定表

客户:ABC有限责任公司　　编制人:邓春红　　日期:　　索引号:B3－2

截止日:2018－12－31　　复核人:彭柳　　日期:　　页次:

索引号	一、汇总情况	总账余额	在建工程明细账余额			
			在建工程	改扩建工程	大修理工程	
	期初数	2 749 000	2 749 000	0	0	
	本期发生数	5 086 700	1 247 000	3 839 700	0	
	本期转出数	3 996 000	3 996 000	0	0	
	期末未审数	3 839 700	0	3 839 700	0	
	调整数	0	0	0	0	
	审定数	3 839 700	0	3 839 700	0	

二、抽查记录

在建工程主要项目名称	开始施工日期	计划竣工日期	工程预算	期末未审数	调整数	审定数	资金来源	批准文号
职工宿舍楼1栋	2018－01－27		2 000 000	0	0	0		
二期工程	2018－04－30	2019－02－24	3 800 000	3 839 700	0	3 839 700	借款	

审计说明及调整分录:

审计结论:基本没有重大错误

八、应付票据审计工作底稿

应付票据审计程序表见表3-16。

表3-16　应付票据审计程序表

客户：		签名	日期	索引号	
项目：	编制人：			页次	
截止日：	复核人：			执行情况	索引号
1	获取或编制应付票据明细账，复核加计，并与应付票据登记簿、报表数、总账和明细账核对相符				
2	选择应付票据重要项目（包括零账户），函证其余额是否正确				
3	根据回函情况，编制与分析函证结果汇总表。对未回函的，决定是否再次函证				
4	检查应付票据备查登记簿，抽取（　　）份有关原始凭证，确定其是否真实				
4.1	检查该笔债务的相关合同、发票、收货单等资料，核实交易事项的真实性				
4.2	抽查资产负债表日后应付票据明细账及现金、银行存款日记账，核实其是否已付款并转销				
4.3	对截止资产负债表日已偿付的应付票据，注意其凭证入账的合理性				
5	复核应付票据利息是否足够计提，其会计处理是否正确				
6	检查逾期未兑付票据的原因，是否已经转入应付账款，如系有抵押的票据，应作出记录，并提请被审计单位做必要的披露				
7	对于用非记账本位币结算的应付票据，检查其采用的折算汇率是否正确				
8	检查应付关联方票据的合法性和合理性				
8.1	了解交易事项的目的、价格和条件				
8.2	检查采购合同等有关文件				
8.3	向关联方或其他注册会计师函询，以确认交易的真实性				

九、应付账款审计工作底稿

（一）应付账款审计程序表

应付账款审计程序表见表3-17。

表3-17　应付账款审计程序表

客户：ABC有限责任公司		签名	日期	索引号	B-5-1
项目：审计报表	编制人：	熊达	2018-12-31	页次	
截止日：2019年4月	复核人：			执行情况	索引号
1	获取或编制应付账款明细表，复核加计，并与报表数、总账和明细账核对相符			×	

表3－17(续)

2	对应付账款进行分析复核	√	B－5－2
2.1	对期末应付账款余额与上期期末余额进行比较,解释其波动原因	×	
2.2	对大额异常项目进行调查	×	
3	选择应付账款重要项目(业务发生额较大的,包括零账户),函证其余额是否正确	√	B－5－2
4	根据回函情况,编制与分析函证结果汇总表。对未回函的,决定是否再次函证	√	B－5－2
5	对未回函的应付账款,抽查有关原始凭证,确定其是否真实	√	B－5－2
5.1	检查该笔债务的相关凭证资料,核实交易事项的真实性	√	B－5－2
5.2	抽查资产负债表日后应付账款明细账及现金、银行存款日记账,核实其是否支付货款并转销	×	
6	检查是否存在未入账的应付账款	×	
6.1	结合存货监盘或盘点抽查,检查被审计单位在资产负债表日是否有大额料到、单未到的经济业务	×	
6.2	对资产负债表日后应付账款明细账的贷方发生额的相应凭证,检查其购货发票的日期,确认其入账时间是否合理	√	B－5－2
6.3	检查资产负债表日后(　　)天的付款事项,确定有无未及时入账的应付账款	√	B－5－2
7	检查应付账款是否存在借方余额。如有,应查明原因,必要时做重分类调整	×	
21	结合其他应付款、预付账款的明细余额,查明有无双方同时挂账的项目,或有无不属于应付账款的其他应付款。如有,记录并在必要时做重分类调整	×	
9	检查应付账款长期挂账的原因,对于确实无法支付的,检查其是否按规定转入相关科目	×	
10	对于用非记账本位币结算的应付账款,检查其采用的折算汇率是否正确	×	
11	检查应付关联方公司款项的合法性和真实性	×	
11.1	了解交易事项的目的、价格和条件	×	
11.2	检查采购合同等有关文件	×	
11.3	向与关联方交易相关的第三方或其他注册会计师函询,以确认关联交易的真实性	×	
11.4	注明应付关联方(包括持股5%以上股东)的款项中合并报表时应予抵销的数字	×	
12	检查债务重组中涉及应付账款的会计处理是否正确	×	
13	验明应付账款的披露是否恰当	×	

(二)应付账款明细检查表

应付账款明细检查表见表3－18。

表 3－18　应付账款明细检查表

客户：ABC 有限责任公司　　编制人：李四　　日期：2018－12－31　　索引号：B－5－2
截止日：2018 年 4 月　　复核人：　　日期：　　页次：

序号	户名	期初余额	期末余额	未审数及账龄分析				期后支付或结清数	函证	其他程序	调整数	审定数
				1 年内	1～2 年	2～3 年	3 年以上					
1	南宁市寰宇机电有限责任公司	34 453.77	0									
2	南宁天宇机电设备有限公司	1 771 484	0									
3	柳州市华美自控设备有限责任公司	953 137	0									
4	上海虹桥区电极五厂	84 603	0									
5	南宁申华设备有限责任公司	0	1 202 427	120 242								
6	南宁市旺达钢材有限责任公司	0	0									
7	南宁市天源和物资有限责任公司	0	0									
8	南宁市时代建筑公司	0	1 948 500	194 850								
9	南宁市诚裕金属有限责任公司	0	0									
10	上海天信动力机械有限责任公司	0	0									
审计说明及调整分录：												

同步练习

一、审计人员审查某企业材料采购业务时，发现本年内一笔业务的处理如下：从外地购进原材料一批，共 8 500 千克，合计价款为 293 250 元、运杂费为 1 500 元。财会部门将原材料价款计入原材料成本、运杂费计入管理费用。材料入库后，仓库转来材料入库验收单，发现材料短缺 80 千克，查明 60 千克是运输部门责任引起的短缺、20 千克是运输途中的合理损耗，材料买价为每千克 34.5 元。

要求：

(1)根据上述资料，指出企业在材料采购管理工作中存在的问题。

(2)根据上述资料指出是否要求企业做出调整分录。如不需要,为什么?如需要,应如何调整?

二、审计人员审查某工厂固定资产时,发现该厂将报废出售的某项固定资产的变价收入5 000元冲减"固定资产"账户(借:银行存款,贷:固定资产),并将发生的固定资产清理费用3 000元直接列入营业外支出(借:营业外支出,贷:银行存款)。同时了解到该项固定资产原始价值为50 000元,预计使用5年,预计残值为2 000元,采用双倍余额递减法计提折旧,已使用3年并将其报废售给一家乡镇企业。

要求:

(1)指出该业务的财务处理是否正确,计算出有关数据并编制正确的会计分录;

(2)指出该项业务的错误所在及影响。

三、审计人员在审查华润股份有限公司20×1年度固定资产折旧时,发现本年度1月初新增已投入生产使用的机床一台,原价为100 000元,预计净残值为10 000元,预计使用年限为5年,使用年数总和法对该项固定资产进行折旧,其余各类固定资产均用直线折旧法折旧,且该公司对这一事项在报表中未做揭示。

要求:根据上述情况,指出这一事项对被审计单位财务报表的影响,说明应如何处理。

四、2019年1月,审计人员审查了某企业2018年12月基本生产车间设备计提折旧情况。在审阅固定资产明细账和制造费用明细账时,发现如下记录:

(1)11月份购入设备一台,原值为20 000元,已安装完工交付使用。

(2)11月份将原来未使用的一台设备投入车间使用,原值为10 000元。

(3)11月份交外单位大修设备一台,原值为50 000元。

(4)11月份进行技术改造设备一台,当月交付使用,该设备原值为200 000元。技改支出50 000元,变价收入20 000元。

要求:假定该企业2018年11月末计提折旧数正确,验证该企业该年12月份计提折旧数是否正确?如不正确,请做出调整分录。

五、审计人员王军审查海河公司应付账款明细账时,发现20×2年A公司明细账有贷方余额97 000元,经查证有关凭证,是20×2年向A公司购买木料的货款。

要求:分析可能出现的问题,说明是否需要进一步审查。如需要,说明如何审查,并提出审计意见。

六、你是某会计师事务所的审计人员,正接受某公司委托审计其截至2019年12月31日的财务报表。你已对其购货、验收、付款以及支出循环的内部控制制度进行了了解与评价,并决定不进行控制测试。根据分析性程序,你认为2019年12月31日资产负债表上所列的应付账款余额有可能低记。你已要求并取得了由客户编制的欠每个供货商的应付账款明细表。

要求:对此应付账款进行审计,你还应执行哪些实质性测试程序?

七、以下为H公司关于原料的购入、验收、储存、发出等程序的内部控制制度的基本内容。

(1)原料(主要是价值较高的电子元件)存放于加锁的仓库内,库房人员包括一位主管和四名保管人员。生产车间以书面或口头通知的形式从仓库领取材料。

(2)公司未建立永续盘存制度,因此仓库保管人员未记录原料的发出,而是在每月通过实地盘点存货来倒算本期的发出存货,存货盘点的程序比较完善。

(3)实地盘点后,仓库主管将盘点数量与预先确定的再订货点进行比较。如果某一原料低于再订货点,主管就将这种原料编号写在请购单上,然后送交采购部门,由采购部门负责进行材料的选购。

(4)在采购的原料运到公司时,由仓库保管员进行验收、清点,并与送货单上注明的数量、品种、规格进行核对。

要求:指出公司内部控制制度中存在的缺陷并提出相应的改进建议。

八、某注册会计师在观察被审计单位存货实施盘点时,注意到下列特殊的项目,请问对这些项目应进一步实施哪些审计程序?

(1)产成品储藏室内有数台电动马达没有悬挂盘点单。经查询,这些电动马达属被审计单位的承销品。

(2)验收部门有切片机一台(为被审计单位的主要产品之一),盘点单上标明“重做”字样。

(3)运输部门有一台已装箱的切片机,没有悬挂盘点单,据称该切片机已售给美勤公司。

(4)一间小型仓库内存有五种布满灰尘的原材料,每种原材料均挂有盘点单,经刘某抽点,与盘点单上的记录相符。

九、审计人员王军审查海河公司应付账款明细账时,发现2019年A公司明细账有贷方余额97 000元,经查证有关凭证,是2019年向A公司购买木料的货款。

要求:分析可能出现的问题,说明是否需要进一步审查。如需要,说明如何审查,并提出审计意见。

第四章　生产与服务循环审计模拟实训

【主要内容】

本章主要讲述生产与服务循环审计主要审计业务及工作底稿的编制。通过本章学习,需要重点理解并掌握以下几个问题:生产与服务循环的内部控制测试;制造费用、应付职工薪酬、主营业务成本等账户的实质性审计业务活动及工作底稿的编制。

第一节　生产与服务循环审计业务活动

一、生产与服务过程应有的内部控制

(一)实物流转程序控制

生产订单,生产领料到产品完工、窝工和不良品、残次品及废料的发生情况,车间物料统计、保护等管理规则。

(二)成本费用管理控制

(1)制订成本控制目标和成本计划,编制成本、费用预算;

(2)制定消耗定额,包括直接材料、人工工资、制造费用定额;

(3)对各项成本费用指标进行分解,建立成本费用归口、分级管理机制;

(4)定期对成本费用进行考核评价和分析。

(三)成本费用会计控制

(1)明确成本费用开支范围、标准,报销手续,审核制度;

(2)设置会计账户,合理归集与分配各项费用,确定产品生产成本;

(3)定期进行成本分析,查明企业成本变动的趋势与原因。

二、生产与服务的实质性审计业务活动

(一)直接材料成本审计

(1)抽查产品成本计算单,检查直接材料成本的计算是否正确,材料费用的分配标准与计算方法是否合理和适当,是否与材料费用分配汇总表中该产品分摊的直接材料费用相符。

(2)分析比较同一产品前后年度的直接材料成本,如有重大波动,应查明原因。

(3)抽查材料发出及领用的原始凭证,检查领料单的签发是否经过授权批准,材料发出汇总表是否经过适当的人员复核,材料单位成本计价方法是否适当,是否正确、及时入账。

(4)对采用定额成本或标准成本的企业,应检查直接材料成本差异的计算、分配的会计处理是否正确,并查明直接材料的定额成本、标准成本在本年度内有无重大变更。

(二)直接人工成本审计

(1)抽查产品成本计算单,检查直接人工成本的计算是否正确,人工费用的分配标准与计算方法是否合理和适当,是否与人工费用分配汇总表中该产品分摊的直接人工费用相符。

(2)将本年度直接人工成本与前期进行比较,审查其异常变动的原因。

(3)分析比较本年度各个月份的人工费用发生额,如有异常波动,则应查明原因。

(4)结合应付工资的审查,抽查人工费用会计记录及会计处理是否正确。

(5)对采用标准成本的企业,应检查直接人工成本差异的计算、分配的会计处理是否正确,并查明直接人工的标准成本在本年度内有无重大变动。

(三)制造费用审计

(1)获取或编制制造费用汇总表,复核加计正确,并与总账数和明细账核对相符,抽查制造费用中的重大数额项目及例外项目是否合理。

(2)审阅制造费用明细账,检查其核算内容及范围是否正确,并应注意是否存在异常会计事项。如有,则应追查至记账凭证及原始凭证。

(3)必要时,对制造费用实施截止测试,即检查资产负债表日后若干天的制造费用明细账及其凭证,确定有无跨期入账的情况。

(4)对采用标准成本的企业,应抽查标准制造费用的确定是否合理,计入成本计算单的数额是否正确,制造费用差异的计算、分配的会计处理是否正确,并查明标准制造费用在本年度内有无重大变动。

(四)主营业务成本审计

(1)获取或编制主营业务成本明细表,复核加计正确,并与报表数、总账数和明细账合计数核对相符。

(2)分析比较本年度与上年度主营业务成本总额以及本年度各月份的主营业务成本金额,如有重大波动和异常情况,则应查明原因。

(3)结合生产成本审计,抽查销售成本结转数额的正确性,并检查其是否与销售收入配比。

(4)检查主营业务成本账户中重大调整事项(如销售退回等)是否有充分理由。

(5)检查主营业务成本是否已在利润表上做恰当披露。

(五)应付福利费审计

(1)获取或编制应付福利费明细表,复核加计正确,并与报表数、总账数和明细账合计数核对是否相符。

(2)结合应付工资审计检查按工资总额计提的应付福利费是否符合规定、计提金额是否正确。

(3)审阅应付福利费明细账,并抽查本年应付福利费的原始凭证,检查其是否符合规定用途、报销是否符合审批程序。

(4)检查应付福利费在资产负债表上的披露是否恰当。

第二节 生产与服务循环工作底稿的编制

一、生产循环控制测试程序工作底稿

生产循环控制测试程序表见表4-1。

表4-1 生产循环控制测试程序表

客户:ABC有限责任公司		签名	日期	索引号	
项目:生产管理	编制人:			页次	
会计期间:	复核人:			执行情况	索引号
1. 成本会计制度的符合性测试					
选择并获取某一成本报告期(　　)种具有代表性的主要产成品计算单,对其成本及核算过程做如下检查					
1.1 直接材料成本测试					
1.1.1 获取样本的生产指令或产量统计记录及直接材料单位消耗定额,根据材料明细账或采购业务测试工作底稿中各项该直接材料的单位实际成本,计算直接材料的总消耗量和总成本,与该样本计算单位中直接材料成本核对,并注意下列事项					
生产指令是否经授权批准					
单位消耗定额和材料成本计价方法是否适当,在当年度有何重大变更					
1.1.2 非采用年定额单耗的企业					
获取材料费用分配汇总表、材料发出汇总表(或领料单)、材料明细账(或采购业务测试工作底稿)中各项该直接材料的单位成本,做如下检查					
1.1.2.1 成本计算单中直接材料成本与材料费用分配汇总表中该产品负担的直接材料费用是否相符,分配的标准是否合理					
1.1.2.2 抽取材料发出汇总表或领料单中若干种直接材料的发出总量和各该种材料的实际单位成本相乘,与材料费用分配汇总表中各项该种材料费用进行比较,并注意下列事项					
领料单的签发是否经过授权					
材料发出汇总表是否经适当的人员复核					
材料单位成本计价方法是否适当,在年度内有何重大变更					

表4－1(续)

1.1.3 采用标准成本法的企业		
获取样本的生产指令或产量统计记录、直接材料单位标准用量、直接材料标准单价及发出材料汇总表或领料单，检查下列事项		
1.1.3.1 根据生产量、直接材料单位标准用量及标准单价计算的标准成本与成本计算单中的直接材料成本核对是否相符		
1.1.3.2 直接材料成本差异的计算账务处理是否正确，并注意直接材料的标准成本在当年度内有何重大变更		
1.2 直接人工成本测试		
1.2.1 采用计时工资制的企业		
获取样本的实际工时统计记录、职员分类表和职员工资手册(工资率)及人工费用分配汇总表做如下检查		
1.2.1.1 成本计算单中直接人工成本与人工费用分配汇总表中该样本的直接人工费用核对是否相符		
1.2.1.2 样本的实际工时统计记录与人工费用汇总表中该样本的实际工时核对是否相符		
1.2.1.3 抽取生产部门若干天的工时台账与实际工时统计记录核对是否相符		
1.2.1.4 当没有实际工时统计记录时，根据职员分类表及职员工资手册中的工资率，计算复核人工费用分配汇总表中该样本的直接人工费用是否合理		
1.2.2 采用计件工资制企业		
获取样本的产量统计报告，个人(小组)产量记录和经批准的单位工资标准或计件工资制度，检查下列事项		
1.2.2.1 根据样本的统计产量和单位工资标准计算的人工费用与成本计算单中直接人工成本核对是否相符		
1.2.2.2 抽取若干各直接人工(小组)的产量记录，检查是否被汇总计入产量统计报告		
1.2.3 采用标准成本法的企业		
获取样本的生产指令或产量统计报告、工时统计报告和经批准的单位标准时、标准工时工资率、直接人工的工资汇总表等资料，检查下列项目		
1.2.3.1 根据产量和单位标准工时计算的标准工时总量与标准工时工资率相乘，并与成本计算单中直接人工成本核对是否相符		
1.2.3.2 直接人工成本差异的计算与账务处理是否正确，并注意直接人工的标准成本在本年度内有何重大变更		
1.3 制造费用的测试		
获取样本的制造费用分配汇总表，按项目分列的制造费用明细账和制造费用分配标准有关的统计报告及相关原始记录，做如下检查		

表4-1(续)

1.3.1 制造费用分配汇总表中,样本分担的制造费用与成本计算单位的制造费用核对是否相符		
1.3.2 制造费用分配汇总表中的合计数与样本所属成本报告期的制造费用明细账总计数核对是否相符		
1.3.3 制造费用分配汇总表选择的分配标准(机器工时数、直接人工工资、直接人工工时数、产量等)与相关的统计报告或原始记录核对是否相符,并对费用分配标准的合理性作出评估		
1.3.4 如企业采用预计费用分配率分配制造费用,则应针对制造费用分配过多或过少的差额,检查其是否做了适当的账务处理		
1.3.5 如果企业采用标准成本法,则应检查样本中标准制造费用的确定是否合理,计入成本计算单的数额是否正确,制造费用差异的计算与账务处理是否正确,并注意标准制造费用在当年内有何重大变更		
1.4 生产成本当年完工产品与在产品之间分配的测试		
1.4.1 检查成本计算单中在产品数量与生产统计报告或产品盘点表中的数量是否一致		
1.4.2 检查在产品约当量计算或其他分配标准是否合理		
1.5 计算复核样本的总成本和单位成本,最终对当年采用的成本会计制度作出评价		
2. 工资及应付工资内部会计控制符合性测试		
2.1 选择2~3个月份工资汇总表,作出如下检查		
2.1.1 计算复核每月工资汇总表		
2.1.2 检查每份工资汇总表是否业经授权批准		
2.1.3 检查应付工资总额与人工费用分配汇总表中的合计数是否相符		
2.1.4 检查其代扣款项的账务处理是否正确		
2.1.5 检查实发工资总额与银行付款凭证单核对是否相符,并正确过入相关账户		
2.2 从工资单中选出(　　)个样本(包括各种不同类型人员),做如下检查		
2.2.1 检查员工工资卡或人事档案,以确定工资发放依据		
2.2.2 检查员工工资率及实发工作额的计算		
2.2.3 检查实际工时统计记录(或产量统计报告)与员工个人钟点卡(或产量记录)是否相符		
2.2.4 检查员工加班加点记录与主管人员签证的月度加班费汇总表是否相符		
2.2.5 检查员工的扣款依据是否正确		
2.2.6 检查员工的工资签发证明		

表4－1(续)

2.2.7 实地抽查部分员工，证明其工资确在本公司发放，从工资单上抽取部分员工，证明其确在本公司工作		
2.3 工资及应付工资内部会计控制评价		
3.存货采购业务内部会计控制的符合性测试		
3.1 选择(　　)份购货合同(或其他购货凭证)，做如下检查		
3.1.1 对每份购货合同及请购单的下列项目进行核对		
3.1.1.1 货物名称、规格、型号、请购量		
3.1.1.2 授权批准、批准采购量、采购限价		
3.1.1.3 单价、合计金额等		
3.2 审核每份购货合同相关的供应商发票(复核发票的加计)，验收报告、入库单、付款结算凭证、计账凭证并追查至明细账与总账(如选择其他购货凭证为样本，相应修订上述程序)		
3.3 采购业务内部控制评估		
4.生产循环内部控制度评价		

二、生产循环内部控制调查问卷工作底稿

生产循环内部控制调查问卷工作底稿见表4－2。

表4－2　生产循环内部控制调查问卷工作底稿

客户:ABC有限责任公司　　编制人:　　日期:　　索引号

会计期间:　　复核人:　　日期:　　页次

调查问题	答案			
	是	弱	否	不适用
一、存货管理内部控制				
1.领料管理				
1.1 有关部门负责人是否审批领料单?				
1.2 批准领料单是否经过部门负责人签章?				
1.3 领料单是否连续编号、按顺序使用?				
1.4 领料单的发送是否根据授权发送的生产指令单发出?				
2.仓库管理				
2.1 仓储人员是否如实发出材料?				
2.2 仓储人员是否在领料单上签章?				
2.3 仓储人员与稽核员是否定期或不定期地盘点材料库存?				

表4-2(续)

调查问题	答案			
	是	弱	否	不适用
2.4 稽核员是否评价有关材料领发原始凭证?				
3. 会计记录				
3.1 会计主管是否评价材料汇总表及所附原始凭证?				
3.2 会计人员是否根据经过复核的记账凭证登记相关材料账?				
3.3 总分类账是否由总账会计负责登记?				
3.4 稽核员是否核对仓储部门材料明细账与财务部门有关材料账?				
3.5 材料的有关误差处理是否经过授权批准?				
3.6 生产部门对月末剩余材料是否办理退库或假退库手续?				
4. 职位分离				
4.1 核发、记账、稽核、核对职务是否由不同的人员担任?				
5. 内部审计				
5.1 内部审计人员是否定期对材料控制系统进行内部审计、评价、改进?				
二、工薪内部控制				
1. 人事管理				
1.1 员工的招聘、录用和辞退是否经授权批准?				
1.2 考勤人员是否经过授权考察员工绩效并签章?				
1.3 有无部分管理人员或职工的工资关系在公司的关联企业或其他单位?				
2. 工资管理				
2.1 公司的工资、福利是否包括期权、实物、疗养、医疗补贴等形式?				
2.2 工资核算范围是否符合规定?				
2.3 计时、计件工资的原始记录是否健全,工资表的计算依据是否与相关统计报表的数额相符?				
2.4 工时卡等原始工时记录是否经授权的业务主管批准?				
2.5 工资是否通过银行代发?				
2.6 有关人员记录工时是否签章?				
2.7 人事、劳动部门是否具备独立、完整的工资档案及台账?				
3. 会计记录				

表4－2(续)

调查问题	答案			
	是	弱	否	不适用
3.1 会计主管是否评价工资表及所附原始凭证?				
3.2 原始工资发放表是否经领工资职工本人签字?				
3.3 会计人员是否将各种工资、福利形式进行了适当的会计处理?				
3.4 工资表的编制是否由劳动部门办理?				
3.5 稽核员是否定期评价工时明细表与工时汇总表、工资汇总表、工资费用分摊表?				
3.6 稽核员是否评价有关结算原始凭证和代扣款原始凭证?				
3.7 工资的有关附加费是否有欠缴、欠提的现象?				
3.8 退休职工的各种费用是否由公司承担?				
4. 职位分离				
4.1 人事、考勤、计账、稽核、结算职务是否由不同的人员担任?				
5. 内部审计				
5.1 内部审计人员是否定期对工薪内部控制进行内部审计?				
5.2 内部审计是否定期或不定期对工薪内部控制进行评价和改进?				
三、制造费用内部控制				
1. 生产管理				
1.1 是否根据批准(或调整后)的生产计划组织生产?				
1.2 车间定额管理是否完整、正确?				
1.3 车间在产品、自制半成品和产成品等的计量管理是否完整、正确?				
1.4 车间生产原始记录是否完整、正确?				
2. 成本管理				
2.1 是否建立成本管理制度?				
2.2 成本核算方法是否适合企业的生产特点,是否严格执行?				
2.3 成本开支范围是否符合有关规定?				
2.4 是否定期进行成本分析、发现问题及时处理?				
2.5 固定资产折旧方法和期限选择是否与企业实际情况和国家规定相符?				
3. 会计记录				
3.1 制造费用的支出和归集是否经评价并正确入账?				
3.2 制造费用的分配标准是否恰当,计算是否正确?				

表4－2(续)

调查问题	答案			
	是	弱	否	不适用
3.3 制造费用分配汇总表选择的分配标准与相关的统计报告或原始记录核对是否相符?				
3.4 对实际分配的制造费用与预计分配的费用或标准成本下确定的费用差异是否做了相应的账户处理?				
3.5 月末是否有非记账人员核对制造费用有关明细账与总账?				
4. 其他				
4.1 制造费用总分类账与明细账登记人员是否由不同人员承担?				
4.2 内部审计人员是否定期对制造费用控制系统进行内部审计、评价、改进?				

三、生产循环控制测试工作底稿

生产循环控制测试工作底稿见表4－3。

表4－3　生产循环控制测试工作底稿

客户:ABC有限责任公司　　编制人:　　日期:　　索引号:

会计期间:　　复核人:　　日期:　　页次:

项目	车间仓库月初存货金额	材料仓库发料单限额领料单、发出材料汇总表金额	车间仓库月末存货金额	本期应计入生产成本材料(制造费用)金额	在产品			入库产品数量	产量合计	标准成本法或定额成本法			应计材料定额差异	在成品成本	产成品成本
					在产品数量	当量系数	约当产量			数量	单价	金额			

审计说明:

审计结论:

四、存货审计工作底稿

（一）存货抽查情况表

存货抽查情况表见表4－4。

表4－4　存货抽查情况表

抽查日期：　年　月　日　　　　索引号：　　　　页次：

客　　户：　抽查人员：　仓库名称：　存货：　原材料（　）　库存商品（　）

低值易耗品（　）　分期收款发出商品（　）

包装物（　）　自制半成品（　）

陪同人员：　复核人：　日期：　金额单位：　委托加工物资（　）　委托代销商品（　）

序号	品名型号规格	单位	单价	抽查前账面纪录		尚未入账数				应结存		抽查记录		抽查结果差异		品质状况（正常、残次、毁损、滞销等）	估计售价	减值准备
						入库		发出		数量	金额	数量	金额	数量	金额			
				数量	金额	数量	金额	数量	金额									
	1	2	3	4	5＝3×4	6	7＝3×6	8	9＝3×8	10＝4＋6－8	11＝5＋7－9	12	13＝3×12	14＝12－10	15＝13－11	16	17	
	合计																	

抽查结果汇总：			审计说明：
抽查金额：	应存账面金额合计：	抽查比率：	
正确金额：		抽查正确率：	

（二）存货审定表

存货审定表见表4－5。

表4-5 存货审定表

客户:ABC有限责任公司　　编制人:　　日期:　　索引号:

截止日:　　复核人:　　日期:　　页次:

索引号	存货类别	期末账面未审数		存货盘存表金额	盘存与账面差异金额	差异原因	调整数	审定数
		结存金额	成本差异借(+)贷(-)					
	1.库存材料							
	(1)原材料							
	A.原材料及主要材料	371 217.07						
	B.辅助材料	15 835.12						
	C.外购半成品							
	D.修理用配件							
	(2)包装物	12 739.69						
	(3)低值易耗品	25 460.56						
	2.在途材料	0						
	3.委托加工材料							
	4.在产品							
	5.自制半成品							
	6.产成品							
	7.分期收款发出商品							
	8.库存商品	82 882.74						
	9.材料成本差异							
	10.委托代销产品							
	合计	508 135.18						

审计说明及调整分录:

审计结论:

(三)存货计价审定表

存货计价审定表见表4-6。

表4－6　存货计价审定表

客户：　　　　　　编制人：　　　　　　日期：　　　　　　索引号：

截止日：　　　　　复核人：　　　　　　日期：　　　　　　页次：

存货名称编号规格	计量单位	期初（上月末）			本期入库			本期发出			本期末			计价方法	调整数	审定数
		数量	单价	金额	数量	单价	金额	数量	单价	金额	数量	单价	金额			
压力容器（1月）	个	12	2 820.51	33 846.12	0			4	2 820.51	11 282.04	8	2 820.51	22 564.08	加权平均		
压力容器（2月）	个	8	2 820.51	22 564.08	0			3	2 820.51	8 461.53	5	2 820.51	14 102.55	加权平均		
压力容器（3月）	个	5	2 820.51	14 102.55	20	2 821.00	56 420.00	5	2 820.90	14 104.50	20	2 820.90	56 418.05	加权平均		
压力容器（4月）	个	20	2 820.90	56 418.05	0			4	2 820.90	11 283.60	16	2 820.90	45 134.45	加权平均		
压力容器（5月）	个	16	2 820.90	45 134.45	0			3	2 820.90	8 462.70	13	2 820.90	36 671.75	加权平均		
压力容器（6月）	个	13	2 820.90	36 671.75	0			5	2 820.90	14 104.50	8	2 820.90	22 567.25	加权平均		
压力容器（7月）	个	8	2 820.90	22 567.25	18	2 823.82	50 828.76	5	2 822.92	14 114.60	21	2 822.92	59 281.41	加权平均		
压力容器（8月）	个	21	2 822.92	59 281.41	0			5	2 822.92	14 114.60	16	2 822.92	45 166.81	加权平均		
压力容器（9月）	个	16	2 822.92	45 166.81	0			4	2 822.92	11 291.68	12	2 822.92	33 875.13	加权平均		
压力容器（10月）	个	12	2 822.92	33 875.13	0			4	2 822.92	11 291.68	8	2 822.92	22 583.45	加权平均		
压力容器（11月）	个	8	2 822.92	22 583.45	20	2 824.39	56 487.80	5	2 823.97	14 119.85	23	2 823.97	64 951.40	加权平均		
压力容器（12月）	个	23	2 823.97	64 951.40	0			6	2 823.97	16 943.82	17	2 823.97	48 007.58	加权平均		48 009.26
审计说明及调整分录：经测试，计价正确。审定数为账面数，与测试数存在尾数差异																
审计结论：存货计价正确																

（四）存货盘存余额明细表

存货盘存余额明细表见表4－7。

表4-7　存货盘存余额明细表

被审计单位：　　编制人：　　日期：　　索引号：
截止日：　　复核人：　　日期：　　页次：

明细账户	月底账面余额	盘点日盘点金额	盘点日至截止日增加数	盘点日至截止日减少数	盘盈数	盘亏数	审定数	参与盘点人员
合计								
盘亏、毁损的原因及处理情况：								

(五)存货会计凭证抽查工作底稿

存货会计凭证抽查工作底稿见表4-8。

表4-8　存货会计凭证抽查工作底稿

客户：　　编制人：　　日期：　　索引号：
项目：　　复核人：　　日期：　　页次：　　会计期间或截止日：

序号	样本	样本内容				备注
		总账科目	明细科目	借方金额	贷方金额	
审计调整分录：						

五、存货跌价准备审计工作底稿

(一)存货跌价准备审计程序表

存货跌价准备审计程序表见表4-9。

表 4－9　存货跌价准备审计程序表

客户：		签名	日期	索引号	
项目：存货跌价准备	编制人：			页次	
截止日：	复核人：			执行情况	索引号
1. 获取或编制存货跌价准备明细表，复核加价，并与总账、明细账核对相符					
2 检查存货跌价准备计提和核销批准程序，取得书面报告等证明文件					
3. 评价存货跌价准备所依据的资料、假设及计提方法					
4. 检查被审计单位是否于期末对存货做检查分析，计提的依据、方法前后各期是否一致，存货跌价准备的计算和账务是否正确，本期计提或回转是否与管理费用科目金额核对一致					
5. 抽查已提存货跌价准备的项目期后售价是否低于原始成本					
6. 验明存货跌价准备的披露是否恰当					

（二）存货跌价准备审定表

存货跌价准备审定表见表 4－10。

表 4－10　存货跌价准备审定表

客户：　　　　编制人：　　　　日期：　　　　索引号：

截止日：　　　复核人：　　　　日期：　　　　页次：

存货类别	索引号	未审数	审计调整数		审定数	上期数
			借	贷		
合计						
审计说明及调整分录：						
审计结论：						

六、生产成本审计工作底稿

（一）生产成本审计程序表

生产成本审计程序表见表 4－11。

表 4-11　生产成本审计程序表

客户:		签名	日期	索引号	
项目:生产成本	编制人:			页次	
截止日:	复核人:			执行情况	索引号
1. 获取或编制生产成本汇总表明细表,复核加计,并与总账、明细账核对相符					
2. 对生产成本进行分析复核,检查各月及前后期间一产品的单位成本是否异常波动,注意是否存在调节成本现象					
3. 了解被审计单位的生产工艺流程和成本核算方法,检查成本核算方法与生产工艺流程是否适当,前后期是否一致,并作出记录					
4. 检查车间在产品盘存资料,与成本核算资料核对,检查车间月末余料是否办理假退手续					
5. 复核生产明细汇总表的正确性,将直接材料与材料耗用汇总表、直接工资总额与工资分配表、制造费用总额与制造费用明细表及相关账项明细表核对一致,并做交叉索引					
6. 检查生产成本在完成产品与在产品之间分配是否正确,分配标准和计算方法是否有重大变化,是否合理和适当					
7. 抽查成本计算单,检查直接材料、直接人工的计算是否正确,分配和计算方法是否合理和适当,制造费用的分配是否合理、正确					
8. 选择重大在产品项目继续测试,检查其前后期是否一致					
8.1 在以实际成本计价的条件下,应以样本的单位成本与生产明细账及成本计算单核对					
8.2 在以计划成本计价的条件下,应以样本的单位成本明细账与材料成本差异明细账及成本计算单核对					
8.3 对采用标准成本或定额成本核算的,应检查材料成本差异的计算、分配和会计处理的正确性,并检查标准成本或定额成本有无重大变动,期末库存商品是否已按实际成本进行调整					
9. 验明生产成本余额的披露是否恰当					

(二)生产成本审定表

生产成本审定表见表 4-12。

表 4-12　生产成本审定表

客户:　　编制人:　　日期:　　索引号:

截止日:　　复核人:　　日期:　　页次:

索引号	项目及内容	期初数	本期发生数	本期转出数	期末未审数	调整数	审定数
	除气机	0	2 386 275.06	2 386 275.06	0		
	过滤袋	0	493 689.16	493 689.16	0		

表4－12(续)

索引号	项目及内容	期初数	本期发生数	本期转出数	期末未审数	调整数	审定数
	石墨杆 75mm	0	373 066. 11	373 066. 11	0		
	石墨轮 150mm	0	203 093. 12	203 093. 12			
	石墨轮 180mm	0	190 961. 28	190 961. 28	0		
合计			3 647 084. 73	3 647 084. 73			
审计说明及调整分录：							
审计结论：							

(三)生产成本及销售成本倒轧表

生产成本及销售成本倒轧表见表4－13。

表4－13　生产成本及销售成本倒轧表

客户：　　编制人：　　日期：　　索引号：

会计期间或截止日：　　复核人：　　日期：

索引号	项目	未审数	其中：除气机	过滤袋	石墨杆φ75	石墨轮φ150	石墨轮φ180	调整数	审定数	备注
	直接材料成本	2 098 020. 07	1 745 671. 66	165 963. 91	71 208. 44	60 162. 73	55 013. 33			
	加：直接人工成本	593 696. 39	225 368. 53	112 160. 48	177 335. 32	37 323. 3	41 508. 76			
	制造费用	955 368. 27	415 234. 87	215 564. 77	124 522. 35	105 607. 09	94 439. 19			
	外购动力等									
	委托加工费等									
	生产成本	3 647 084. 73	2 386 275. 06	493 689. 16	373 066. 11	203 093. 12	190 961. 28			
	加：在产品期初余额									
	减：在产品期末余额									
	完工产品生产成本	3 647 084. 73	2 386 275. 06	493 689. 16	373 066. 11	203 093. 12	190 961. 28			
	加：产成品期初余额	269 146	168 000	40 656	31 200	15 180	14 110			

表4－13(续)

索引号	项目	未审数	其中：除气机	过滤袋	石墨杆φ75	石墨轮φ150	石墨轮φ180	调整数	审定数	备注
	分期收款发出商品期初余额									
	其他减少(报废)									
	减:产成品期末余额	82 882.74	46 768.57	8 685.4	11 021.34	8 554.61	7 852.82			
	分期收款发出商品期末余额									
	其他减少									
	主营业务成本	3 833 347.99	2 507 506.49	525 659.76	393 244.77	209 718.51	197 218.46			
审计说明及调整分录:石墨杆、石墨轮 φ150、石墨轮 φ180 库存商品入库金额与生产成本结转金额不一致,入库金额分别为 372 914.92 元、202 979.73 元、191 225.86 元,最后倒轧结果与主营业务成本金额不符,但与主营业务成本总账的倒轧数相符。经抽查凭证 2－95 号、8－109 号,企业在做记账凭证时,分项数据计算出现了错误										
审计结论:										

(四)生产成本会计凭证抽查表

生产成本会计凭证抽查表见表4－14。

表4－14　生产成本会计凭证抽查表

客户：　　编制人：　　日期：　　索引号：

项目：　　复核人：　　日期：　　页次：

会计期间或截止日：

序号	样本	样本内容				备注
		总账科目	明细科目	借方金额	贷方金额	
	8－109	库存商品/石墨杆 φ75		30 123.91		
		库存商品/石墨轮 φ150		14 005.99		
		库存商品/石墨轮 φ180		14 956.81		
		生产成本/石墨杆 75mm/直接人工			5 736.28	
		生产成本/石墨杆 75mm/直接材料			15 262.56	
		生产成本/石墨杆 75mm/制造费用			9 276.07	

表4－14(续)

序号	样本	样本内容				备注
		总账科目	明细科目	借方金额	贷方金额	
		生产成本/石墨轮150mm/直接人工			4 302.21	
		生产成本/石墨轮150mm/直接材料			2 859.98	
		生产成本/石墨轮150mm/制造费用			6 957.04	
		生产成本/石墨轮180mm/直接人工			4 397.8	
		生产成本/石墨轮180mm/直接材料			3 563.12	
		生产成本/石墨轮180mm/制造费用			6 731.65	
				59 086.71	59 086.71	
审计说明及调整分录:生产成本在分配到各产品时,数据计算有误						

七、制造费用审计工作底稿

(一)制造费用审计程序表

制造费用审计程序表见表4－15。

表4－15　制造费用审计程序表

客户:		签名	日期	索引号	
项目:生产成本	编制人:			页次	
会计期间或截止日:	复核人:			执行情况	索引号
1.获取或编制制造费用明细表,复核加计,并与总账、明细账核对相符					
2.对制造费用进行分析性复核,将本期制造费用与上期进行比较,本期各月之间进行比较,是否有异常波动					
3.选择重要或异常的制造费用项目,检查其原始凭证是否合法,会计处理是否正确					
4.将制造费用明细表中的材料发生额与材料耗用汇总表、工资发生额与工资分配表、折旧发生额与折旧分配表、资产摊销发生额与各项资产摊销分配表及相关账项明细表核对一致,并做交叉索引					
5.抽查成本计算单,检查制造费用的分配是否合理、正确					
6.对采用标准成本核算的,应抽查标准制造费用及分配率的确定是否合理,计入成本计算单的数据是否正确,制造费用差异的计算、分配和会计处理是否正确,并检查标准成本在本期有无重大变动					
7.检查制造费用中有无资本性支出					
8.必要时,对制造费用实施截止性测试,检查资产负债表日前后(　　)天内制造费用明细账和凭证,确定有无跨期现象					

(二)制造费用审定表

制造费用审定表见表4－16。

表4－16 制造费用审定表

客户： 编制人： 日期： 索引号：

会计期间或截止日： 复核人： 日期： 页次：

索引号	项目	总账金额	明细(车间)账金额				
			除气机车间	过滤袋车间	石墨制品车间	车间	
	本期发生未审数	955 368.27	415 234.87	215 564.77	324 568.63		
	本期转出数	955 368.27	415 234.87	215 564.77	324 568.63		
	调整数						
	审定数						

查证情况(车间不足填列可加页)

索引号	明细项目	除气机车间			石墨制品车间			过滤袋车间		
		未审数	调整数	审定数	未审数	调整数	审定数	未审数	调整数	审定数
	折旧费	60 212.91			119 712.07			21 306.84		
	工资	153 188.00			110 125.09			113 768.00		
	福利费	13 242.32			9 985.51			12 231.52		
	机械维修费	2 294.00			2 699.00			595.00		
	水电费	34 676.34			18 253.38			10 684.14		
	试验检查费									
	电话费	4 672.50			3 982.50			4 535.00		
	培训费									
	外加工费									
	差旅费	80 620.00								
	员工保险	22 417.38			16 904.02			20 706.26		
	材料	27 082.85			5 080.60			24 315.60		
	劳保用品	5 666.96			1 426.51			4 364.53		
	消耗性材料	5 751.03								
	工会经费	1 891.76			1 069.88			1 747.36		
	教育经费	1 418.82			35 330.07			1 310.52		
	其他	2 100.00								
	合计	415 234.87			324 568.63			215 564.77		

审计说明及调整分录：

审计结论：

(三)生产成本会计凭证抽查工作底稿

生产成本会计凭证抽查工作底稿见表4－17。

表4－17 生产或本会计凭证抽查工作底稿

客户： 编制人： 日期： 索引号：

项目： 复核人： 日期： 页次：

会计期间或截止日：

序号	样本	样本内容				备注
		总账科目	明细科目	借方金额	贷方金额	
	1－93	生产成本/石墨杆75mm/制造费用		8 918.09		
		生产成本/石墨轮150mm/制造费用		8 530.38		
		生产成本/石墨轮180mm/制造费用		8 142.19		
		制造费用/石墨制品车间/劳保用品费			423.30	
		制造费用/石墨制品车间/材料			3 258.36	
		制造费用/石墨制品车间/电话费			279.00	
		制造费用/石墨制品车间/水电费			1 580.87	
		制造费用/石墨制品车间/工会经费			154.00	
		制造费用/石墨制品车间/教育经费			115.50	
		制造费用/石墨制品车间/员工保险/养老保险			1 540.00	
		制造费用/石墨制品车间/员工保险/失业保险			154.00	
		制造费用/石墨制品车间/员工保险/工伤保险			53.90	
		制造费用/石墨制品车间/员工保险/生育保险			77.00	
		制造费用/石墨制品车间/福利费			1 078.00	
		制造费用/石墨制品车间/工资			7 700.00	
		制造费用/石墨制品车间/折旧费			9 176.73	
	1－85	营业费用/包装费		5 149.74		
		材料/包装材料/刨花板			4 050.00	
		材料/包装材料/泡沫板20mm			914.94	
		材料/包装材料/纸箱450450210			184.80	
审计说明：1－93：制造费用按产量分配，1月份石墨杆产量115，石墨轮φ150产量105，石墨轮φ180产量110；1－85：生产车间领用包装物，应计入制造费用，而不是营业费用，相同业务全年累计金额为48 524.51元（见营业费用——包装物明细账）						

八、应付职工薪酬审计工作底稿

(一)应付职工薪酬审计程序表

应付职工薪酬审计程序表见表4-18。

表4-18　应付职工薪酬审计程序表

客户:	签名	日期	索引号
项目:应付职工薪酬	编制人:	页次	
截止日:	复核人:	执行情况	索引号

1. 获取或编制应付工资明细表,复核加计,并与报表数、总账和明细账核对相符		
2. 对本期工资费用的发生情况进行分析性复核		
2.1 本期各月工资费用的发生是否有异常波动,如有,则要求被审计单位予以解释		
2.2 将本期各月工资费用总额与上期进行比较,要求本审计单位解释其增减变动原因,或取得公司当局关于员工工资水平的有关资料		
3. 检查工资的计提是否正确,分配方法是否与上期一致,并将应付工资计提数与相关的成本、费用项目核对一致		
4. 了解被审计单位实行的工资制度,并检查		
4.1 如果被审计单位实行工效挂钩,应取得有关主管部门确认的效益工资发放额认定证明,复核有关合同文件和实际完成的指标,检测其计提额、发放额是否正确,是否应做纳税调整		
4.2 如果被审计单位实行计税工资制,应取得当地计税工资标准和公司平均人数,计算准予从应纳税所得额中扣除的工资费用,对超支部分的工资及附加应做纳税调整		
5. 验明应付工资的披露是否恰当		

(二)应付职工薪酬审定表

应付职工薪酬审定表见表4-19。

表4-19　应付职工薪酬审定表

客户:　　　　　　编制人:　　　　　　日期:　　　　　　索引号:

截止日:　　　　　复核人:　　　　　　日期:　　　　　　页次:

索引号	明细项目		未审数	调整数	审定数	备注
	年初余额		0			
	本期贷方发生额	提取等合计	1 687 232.72			
		生产成本——直接人工工资				
		制造费用				
		管理费用				
		营业费用				
		应付福利费				
	本期借方发生额	发放等合计	1 687 232.72			
		生产成本——直接人工工资				
		制造费用				
		管理费用				
		营业费用				
		应付福利费				
		年末余额	0			

职工人数:人事资料91人,财务资料　人,其中外籍　人								
未通过应付工资直接在成本、费用中列支数								
会计科目							合计	
金额								
外籍员工资	年末人数		年提取额	外币		年初余额	外币	
	月平均数			人民币			人民币	
月工资标准	外币		年实支额	外币		年末余额	外币	
	人民币			人民币			人民币	
审计说明及调整分录:								
审计结论:								

(三)应付职工薪酬会计凭证抽查工作底稿

应付职工薪酬会计凭证抽查工作底稿见表4－20。

表4－20　应付职工薪酬会计凭证抽查工作底稿

客户：　　编制人：　　日期：　　索引号：

项目：　　复核人：　　日期：　　页次：

会计期间或截止日：

序号	样本	样本内容				备注
		总账科目	明细科目	借方金额	贷方金额	
	1－87结转工资费用	生产成本/除气机/直接人工		22 500.00		经查，附件1月份工资汇总表总计129人，公司实际领取工资人数只有92人，虚增职工37人，多计工资费用46 024元，其中：生产部24 460元，除气机车间9 334元，石墨制品车间7 350元，过滤袋车间4 880元
		生产成本/过滤袋/直接人工		15 000.00		
		生产成本/石墨杆75mm/直接人工		6 272.10		
		生产成本/石墨轮150mm/直接人工		5 999.40		
		生产成本/石墨轮180mm/直接人工		5 728.50		
		制造费用/除气机车间/工资		9 800.00		
		制造费用/石墨制品车间/工资		7 700.00		
		制造费用/过滤袋车间/工资		5 400.00		
		管理费用/工资		110 4000		
		应付职工薪酬			188 800.00	
	1－83按工资取各项费用	管理费用/工会\教育\养老\失业等		30 028.80		多计工资，相应多提费用
		生产成本\除气\过滤\石墨		22 866.00		
		制造费用\除气\过滤\石墨		9 434.80		
		其他应付款/工会经费			2 814.48	
		其他应付款/教育经费			2 110.86	
		其他应付款/养老保险			28 144.80	
		其他应付款/失业保险			2 814.48	
		其他应付款/工伤及生育保险			2 392.31	
		应付职工薪酬			39 508.67	
		管理费用/福利费		15 456.00		
	1－27发放工资	应付职工薪酬		188 800		
		银行存款/工商银行高新区分理处			172 409.30	
		其他应付款/工会经费			46.96	

表4－20(续)

		其他应付款/养老保险			7 508.00	
		其他应付款/失业保险			938.50	
		应交税费/应交个人所得税			4 265.51	
		应付职工薪酬			3 631.73	
审计说明及调整分录：						

九、主营业务成本审计工作底稿

(一)主营业务成本审计程序表

主营业务成本审计程序表见表4－21。

表4－21　主营业务成本审计程序表

客户:ABC有限责任公司		签名	日期	索引号	
项目:应付福利费	编制人:			页次	
会计期间:	复核人:			执行情况	索引号
1.获取或编制主营业务成本汇总表,复核加计,并与报表数、总账和明细账核对相符					
2.检查主营业务成本的内容和计算方法是否符合会计制度规定,前后期是否一致					
3.对主营业务成本进行分析性复核,通过测算毛利等指标进行分析,检测各月及前后期同一产品的单位成本是否有异常波动,注意是否存在调节成本现象					
4.复核主营业务成本明细汇总表的正确性,与库存商品等账项的结转额核对一致,并编制生产成本与销售成本倒轧表					
5.抽查(　　)月主营业务成本结转明细清单,比较计入主营业务成本的品种、规格、数量和主营业务成本收入的口径是否一致,是否符合配比原则					
6.检查主营业务成本中重大调整事项(如销售退回)的会计处理是否正确					
7.对采用计划成本、定额成本或标准成本核算的,应检查商品成本差异的计算、分配和会计处理的正确性					
8.验明主营业务成本的披露是否恰当					

(二)主营业务成本审定表

主营业务成本审定表见表4－22。

表 4 - 22　主营业务成本审定表

客户：　　编制人：　　日期：　　索引号：

会计期间：　　复核人：　　日期：　　页次：

索引号	项目	合计	主要产(商)品或大类				
			除气机	过滤袋	石墨杆 φ75	石墨轮 φ150	石墨轮 φ180
	1月	411 955.42	271 821.72	58 280.00	40 546.50	21 186.00	20 121.20
	2月	257 052.63	136 621.83	49 011.00	32 984.40	21 632.40	16 803.00
	3月	331 923.45	216 037.60	49 543.00	32 138.75	17 180.10	17 024.00
	4月	269 650.61	171 439.70	35 721.45	29 962.92	16 721.93	15 804.61
	5月	266 218.18	175 867.74	37 648.17	27 764.42	11 789.18	13 148.67
	6月	312 146.61	209 718.96	39 761.60	32 854.20	14 171.57	15 640.28
	7月	307 325.41	208 743.51	39 862.51	30 052.86	15 579.53	13 087.00
	8月	294 365.38	196 122.01	36 482.73	31 417.45	14 826.72	15 516.47
	9月	375 300.29	271 573.09	41 948.45	32 577.07	14 276.82	14 924.86
	10月	286 989.09	181 087.90	41 100.01	28 725.88	18 893.64	17 181.66
	11月	364 994.97	236 202.70	50 624.04	39 430.13	19 577.95	19 160.15
	12月	355 425.95	232 269.73	45 676.80	34 639.00	23 769.28	19 071.14
	未审数	3 833 347.99	2 507 506.49	525 659.76	393 093.58	209 605.12	197 483.04
	调整数						
	审定数						
审计说明及调整分录：							
审计结论：							

（三）主营业务成本会计凭证抽查工作底稿

主营业务成本会计凭证抽查工作底稿见表 4 - 23。

表 4 - 23　主营业务成本会计凭证抽查工作底稿

客户：　　编制人：　　日期：　　索引号：

项目：　　复核人：　　日期：　　页次：

会计期间或截止日：

序号	样本	样本内容				备注
		总账科目	明细科目	借方金额	贷方金额	

表4－23(续)

序号	样本	样本内容				备注
		总账科目	明细科目	借方金额	贷方金额	
审计说明及调整分录：						

同步练习

一、存货储存业务的审查

[资料]江北市审计局对三力工厂20×2年12月31日的期终会计资料进行审计时，发现接近结账日所发生的业务事项如下：

(1)20×3年1月2日收到价值为20 000元的货物，收到发票和登账日期为1月4日，发票上注明由供货商负责送货，在目的地交货，开票日期为20×2年12月26日。

(2)当实地盘点时，本工厂一包价值8 000元的产品已放在装运处，因包装纸上注明"有待运发"字样而未计入存货内。经调查发现，顾客的订货单日期为20×2年12月20日，顾客于20×3年1月4日收到货物才付款。

(3)20×3年1月6日收到价值为700元的物品，并于当天登记入账，该物品于20×2年12月28日按供货商离厂交货条件运送，因20×2年12月31日尚未收到，故未计入结账日存货。

(4)按顾客特殊订单制作的某产品，于20×2年12月31日完工并送装运部门，顾客已于该日付款。该产品于20×3年1月5日送出，但未包括在19×7年12月31日的存货内。

要求：你认为上述四种情况中的物品是否应包括在20×2年12月31日的存货内，并说明理由。

二、存货发出业务的审查

[资料]某企业发出材料按每月一次加权平均法计价，审计人员审查该企业上年12月甲材料的明细账时发现：月初结存500吨，单价120元，12月只购进一批500吨，单价130元。该月发出一批450吨，单价130元，全部记入"生产成本"账户。经查，该批材料为本企业在建工程领用，该工程目前尚未完工。要求：

(1)指出材料发出中存在的问题；(2)分析企业这样做的目的；(3)做调整分录。

三、在产品成本的审查

[资料]审计人员审查某企业在产品成本,该企业按约当产量法计算在产品成本,审计人员审阅基本生产成本明细账时,发现月初在产品成本为239 040元,其中,直接材料144 000元,直接工资36 000元,其他直接支出5 040元,制造费用54 000元。本月发生费用999 000元,其中,直接材料662 400元,直接工资90 000元,其他直接支出12 600元,制造费用23 400元。本月直接材料144 000元,直接工资36 000元,其他直接支出5 040元,制造费用54 000元。本月完工产品480台,月末在产品240台,在产品投料率为80%,完工率为50%。经查实,本月账面在产品实际成本为479 880元,其中,直接材料350 400元,直接工资42 000元,其他直接支出5 880元,制造费用81 600元,本月完工产品已结转。要求:

(1)说明审计方法;

(2)指出存在的问题;

(3)提出处理意见。

四、财务费用的审查

[资料]审计人员在审查某企业财务费用明细账时,发现如下记录:

(1)财务科人员的工资及奖金为6 500元;

(2)支付未完工工程借款利息3 000元;

(3)支付短期借款利息4 000元;

(4)支付金融机构的手续费2 500元。

要求:

(1)说明审计方法;

(2)指出存在的问题;

(3)提出处理意见。

五、销售费用的审查

[资料]审计人员在审查某企业销售费用明细账时,发现如下记录:

(1)销售机构人员的工资及奖金为7 300元;

(2)预付下年度的产品广告费20 000元;

(3)招待客户的费用为2 500元;

(4)支付产品的包装费3 000元。

要求:

(1)说明审计方法;

(2)指出存在的问题;

(3)提出处理意见。

第五章　销售与收款循环审计模拟实训

【主要内容】

本章主要讲述销售与收款循环审计的主要业务活动及工作底稿的编制。本章需要重点理解并掌握以下几个问题:测试销售交易的真实性、完整性;营业收入的实质性分析程序;主营业务收入的细节测试;营业收入的截止测试;应收账款账龄分析;应收账款函证及替代审计程序。

第一节　销售与收款循环审计业务活动

一、了解销售与收款环节的相关内部控制

(1)企业应当按照《现金管理暂行条例》《支付结算办法》等规定,及时办理销售收款业务。

(2)企业应将销售收入及时入账,不得账外设账,不得擅自坐支现金。销售人员应当避免接触销售现款。

(3)企业应当建立应收账款账龄分析制度和逾期应收账款催收制度。

(4)企业应当按客户设应收账款台账,及时登记每一客户应收账款余额增减变动情况和信用额度使用情况。

(5)企业对于可能成为坏账的应收账款应当报告有关决策机构,由其进行审查,确定是否确认为坏账。

(6)企业注销的坏账应当进行备查登记,做到账销案存。

(7)企业应收票据的取得和贴现必须经由保管票据以外的主管人员的书面批准。

(8)企业应当定期与往来客户通过函证等方式核对应收账款、应收票据、预收账款等往来款项。如有不符,应查明原因,及时处理。

二、销售与收款循环的内部控制测试

销售交易的控制目标、关键内部控制和审计测试见表 5-1。

表5-1　销售交易的控制目标、关键内部控制和审计测试一览表

内部控制目标	关键内部控制	常用的控制测试	常用的交易实质性程序
1. 登记入账的销售交易确系已经发货给真实的客户（营业收入/发生，应收账款/存在）	(1)销售交易是以经过审核的发运凭证及经过批准的客户订购单为依据登记入账的； (2)在发货前，客户的赊购已经被授权批准； (3)每月向客户寄送对账单，对客户提出的意见做专门追查；	(1)检查销售发票副联是否附有发运凭证（或提货单）及销售单（或客户订购单）； (2)检查客户的赊购是否经授权批准； (3)观察是否寄发对账单，并检查客户回函档案	(1)复核主营业务收入总账、明细账以及应收账款明细账中的大额或异常项目； (2)追查主营业务收入明细账中的分录至销售单、销售发票副联及发运凭证； (3)将发运凭证与存货永续记录中的发运分录进行核对
2. 所有销售交易均已登记入账（营业收入/完整性，应收账款/完整性）	(1)发运凭证（或提货单）均经事先编号并已经登记入账； (2)销售发票均经事先编号，并已登记入账	(1)检查发运凭证连续编号的完整性； (2)检查销售发票连续编号的完整性	将发运凭证与相关的销售发票和主营业务收入明细账及应收账款明细账中的分录进行核对
3. 登记入账的销售数量确系已发货的数量，已正确开具账单并登记入账（营业收入/准确性，应收账款/计价和分摊）	(1)销售有经批准的装运凭证和客户订购单，支持将装运数量与开具账单的数量相比对； (2)从价格清单主文档获取销售单价	(1)检查销售发票有无支持凭证； (2)检查比对留下的证据； (3)检查价格清单的准确性及是否经恰当批准	(1)复核销售发票上的数据； (2)追查主营业务收入明细账中的分录至销售发票； (3)追查销售发票上的详细信息至发运凭证、经批准的商品价目表和客户订购单
4. 销售交易的分类恰当（营业收入/分类）	(1)采用适当的会计科目表； (2)内部复核和核查	(1)检查会计科目表是否适当； (2)检查有关凭证上内部复核和核查的标记	检查证明销售交易分类正确的原始证据
5. 销售交易的记录及时（营业收入/截止）	(1)采用尽量能在销售发生时开具收款账单和登记入账的控制方法； (2)每月末由独立人员对销售部门的销售记录、发运部门的发运记录和财务部门的销售交易入账情况做内部核查	(1)检查尚未开具收款账单的发货和尚未登记入账的销售交易； (2)检查有关凭证上内部核查的标记	比较核对销售交易登记入账的日期与发运凭证的日期

表5－1(续)

内部控制目标	关键内部控制	常用的控制测试	常用的交易实质性程序
6.销售交易已经正确地记入明细账,并经正确汇总(营业收入/准确性,应收账款/计价和分摊)	(1)每月定期给客户寄送对账单; (2)由独立人员对应收账款明细账做内部核查; (3)将应收款明细账余额合计数与其总账余额进行比较	(1)观察对账单是否已经寄出; (2)检查内部核查标记; (3)检查将应收账款明细账余额合计数与其总账余额进行比较的标记	将主营业务收入明细账加总,追查其至总账的过账

三、销售与收款循环实质性测试基本思路

(一)测试登记入账的销售交易是真实的

审计人员测试被审计单位已经登记入账销售交易的真实性应当从以下三个方面展开:

1.针对未曾发货却已将销售交易登记入账的情形

(1)细节测试方向:"逆查",审查当期多入账的销售交易。

(2)从明细账入手:从营业收入明细账中抽取几笔分录,追查有无发运凭证及其他佐证,查明有无事实上没有发货却已登记入账的销售交易。

(3)查存货的永续盘存记录。

对发运凭证等的真实性存在怀疑,就可能有必要再进一步追查存货的永续盘存记录,测试永续盘存记录中存货余额有无减少,以确认是否发货;考虑是否检查更多涉及外部单位的单据,如外部运输单位出具的运输单据、客户签发的订货单据和到货签收记录。

2.针对将销售交易重复入账的情形

针对销售交易重复入账这类错误的可能性,注册会计师可以通过检查企业的销售交易记录清单加以确定是否存在重号、缺号。

3.针对虚构销售交易的情形

企业虚构销售业务入账通常是一种舞弊行为,审计人员一般很难察觉,主要从以下方面考虑:

审查营业收入明细账中与销售分录相应的销货单,检查其是否经过赊销批准手续和发货审批手续;如果注册会计师认为被审计单位虚构客户和销售交易的风险较大,需要考虑是否对相关重要交易和客户的经营场所、财务状况与股东情况等专门开展进一步独立调查。检查上述三类高估销售错误的可能性的另一种有效办法是追查应收账款明细账中贷方发生额的记录。

如果应收账款最终得以收回货款或者由于合理的原因收到退货,则记录入账的销售交易一开始通常是真实的;如果贷方发生额是注销坏账,或者直到审计时所欠货款仍未收回而又没有合理的原因,就需要考虑详细追查相应的发运凭证和客户订购单等,因为这些迹象说明可能存在虚构的销售交易。

(二)测试已发生的销售交易均已登记入账

1. 细节测试方向

运用"顺查"法,审查当期未入账的销售交易。从发货部门的档案中选取部分发运凭证,并追查至有关的销售发票副本和主营业务收入明细账,是测试未入账的发货的一种有效程序。

2. 细节测试实施的条件

审计人员必须能够确信全部发运凭证均已归档,这一点可以通过检查凭证的编号顺序来查明。

四、营业收入实质性测试

第一步,将本期的主营业务收入与上期的主营业务收入、销售预算或预测数据等进行比较,分析主营业务收入及其构成的变动是否异常,并分析异常变动的原因;

第二步,计算本期重要产品的毛利率,与上期或预算或预测数据比较,检查是否存在异常,各期之间是否存在重大波动,查明原因;

第三步,比较本期各月各类主营业务收入的波动情况,分析其变动趋势是否正常,是否符合被审计单位季节性、周期性的经营规律,查明异常现象和重大波动的原因;

第四步,将本期重要产品的毛利率与同行业企业进行对比分析,检查是否存在异常;

第五步,根据增值税发票申报表或普通发票,估算全年收入,与实际收入金额比较。

第六步,主营业务收入的截止测试。

(1)截止测试的目的。确定被审计单位主营业务收入的会计记录归属期是否正确,即被审计单位是否有应计入本期的收入被推迟至下期,或者应计入下期的收入是否提前至本期。

(2)截止测试的三个关键日期:发票日期、记账日期、发货日期。

(3)截止测试的关键:检查发票日期、发货日期和记账日期这三个日期是否归属于同一适当会计期间是对主营业务收入实施截止测试的关键。

(4)截止测试的三条审计线路。一是以主营业务收入的账簿记录为起点。从财务报表日前后若干天的账簿记录查至记账凭证,检查发票存根与发运凭证,目的是证实已入账主营业务收入是否在同一期间已开具销售发票并发货,有无多计主营业务收入。二是以销售发票为起点。从财务报表日前后若干天的销售发票存根查至发运凭证与账簿记录,确定已开具销售发票的货物是否已发货并于同一会计期间确认收入。具体做法是:抽取若干张在财务报表日前后开具的销售发票存根,追查至发运凭证和账簿记录,查明有无漏记主营业务收入的现象。三是以发运凭证为起点。从财务报表日前后若干天的发运凭证查至销售发票开具情况与账簿记录,确定主营业务收入是否已记入恰当的会计期间。使用这种方法主要是为了防止少计主营业务收入。

五、应收账款实质性测试

(一)应收账款账龄分析

(1)获取或编制应收账款账龄分析表,以便了解应收账款的可收回性;

(2)测试应收账款账龄分析表计算的准确性,并将应收账款账龄分析表中的合计数与应收账款总分类账余额相比较,并调查重大调节项目;

(3)检查原始凭证,如销售发票、运输记录等,测试账龄划分的准确性。

(二)函证应收账款

1. 函证要求

注册会计师应当对应收账款实施函证程序,除非有充分证据表明应收账款对财务报表不重要,或函证很可能无效。

如果认为函证很可能无效,注册会计师应当实施替代审计程序,获取相关、可靠的审计证据。如果不对应收账款函证,注册会计师应当在审计工作底稿中说明理由。

2. 函证目的

函证应收账款的目的在于证实应收账款账户余额的真实性、正确性,防止或发现被审计单位及有关人员在销售交易中发生的错误或舞弊行为。

3. 函证的范围和对象

函证应收账款数量的多少、范围的影响因素主要有:

(1)应收账款在全部资产中的重要性;

(2)被审计单位内部控制的强弱;

(3)以前期间的函证结果。

4. 函证的方式

(1)积极函证方式。一般针对大额的,或有争议的或变化异常的账户采用积极函证方式。

(2)消极函证方式。一般针对金额不大或内部控制健全的账户采用消极函证方式。

5. 函证时间的选择

(1)通常以财务报表日为截止日,在财务报表日后适当时间内实施函证;

(2)如果重大错报风险评估为低水平,注册会计师可选择财务报表日前适当日期为截止日实施函证,并对所函证项目自该截止日起至财务报表日止发生的变动实施实质性程序。

6. 函证过程控制

注册会计师通常利用被审计单位提供的应收账款明细账户名称及客户地址等资料据以编制询证函,但注册会计师应当对需要确认或填列的信息、选择适当的被询证者、设计询证函以及发出和跟进(包括收回)询证函保持控制。

7. 对回函不符事项的处理

导致不符事项的原因:

(1)登记入账的时间不同而导致的不符事项;

(2)记账错误导致的不符事项;

(3)舞弊导致的不符事项。

如果不符事项构成错报,注册会计师应当评价该错报是否表明存在舞弊,并重新考虑所实施审计程序的性质、时间安排和范围。

8. 对函证结果的总结和评价

(1)应重新考虑对内部控制的原有评价是否适当;控制测试的结果是否适当;分析程序的结果是否适当;相关的风险评价是否适当等。

(2)如果函证结果表明没有审计差异,则注册会计师可以合理地推论,全部应收账款总体是正确的。

(3)如果函证结果表明存在审计差异,注册会计师则应当估算应收账款总额中可能出现的累计差错是多少,估算未被选中进行函证的应收账款的累计差错是多少。为取得对应收账款累计差错更加准确的估计,也可以进一步扩大函证范围。

第二节 销售与收款循环工作底稿的编制

一、销售与收款循环调查问卷工作底稿

销售与收款循环调查问卷工作底稿见表5-2。

表5-2 销售与收款循环调查问卷工作底稿

客户: 编制人: 日期: 索引号:

截止日: 复核人: 日期: 页次:

调查问题	答案			
	是	否	不适用	备注
1. 信用调查				
1.1 是否设立资信部门,定期调查客户信用程度,开列信用不好的客户名单?				
2. 接受订货				
2.1 是否建立销售合同制度?				
2.2 销售合同签订前是否报经负责人或委托内部审计人员审批?				
2.3 销售人员是否根据授权签订销售合同?				
2.4 已签订的销售合同是否有专人负责登记和保管?				
2.5 销售合同是否连续编号?				
3. 批准销售				
3.1 是否定期检查客户的信用程度?				
3.2 赊销和分期收款销售是否经过审批?				
3.3 销售折扣、销凭退回是否经授权批准?				
3.4 现金折扣是否经过适当授权?				
3.5 是否有健全的经授权批准的开票和结算制度?				
4. 销售发货				

表5－2(续)

调查问题	答案			
	是	否	不适用	备注
4.1 仓库人员是否根据发票提货联,确认手续完备后发货并签字、盖章?				
4.2 门卫是否检查销售发票出门联,验证货物后放行,并填写出门登记簿?				
4.3 销货退回是否重新入库,并具有仓库签发的退货验收表?				
4.4 销货退回是否记入存货并冲减主营业务收入?				
5. 会计记录				
5.1 销售业务发生后,财务部门是否及时取得有关凭证(如销售发票记账联、出库单、出口产品报关单等)并据以收款或转账?				
5.2 销售发票中所列商品的单价是否与商品价目表核对相符?				
5.3 是否定期将销售明细转账与仓储部门实物账、销售部门台账核对?				
5.4 是否定期编制应收账款账龄分析?				
5.5 是否将应收账款定期与客户核对并催收货款?				
5.6 是否建立坏账核销的报批程序?				
5.7 核销坏账是否经过规定的报批程序?				
5.8 已经核销的应收账款是否在备查登记簿上登记?				
6. 职责分离				
6.1 销售业务中签订合同、组织供货、开票、发货、入账等职责是否分离?				
6.2 应收票据的保管与记账职责是否分离?				
6.3 票据接受贴现和换新的批准与保管职责是否分离?				
7. 内部审计				
7.1 内部审计人员是否定期向顾客寄发应收账款对账单,并及时查清楚差异原因?				
7.2 内部审计人员是否经常评价货运文件、发票、应收账款账龄分析表,了解企业规定的工作程序是否得到贯彻执行?				
初步评价:				

二、销售与收款循环控制测试程序工作底稿

销售与收款循环控制测试程序工作底稿见表5－3。

表5-3　销售与收款循环控制测试程序工作底稿

客户：		签名	日期	索引号	s2	执行人
项目：	编制人			页次		
会计期间：	复核人			使用情况	索引号	
1. 抽取销售发票，做如下检查：						
1.1 核对销售发票、销售合同、销售订单所载明的品名、规格、数量、价格是否一致						
1.2 检查销售合同、赊销是否经核准						
1.3 核对相应的送货单副本，检查销售发票品名、数量、日期与送货单品名、数量、日期是否一致						
1.4 检查销售发票中列示商品的单价与商品价目表核对						
1.5 复核销售发票中列示的数量、单价和金额						
1.6 从销售发票追查至销售记账凭证或销售记账凭证汇总表						
1.7 从销售记账凭证或销售记账凭证汇总表追查至总分类账及明细分类账						
2. 抽取送货单，并与相关的销售发票核对，检查已发出的商品是否均已向顾客开出发票						
3. 检查销售退回、折让、折扣的核准						
3.1 检查销售退回是否具有对方税务局开具的有关证明						
3.2 检查销售退回和折让是否附有按顺序编号并经主管人员核准的贷项通知单						
3.3 检查退回的商品是否具有仓库签发的退货验收报告						
3.4 退货商品冲销会计记录是否正确						
3.5 销售退回与折让的批准与贷项通知单的签发职责是否分离						
4. 抽取收款凭证，做如下检查						
4.1 是否将记录收款与保管现金的职责分离						
4.2 收到货款是否开具收款收据						
4.3 是否定期核对记账、过账和送存银行的金额						
4.4 是否定期编制银行存款余额调节表，其编制人是否与出纳保持职责分离						
4.5 是否定期与顾客对账						

三、销售与收款循环控制性测试工作底稿

(一)销售管理控制测试表

销售与收款循环控制性测试之一——销售管理控制测试表见表5-4。

表5-4 销售与收款循环控制性测试之一——销售管理控制测试表

被审计单位名称:ABC有限责任公司　编制人:　日期:　索引号:

会计期间:2018年　复核人:　日期:　页次:

会计凭证									合同						出库	退回及折让				授权			备注
日期	凭证编号	借方会计科目	销售单号	销售产品名称	规格	数量	单价/万元	金额/万元	规格	数量	单价	交货方式	交货日期	发货方式	出库日期	运单号码	仓库签收	税局退回折让单	批准人	发货通知	价格批准	赊销批准	
2018-10-28	87	应收账款—广西西南铝业有限公司		除气机		1	12	12			无合同				2018-10-25					黄善良	覃菁	无	
				石墨杆	*75	15	900	1.35			无合同				2018-10-25					黄善良	覃菁	无	
		预收账款—广西西南铝业有限公司		石墨轮	*150	30	400	1.2			无合同				2018-10-25					黄善良	覃菁	无	
				过滤袋		160	33	0.53			无合同				2018-10-25					黄善良	覃菁	无	
审计结论:																							

(二)送货单与发票的核对记录表

销售与收款循环控制测试之二——送货单与发票的核对记录表见表5-5。

表 5-5　销售与收款循环控制测试之二——送货单与发票的核对记录表

客户:ABC 有限责任公司　　编制人:　　日期:　　索引号:s2-2

截止日:　　复核人:廖宇凡　　日期:　　页次:

送货单编号	送货单内容					发票						备注
	日期	品名	规格	数量	金额	日期	编号	1	2	3	4	
0510007	2018-10-28	除气机		1	120 000	2018-12-28	N_0.00085086	√	√	√	√	
0510007	2018-10-28	过滤袋		160	5 280	2018-12-28	N_0.00085086	√	√	√	√	
0510007	2018-10-28	石墨杆	*75	15	13 500	2018-12-28	N_0.00085086	√	√	√	√	
0510007	2018-10-28	石墨轮	*150	30	12 000	2018-12-28	N_0.00085086	√	√	√	√	
核对说明: 1. 品名与送货单所列一致 2. 规格与送货单所列一致 3. 数量与送货单所列一致 4. 所列发票已经核准						有关测试说明及结论:						

(三)会计凭证抽查工作底稿

销售与收款循环控制测试之三——会计凭证抽查工作底稿见表 5-6。

表 5-6　销售与收款循环控制测试之三——会计凭证抽查工作底稿

页次:　　索引号:s2-3

被审计单位名称:ABC 有限责任公司　　编制人:李四　　日期:

会计期间:　　日期:　　复核人:

序号	会计凭证						附件						
	日期	凭证号	经济事项	贷方科目	填制人	审核人	日期	名称	自制凭证填制人	金额计算依据	批准人	银行单证日期	银行单证金额
1	2018-12-16	58	收到合同 200510001 货款	应收账款			2018-12-16	转账				2018-12-16	106 412.6
2				预收账款									44 367.4
3													
4													
5													

审计结论:

四、主营业务收入审计工作底稿

（一）主营业务收入审计程序表

主营业务收入审计程序表见表5－7。

表5－7　主营业务收入审计程序表

客户：		签名	日期	索引号		s3
项目：主营业务收入	编制人			页次		
会计期间：	复核人			是否使用	索引号	执行人
1	取得或编制收入、成本项目明细表					
1.1	复核加计，与报表数、总账和明细账核对相符					
1.2	检查外币收入折算汇率是否正确					
2	查明主营业务收入的确认原则、方法，注意是否符合相关会计准则（制度）规定的收入实现条件，前后期是否一致					
3	将本期的主营业务收入与上期的主营业务收入进行比较，分析产品销售的结构和价格变动是否正常，并分析异常变动的原因					
4	检查有无特殊的销售行为，如委托代销、分期收款销售、售后回购、以旧换新、出口销售等，确定恰当的程序进行审核					
5	比较本期各月各种主营业务收入的波动情况，分析其变动趋势是否正常，并查明异常现象和重大波动的原因					
6	根据普通发票或增值税发票申报表，测试企业全年的收入，并与其实际入账金额核对，检查是否存在虚开发票或销售而未开票的情况					
7	计算本期重要产品的毛利率，分析比较本期与上期各类产品毛利率变动情况，注意收入与成本配比的问题，并解释重大波动和异常的情况					
8	获取产品价格目录，抽查售价是否符合价格政策，并注意销售给关联方的产品价格是否合理，有无低价结算、转移收入的现象					
9	抽取其中（　　）张销售发票，审查开票、记账、发货日期是否相符，品名、数量、单价、金额等是否与发货单、销售合同等一致，并编制测试表					
10	销售的截止测试					
10.1	检查资产负债表日前后（　　）日的销售发票及运货单，观察截至资产负债表日止主营业务收入记录有无跨期的现象					
10.2	检查资产负债表日后所有在资产负债表日前销售的退回记录，检查资产负债表日后的销售是否列作资产负债表日前的销售（违反合同提前发货）					

表5－7(续)

10.3	结合对资产负债表日应收账款的函询程序，观察有无未经认可的巨额销售			
10.4	调查重大跨期销售项目及其金额			
11	检查销货退回手续是否符合规定、会计处理是否正确			
12	取得被审计单位有关销售折扣和折让的有关文件资料，查明折扣与折让的具体规定，与实际执行情况核对，检查其计算及会计处理是否正确			
13	调查关联方(包括持股5%以上的股东)、集团内部销售的情况记录交易价格、数量和金额，并关注其交易价格是否与交易对象的账面价格或市场通行价格存在较大差异，以核实需在合并会计报表中抵消及应当在会计报表附注中披露事项			
14	验明主营业务收入的披露是否恰当			

(二)货运单与账面的核对表

货运单与账面的核对表见表5－8。

表5－8　货运单与账面的核对表

被审计单位名称：　　索引号：s3－1　　执编制人：　　日期：

会计期间或截止日：　　复核人：　　日期：

运输方式	货运单编号	货运单(运输发票)内容				发货通知单、发票、记账凭证、明细账								
		日期	目的地	品名	数量	日期	发货单号	发票号	记账凭证号	金额	1	2	3	4

	核对说明		有关测试说明及结论
	1. 货运单品名与发货通知单、发票、账面记录所列一致		
	2. 货运单数量与发货通知单、发票、账面记录所列一致		
	3. 货运单客户名称与发货通知单、发票、账面记录所列一致		
	4. 发货通知单、发票、记账凭证金额与明细账记录所列一致		

(三)主营业务收入截止性测试表

主营业务收入截止性测试表见表5－9。

5-9　主营业务收入截止性测试表

客户：　　　　编制人：　　　　日期：　　　　索引号：s3-2
截止日：　　　复核人：　　　　日期：　　　　页次：

发票内容					出仓单		发货通知单		入账情况			是否跨期	审计调整
编号	日期	品名	销售额	税金	号码	日期	号码	日期	日期	主营业务收入	应交税费	√(×)	
截止日：　年　月　日													
审计说明及审计结论：													

(四)主营业务收入会计凭证抽查工作底稿

主营业务收入会计凭证抽查工作底稿见表5-10。

表5-10　主营业务收入会计凭证抽查工作底稿

客户：　　　　编制人：　　　　日期：　　　　索引号：s3-3
项目：　　　　复核人：　　　　日期：　　　　页次：
会计期间或截止日：

序号	样本(填写凭证所在月份及编号)	样本内容				备注
		总账科目	明细科目	借方金额	贷方金额	
审计说明及调整分录：						

五、应收账款审计工作底稿

(一)应收账款审计程序表

应收账款审计程序表见表5-11。

表5-11 应收账款审计程序表

客户：		签名	日期	索引号	s4	执行人
项目：	编制人			页次		
会计期间：	复核人			执行情况	索引号	
1. 获取或编制资产负债表日应收账款明细表						
1.1 复核加计，与报表数、总账和明细账核对相符						
1.2 检查应收账款账龄分析是否正确						
1.3 检查外币折算汇率是否正确						
1.4 分析有贷方余额的项目，查明原因，必要时做重分类调整						
1.5 结合其他应收款及预收款明细余额，查明是否存在双方同时挂账的项目，是否存在不属于应收销货款的其他应收款						
1.6 注明应收关联方（包括持股5%以上的股东）款项中，合并报表时应予抵消的数字						
2. 分析应收账款账龄及余额构成，根据审计策略选定下列项目进行函证，并编制"应收账款函证结果汇总表"。函证测试样本选择有：						
2.1（　　）年账龄以上的项目，函证比例（　　）%						
2.2 年末余额（　　）元以上的项目，函证比例（　　）%						
2.3 本年累计发生额为前（　　）名的项目（　　）%						
2.4 与债务人发生纠纷的项目（　　）%						
2.5 与关联方（包括持股5%以上的股东）项目（　　）%						
2.6 余额为零的项目（　　）%						
2.7 非正常的项目（　　）						
2.8 其他项目（　　）%						
3. 对回函金额不符的，应查明原因，作出记录，必要时做适当调整						
4. 对大额或异常项目及关联方应收账款项目，即使回函相符，仍应对其采用替代程序						
5. 检查报表日至审计日已收回的应收账款金额，对已收回金额较大的款项进行常规检查，即核对收款凭证、银行对账单，销货发票等，并注意凭证发生日期的合理性						
6. 对未收回回函的样本项目，采用替代程序判断债权的存在						
6.1 检查该等债权的相关文件资料（合同契约、订购单、销售发票、货运单据等），核实交易事项的真实性						
6.2 向有关部门了解，以验证客户的地址、信用状况						
7. 对未发询证函的应收账款，抽查销售合同、销售订单、销售发票副本及发运凭证等原始证件						

表5－11(续)

8. 检查应收账款中有无债务人破产或者死亡的，以及破产财产或者遗产清偿后仍无法收回，或者债务人长期未履行偿债义务			
9. 检查企业与债务人进行债务重组的账务处理是否正确			
10. 检查企业以应收账款（或其他资产）换入应收账款的账务处理是否正确			
11. 对应收账款余额做分析性复核，如有重大波动，应询问并分析波动原因，并做记录			
12. 对关联方、有密切关系的主要客户的交易事项做专门检查			
12.1 了解交易事项目的、价格和条件，做比较分析			
12.2 检查销售合同、销售发票、运货单等相关文件资料			
12.3 检查收款凭证等货款结算单据			
12.4 向与此交易相关的第三方或其他注册会计师询证			
13. 检查资产负债表日后的大额销售退回和折让，确定是否存在应列入本期的业务			
14. 检查应收账款是否业已质押			

（二）应收账款明细表

应收账款明细表见表5－12。

表5－12　应收账款明细表

客户：　　编制人：　　日期：　　索引号：s4－1

会计期间：　　复核人：　　日期：　　页次：

序号	户名	业务内容摘要	年初余额	年末余额	未审数及账龄分析				期后收回数	备注
					1年内	1~2年	2~3年	3年以上		
	合计									
审计结论：										

（三）应收账款询证函

应收账款询证函（肯定式）见表5－13。

表 5-13　应收账款询证函(肯定式)

(公司):　　　　　　　　　　　　　　　　　编号:

本单位聘请的会计师事务所正在对本公司 20 年度财务报表进行审计,按照中国注册会计师执业准则的要求,应当询证本公司与贵公司的往来账项等事项。下列数额出自本公司账簿记录,如与贵公司记录相符,请在本函下端"信息证明无误"处签章证明;如有不符,请在"信息不符"处列明不符金额。回函请直接寄至会计师事务所。

通信地址:(会计师事务所地址)

邮编:　　　　　　　电话:　　　　　　　传真:　　　　　　　联系人:

1. 本公司与贵公司的往来账项列示如下:

截止日期	贵公司欠(金额)	欠贵公司(金额)	备注

2. 其他事项:

本函仅为复核账目之用,并非催款结算。若款项在上述日期之后已经付清,仍请及时函复为盼。

(公司公章)

年　月　日

结论:

1. 信息证明无误

(公司公章)

年　月　日

2. 信息不符,请列明不符的详细情况

(公司公章)

年　月　日

(四) 应收账款函询结果汇总表

应收账款函询结果汇总表见表 5-14。

表 5 - 14 应收账款函询结果汇总表

客户:ABC 有限责任公司　　编制人:　　日期:　　索引号:s4 - 3

截止日:　　复核人:　　日期:　　页次:

发函询证纪要				是否收到回函	收到回函				未收到回函		审计结论
序号	选取样本特征	单位名称	期末余额		可以确认金额		难以确认金额		通过替代程序可以确认	未核实金额	
					回函直接确认	调节后可以确认	争议未决金额	其他			
总值											

情况说明:

审计结论:　　抽取样本的总金额:　　收到回函的样本金额:

回函可以确定的金额:　　未核实金额:　　企业期末应收账款客户总数:

企业期末应收账款总额:　　替代程序可确认金额:　　抽取样本占总户数的比例:

抽取样本占期末总额比例:　　收到回函的样本占总样本的比例:　　可确认金额占样本总额比例:

未核实金额占样本总额比例:

选取样本特征:A. 大额(2 张)　B. 账龄长(2 张)　C. 零账户(2 张)　D. 随机(2 张)

(五)应收账款替代程序表

应收账款替代程序表见表 5 - 15。

表 5 - 15 应收账款替代程序表

客户:　　编制人:　　日期:　　索引号:s4 - 4

截止日:　　复核人:　　日期:　　页次:

一、期初余额:							
二、借方发生额:							
入账金额				检查内容			
	日期	凭证号	金额	1	2	3	4
1							
2							
3							
小计							
全年借方发生额合计							
测试金额占全年借方发生额的比例							
三、贷方发生额							
入账金额				检查内容			

表5-15(续)

	日期	凭证号	金额	5	6	7	8
1							
2							
小计							
审计结论:							
测试金额占全年贷方发生额的比例							
四、期末余额							
五、期后收款检查(2019 年 1 月)							
1							
2							
检查内容:1. 发票金额内容与记账凭证一致; 2. 发票金额已正确记入应收账款; 3. 发票品名、规格、数量与合同核对相符;4. 无不属于结算业务的债权; 5. 与对应科目明细记录一致; 6. 与付款单位户名一致; 7. 已记入银行(现金)日记账							
审计结论:							

同步练习

一、[资料]20×3 年 1 月,审计人员在对某电扇厂应收账款进行审计时,发现在应收账款明细账中,“市宏丰商场明细账”20×2 年 1 月 1 日借方余额 100 000 元,本期借贷方均无发生额,20×2 年年末仍为借方余额 100 000 元。据明细账记录,此款是 19×9 年宏丰商场向该电扇厂购进电扇 600 台发生的货款。

要求:分析上述应收账款可能存在的问题,并提出处理意见。

二、[资料]审计人员在审查某工业企业 20×8 年 6 月份“银行存款”日记账时,发现 6 月 24 日的摘要中注明预收某产品货款,但对方科目的名称是“主营业务收入”,金额合计 30 万元,决定进一步查证。经查阅 20×8 年 6 月 24 日 17#记账凭证,记账凭证上的会计分录如下:

借:银行存款　　　　300 000

　贷:主营业务收入　　　　300 000

该凭证所附的原始凭证仅是一张信汇收账通知,无发票记账联。经过询问当事人并调阅有关销售合同,确定该企业预收某单位产品预购款 30 万元,但因对制度规定不熟悉,会计人员已将其在收到预购款当日做了收入处理。

要求:指出该企业存在问题,并提出处理意见。

三、[资料]审计人员王军在审查海河公司收入业务时,发现它与裕华公司签订了来料加工合同。合同中规定,加工费为 9 000 元,通过银行转账支付,剩余材料留归该企业。审查海河公司银行存款凭证时,收款凭证的会计分录为:

借:银行存款　　　　9 000

　　贷:其他应付款　　　　9 000

后又发现加工多余的材料 90 千克,合同标价为每千克 15 元,被加工车间出售,共得 1 350 元收入,并将此收入作为加工人员奖金分掉。

要求:指出海河公司在处理上述来料加工业务中存在的问题,并提出处理意见。

四、[资料]审计人员王军审查海河公司 20×2 年 9 月份"银行存款"日记账时,发现 9 月 10 日 25#摘要中注明转让专有技术 60 000 元,但对方账户是"应付账款",决定进一步调查。

经查阅 9 月 10 日 25#记账凭证,记账凭证上的内容如下:

借:银行存款　　　　60 000

　　贷:应付账款　　　　60 000

该记账凭证后面附的原始凭证是一张"送款单"回单和双方的专有技术转让协议,经询问有关人员,确定该公司的无形资产转让收入记入了"应付账款"账户。

要求:指出海河公司存在的问题并做出调账分录(假定上述问题在当期被发现)。

五、假定你于 20×1 年 11 月末对一个新客户(Z 公司)的应收账款进行函证。11 月 30 日的应收账款余额为 980 156 元,明细账户为 210 户,你从中抽取了 60 户进行函证,其余额为 677 220 元。函证的对象中除了 9 户以外,其余均收到回函(计 51 份)。在这些回函中,指出有差异的有 10 份。对于产生差异的原因这些企业分别解释为:

(1)我们(Y 公司)所欠的货款(余额 10 万元)已于 10 月 20 日付清;

(2)我们(X 公司)所欠的货款(余额 20 万元)已于 11 月 10 日付清;

(3)我们(W 公司)尚未收到货物;

(4)我们(V 公司)曾于 9 月份预付过货款 20 万元,这笔货款足以抵付账户所示的欠款 19 万元。

要求:针对以上问题,你将采用怎样的审计程序?

六、在初次审计 G 公司的财务报表时,你决定函证部分应收账款。下列为你正考虑的应收账款账户。

公　司	年末应收账款	全年销货金额
甲	0	100 万元
乙	3 万元	6 万元
丙	9 万元	11 万元
丁	20 万元	220 万元

要求:

(1)你认为上述公司中哪两家最需要函证?请说明理由。

(2)假定上述四家公司为被审计单位的客户,且上述金额为应付账款余额和全年购货总额,你正准备从中抽取两家进行应付账款函证,你认为哪两家最需要函证?请说明理由。

第六章　筹资与投资循环审计模拟实训

【主要内容】

筹资与投资循环中涉及的资产负债表项目主要包括交易性金融资产、应收利息、应收股利、可供出售金额资产、持有至到期投资、长期股权投资、投资性房地产、短期借款、交易性金融负债、应付利息、应付股利、长期借款、应付债券、实收资本(或股本)、资本公积、盈余公积、未分配利润等。通过本章学习,重点应理解并掌握筹资与投资业务循环的内容,熟悉所有者权益审计的目标,掌握筹资与投资业务循环内部控制的相关内容以及所有者权益账户的审计方法。

第一节　筹资与投资循环审计业务活动

筹资活动主要是指公司不满足自身生存和发展需要,通过内部筹资和外部筹资两种途径筹集资金的活动。企业的内部筹资主要是通过股利政策的调整,增加生产经营可用资金;外部筹资主要是靠债务筹资和股权筹资两种方式。投资活动主要是指企业通过分配来增加财富,或者谋求其他利益,将资产让渡给其他单位而获得另一项资产的活动。投资活动主要由权益性投资和债务性投资组成。

一、了解并测试筹资业务的内部控制

筹资活动主要由借款交易和股东权益交易组成。筹资业务的内部控制主要涉及筹资的授权审批控制、职责分离控制、会计控制、实物保管的控制以及筹资业务在资产负债表上能够得到恰当的披露等。

(一)授权审批制度

借款、发行债券以及债券本金的偿还和购回业务都应经过相应的授权审批程序。只有经过批准,才能进行增资或减资业务、发放股票股利、进行股票分割。

(二)受托管理制度

企业发行证券应委托银行或信托投资机构来办理,受托人行使保护证券发行人和持有人合法权益的职责,并监督企业按照有关约定按时履行义务。

(三)合同或契约制度

企业筹资必须签订借款合同或协议、债券契约、承销或包销协议或合同等相关法律

性文件。

(四)职责分工制度

(1)筹资计划编制人与审批人适当分离,以有利于审批人从独立的立场来评判计划的优劣。

(2)经办人员不能接触会计记录,通常由独立的机构代理发行股票或债券。

(3)会计记录人同负责收、付款的人相分离,有条件的应聘请独立的机构负责支付业务。

(4)证券保管人员同会计记录人员分离。

(五)定期核对制度

如果保存企业证券持有人明细账,则应同总分类账核对相符;如果企业证券持有人明细账由外部机构保存,则必须定期和外部机构核对相符。

(六)保管制度

企业发行证券相关文件,各种凭证、账簿和登记簿以及未发行的证券等,都必须指定专人保管或委托独立机构代为保管,以防丢失、被盗或毁损,给企业造成不必要的损失。

(七)会计核算控制制度

筹资业务的会计处理较复杂,必须保证及时地按正确的金额、符合有关规定的核算方法,在适当的账户和正确的会计期间予以记录、披露。对于已发行的证券,还应设立相应的登记簿备查。

二、了解并测试投资业务的内部控制

投资业务的内部控制制度和筹资业务的内部控制制度类似,包括:

(1)授权审批制度。

(2)职责分工制度。

(3)资产保管制度。

(4)记名登记制度。除无记名证券外,企业在购入股票和债券时应在购入的当日及时登记于企业名下,切忌登记于经办人员名下,防止冒名转移并借其他名义谋取私利的舞弊行为发生。

(5)定期盘点制度。企业对所拥有的投资资产,应由内部审计人员和不参与投资业务的其他人员进行定期盘点,检查是否正确为企业所拥有,并将盘点记录与账面记录相互核对,以查明账实是否相符。若有价证券发生丢失、被盗、记账不及时、账实不相符等情况,应立即报告并及时查明原因,明确责任,以便采取可行的补救措施。

(6)会计核算控制制度。

三、银行借款审计的主要业务活动

(1)获取或编制银行借款明细表;

(2)执行分析性复核;

(3)审查借款业务的合法性;

(4)审查银行借款的真实性;

(5)审查银行存款账户记录的真实性、及时性及准确性;

(6)审查借款业务在资产负债表中的披露是否恰当。

四、所有者权益审计的主要业务活动

(一)所有者权益的审计目标

所有者权益的审计目标是确定投资者对企业投入资本的形成和增减变动的真实性、合法性;资本公积的形成和增减变动的真实性、合法性;盈余公积、未分配利润的形成和增减变动的真实性、合法性;确定所有者权益会计记录的完整性、正确性;所有者权益在会计报表上披露的恰当性。

(二)所有者权益审计控制性测试的内容

(1)检查验资报告,确定投入资本是否真实;

(2)检查被审计单位发行股票或其他投入资本变动的相关文件,并询问有关人员,确定投入资本变动是否经过相应的授权批准、是否符合法律规定;

(3)检查发放股利的批准文件,确定股利的发放是否经过授权批准;

(4)观察并询问所有者权益筹资业务的职责分工情况,确定所有者权益筹资业务是否按照合理严格的分工进行;

(5)观察并询问实物保管情况、股票的定期核对情况,检查股票登记簿,确定所有者权益筹资业务的实物保管控制和核对控制是否有效;

(6)检查账簿资料和有关文件,追踪所有者权益筹资交易,确定会计处理过程是否合规完整。

(三)股本实质性测试的主要业务活动

股本是股份有限公司按照公司章程、合同和投资协议的规定向股东募集的资本,代表股东对公司净资产的所有权。通常,股本不发生变化,只有在股份有限公司设立、增资扩股和减资时才会发生变化。

(1)审阅公司章程、实施细则和股东大会、董事会会议记录;

(2)检查出资方式和出资比例;

(3)索取或编制股本明细表;

(4)审查股票发行、收回;

(5)函证发行在外的股票;

(6)审查股票发行费用的会计处理;

(7)确定股本在资产负债表上的披露是否恰当。

(四)实收资本实质性测试的主要活动

实收资本是非股份有限公司用于核算所有者投资的账户,其意义和股份有限公司的股本账户是一样的,因此,其在执行程序上和股本账户的实质性程序没有本质上的区别。具体来说,其实质性程序的内容包括:

(1)审阅被审计单位合同、章程、营业执照及有关董事会会议记录;

(2)获取或编制实收资本明细表;

(3)审查出资期限和出资方式、出资数额和出资比例;

(4)审查投入资本的真实性及计价的正确性;

(5)审查实收资本的增减变动;

(6)审查实收资本是否已在资产负债表上恰当披露。

(五)资本公积实质性测试的主要活动

1. 取得或编制资本公积明细表

资本公积明细表包括资本公积的种类、金额、形成日期及原因等。审计人员编制或取得资本公积明细表后,应将该表反映的内容与有关的原始凭证、会计账日、资产负债表中有关资本公积项目进行核对,检查其一致性;将资本公积明细表余额与资本公积明细账核对,检查其是否一致,如果不一致应查明原因;将资本公积明细账借贷方发生额与记账凭证、原始凭证核对,查明其是否相符,确定资本公积实有额是否真实准确。

2. 审查资本公积增减变动的内容及依据

审计人员应首先审查资本公积增减变动的具体内容及相关依据,并查阅相关原始凭证和会计记录,以确定资本公积增减变动的合法性和正确性。具体包括:审查接受非现金资产捐赠准备和接受现金捐赠;审查股权投资准备;审查外币资本折算差额情况。

审计人员应当审查资本公积明细账的借方发生额及有关凭证、账户的对应关系,查明资本公积转增资本(或股本)时有无企业最高决策层的正式批文,有无有关政府部门的批准文件,经办手续是否完备,实际转增的资本额与批准的是否一致,有无多增或少增的问题。同时,审计人员还应审查企业有无挪用资本公积的情况,如将股本溢价收入用来发放现金股利;将资本公积用于集体、职工福利;或利用资本公积进行各种营私舞弊的行为。

资本公积应根据"资本公"账户的期末余额在资产负债表上单独列示,审计人员应当核对被审计单位资产负债表中资本公积项目的数额是否与审定数额相符,并检查是否在会计报表附注中予以充分说明。

(六)盈余公积测试的主要活动

(1)获取或编制盈余公积明细表;

(2)审查盈余公积的提取;

(3)审查盈余公积的使用;

(4)审查盈余公积披露的恰当性。

(七)未分配利润测试的主要活动

(1)检查利润分配比例是否符合合同、协议、章程及董事会纪要的规定,利润分配数额及年末未分配利润数额是否正确;

(2)根据审计结果调整本年损益数,直接增加或减少未分配利润,确定调整后的未分配利润数;

(3)检查未分配利润在资产负债表、利润表及有关附表中披露是否恰当,口径是否一致。

五、借款业务审计的主要业务活动

(一)借款业务审计的目标

借款是企业承担的一项经济义务,是企业的负债项目,主要包括短期借款、长期借款和应付债券。考虑到对自身不利和难以与债权人的会计记录相印证,在一般情况下,被审计单位不会高估负债。因此,执行借款业务审计时,审计人员应将被审计单位是否低估借款作为一个关注要点。

(1)确定被审计单位在特定期间内发生的负债业务是否均已记录完毕,有无遗漏;

(2)确认被审计单位所记录的负债在特定期间是否确实存在,是否为被审计单位所承担;

(3)确认被审计单位所有借款的会计处理是否正确;

(4)确定被审计单位各项借款的发生是否符合有关法律的规定,被审计单位是否遵守了有关债务契约的规定;

(5)确认被审计单位借款余额在有关会计报表上的反映是否恰当。

(二)借款业务的控制测试

(1)取得与借款或发行债券相关的文件并和向有关人员询问的情况相印证;

(2)检查企业发行债券的收入是否立即存入银行;

(3)检查企业是否根据债券契约的规定或借款合同的规定支付利息和到期归还本金;

(4)检查借款交易的会计处理过程是否正确、合规;

(5)观察并询问借款业务的职责分工情况;

(6)观察并询问保管控制和核对控制是否有效。

(三)借款业务的实质性程序

1. 短期借款的实质性程序

(1)获取或编制短期借款明细表。审计人员应首先获取或编制短期借款明细表,复核其加计数是否正确,并与报表、明细账和总账核对相符。

(2)函证短期借款的实有数。审计人员应在期末短期借款余额较大或认为必要时向银行或其他债权人函证短期借款。

(3)审查短期借款的增减。对年度内增加的短期借款,审计人员应检查借款合同和授权批准文件,了解借款数额、借款条件、借款日期、还款日期、借款利率,并与相关会计记录相核对。对年度内减少的短期借款,审计人员应检查相关记录和原始凭证,核实还款数额。

(4)审查到期未偿还的短期借款。对已到期未偿还的短期借款,审计人员应查明其原因和支付罚息的情况,同时应查明是否按规定向银行提出申请并办理有关的延期还款手续,其账务处理是否正确、合规。

(5)复核短期借款利息。审计人员应根据短期借款的利率和期限,复核被审计单位短期借款的利息计算是否正确,有无多算或少算利息的情况,如有未计利息和多计利息,应作出记录，必要时进行调整。

(6)审查短期借款在资产负债表上的反映是否恰当。企业的短期借款在资产负债表上通常设“短期借款”项目单独列示，对于因抵押而取得的短期借款，应在资产负债表附注中揭示，审计人员应注意被审计单位对短期借款项目的反映是否充分。

2. 长期借款的实质性程序

长期借款的实质性程序和短期借款相似，唯一的区别在于有一个将一年内到期的长期负债转为流动负债的过程。

(1)获取或编制长期借款明细表；

(2)评估被审计单位的信誉和融资能力；

(3)审查长期借款的增减；

(4)向银行或其他债权人函证重大的长期借款；

(5)检查长期借款的使用是否符合借款合同的规定；

(6)检查一年内到期的长期借款是否已转列为流动负债；

(7)计算长期借款在各个月份的平均余额；

(8)检查借款费用的会计处理是否正确；

(9)检查企业抵押长期借款的抵押资产的所有权是否属于企业，其价值和实现状况是否与抵押契约中的规定相一致；

(10)检查长期借款是否已在资产负债表上充分披露。

六、应付债券审计的主要业务活动

(一)获取或编制应付债券明细表，并与报表、账簿核对相符

(二)检查债券交易有关原始凭证，以确定应付债券金额的真实、完整、正确

(1)检查企业债券副本，确定其发行是否合法，各项内容是否与相关会计记录一致；

(2)检查企业发行债券所收入现金的收据、汇款通知单、送款登记簿及相关的银行对账单；

(3)检查用以偿还债券的支票存根，并检查利息的计算是否正确；

(4)检查已偿还债券数额与应付债券借方发生额是否相符；

(5)如果企业发行债券时做了抵押或担保，审计人员还应检查相关契约的履行情况。

(三)验算利息费用、应计利息和债券溢价或折价的摊销

(1)通过复核应付债券溢价或折价摊销表，来确定溢价或折价摊销是否正确；

(2)重新计算利息费用和应付利息，以确定被审计单位利息费用和应付利息计算的正确性；

(3)验算利息费用资本化金额的正确性。

(四)函证应付债券期末余额

为验证报告日应付债券余额的真实性，审计人员如果认为有必要，可直接向债权人及债券的承销人或包销人进行函证，以发现有无漏列的负债项目。函证的内容一般包括

债券的种类或名称、发行日、到期日、利率、付息日、发行日的金额、本年度已偿付的债券、结账日尚未偿还的债券余额及其他审计人员认为应包括的其他重要事项。

(五)检查应付债券的会计处理

主要检查应付债券的发行、利息计提、溢折价的摊销、债券的偿还、利息费用资本化等的会计处理是否正确。

(六)检查应付债券在资产负债表上的披露是否恰当

应付债券在资产负债表中列示于长期负债类下。该项目根据“应付债券”科目的期末余额扣除将于一年内到期的应付债券后的数额填列,该扣除数应当填列在流动负债类下的“一年内到期的长期负债”项目单独反映。审计人员应根据审计结果,确定被审计单位应付债券在会计报表上的反映是否充分,并注意有关应付债券的类别是否已在会计报表附注中做了充分的说明。

七、短期投资(交易性金融资产)审计的主要业务活动

(一)获取或编制短期投资明细表

(二)执行分析性程序,确定审计重点

(1)计算短期股票投资占投资的比例,分析短期投资的安全性,估计潜在的短期投资损失;

(2)计算短期投资的投资收益占利润总额的比例,分析被审计单位在多大程度上依赖短期投资收益,判断被审计单位盈利能力的稳定性;

(3)将当期确认的短期投资收益与从被投资单位实际获得的现金流量进行比较分析;将重要短期投资项目与以前年度进行比较,分析是否存在异常变动。

(三)实地盘点短期投资资产并检查账实是否相符

(1)盘点库存证券。盘点时要有企业有关管理人员在场,盘点结果要填制盘点清单。盘点可以安排在期末结账日进行,如果盘点是在结账日后进行的,审计人员应根据盘点结果和结账与盘点日之间的证券增减变动业务的发生情况计算投资余额。

(2)将盘点清单与前述投资明细表和有关账户相核对,并经企业管理人员签章后列入审计工作底稿。

(四)函证短期投资

(五)审查短期投资的入账价值

(六)审查短期投资收益

(七)审查短期投资跌价准备

(八)审查短期投资是否已在资产负债表上做恰当披露

八、长期投资审计的主要业务活动

长期投资审计涉及“其他债权投资”“长期债权投资”“长期股权投资”“其他权益工具投资”。其主要审计活动包括：

(1)获取或编制长期投资明细表；

(2)实施分析性程序，确定审计重点；

(3)实地盘点长期投资资产并检查账实是否相符；

(4)函证长期投资；

(5)审查长期投资的入账价值；

(6)检查投资收益；

(7)检查长期投资的核算方法；

(8)检查长期投资减值准备的计提及会计处理；

(9)审查长期投资在资产负债表上披露的适当性。

第二节　筹资与投资循环审计工作底稿的编制

一、筹资与投资循环控制测试程序表

筹资与投资循环控制测试程序表见表6－1。

表6－1　筹资与投资循环控制测试程序表

客户：ABC有限责任公司		签名	日期	索引号	
项目：筹资与投资循环	编制人	王小波	2019－01－06	页次	1
会计期间：2018－12－31	复核人	肖斌斌	2019－01－09	执行情况	索引号
一、检查和评价与筹资业务相关的内部控制的执行情况				是	
1. 检查筹资业务内部控制制度的遵循情况，并作出相应记录；				否	
2. 公司债券和股票交易是否均经董事会人员办理，属巨额交易的，是否对被授权者规定明确的限额，超过限额是否经过董事会的批准；				是	
3. 借款是否均签订合同，抵押担保是否获得授权批准；				是	
4. 利息支出是否按期入账，是否划清资本性支出和收益性支出；				否	
5. 实收资本是否经注册会计师验证并做会计处理				是	
二、检查和评价与投资业务相关的内部控制执行情况				是	
1. 检查投资项目是否均经授权批准，投资金额是否及时入账；				是	
2. 检查投资项目是否与被投资单位签订投资合同、协议；				否	
3. 长期投资的核算方法是否符合有关财务会计制度的规定，相关的投资收益会计处理是否正确，手续是否齐全；				否	
4. 有价证券的买卖是否经适当授权，是否妥善保管并定期盘点和核对				是	

二、筹资与投资循环内部调查表

筹资与投资循环内部调查表见表6-2。

表6-2　筹资与投资循环内部调查表

客户：　　编制人：　　日期：　　索引号：

会计期间：　　复核人：　　日期：　　页次：

调查项目	适用与否	说明
1. 重大借款和筹资行为是否经董事会批准？		
2. 融资借款是否均签订借款合同？		
3. 抵押、担保是否获得授权批准？		
4. 利息支出是否按期入账，并划清资本性支出和收益性支出的界限？		
5. 实收资本是否经注册会计师验证并做会计处理？		
6. 是否按年编制资本预算，并经董事会批准？		
7. 购买证券、期货是否经董事会、高级管理机构、财务部门核准？		
8. 全部公司债券、股票、期货和外汇交易是否经董事会授权的人员处理？		
9. 对上述的巨额交易是否对被授权人规定一定的限额，超过限额是否须获得董事会的批准？		
10. 上述交易所得是否如数及时存入银行？		
11. 财务部门是否把所有投资合同、协议存档，并妥善保管？		
12. 是否定期盘核有价证券，并与会计记录核对？		
13. 有价证券保管人员是否与该项会计处理人员分离？		
14. 有价证券是否以被审计单位的名义登记？		
15. 是否对每一种有价证券设立明细分类账并逐笔登记交易情况，是否记录盈亏？		
16. 投资项目是否均经过授权批准，投资金额是否及时入账？		
17. 与被投资单位签订投资合同、协议，是否获得被投资单位出具的投资证明？		
18. 长期投资的核算是否符合有关财务制度，相关的投资收益会计处理是否正确？		
19. 对投资收益合并报表和按权益法计算的附属企业是否进行过审计？		
调查说明及结论：		

三、短期投资(交易性金融资产)审计工作底稿

(一)短期投资审计程序表

短期投资审计程序表见表6-3。

表6-3 短期投资审计程序表

客户:		签名	日期	索引号	
项目:短期投资	编制人			页次	
截止日:	复核人			是否适用	索引号
1. 获取或编制短期投资明细表,复核加计,并与报表数、总账和明细账核对相符;					
2. 获取股票、债券、基金账户对账单,与明细账余额核对,必要时,向证券登记公司等单位发函询证;					
3. 获取期货账户对账单,与明细账余额核对,并注意期末资金账户余额会计处理是否正确。必要时,向期货公司发函询证;					
4. 监盘库存有价证券,并与相关账户余额进行核对;如有差异,应查明原因,并作出记录或进行适当调整;					
5. 对代保管的有价证券,查阅有关保管的证明文件,必要时,向保管人函证;					
6. 抽取( )张或金额为( )元的短期投资增加项目的记账凭证,检查其原始凭证是否完整合法,会计处理是否正确;					
7. 抽取( )张或金额为( )元的短期投资减少项目的记账凭证,检查其原始凭证是否完整合法,会计处理是否正确;					
8. 查核短期投资的计价方法,检查其前后期是否一致;					
9. 复核与短期投资有关的损益计算是否准确,并与投资收益有关审计项目核对;注意短期投资持有期间收到的红利或利息是否冲减成本;					
10. 检查有无长期投资性质的短期投资项目,如有,应做适当说明和调整;					
11. 对变现存在重大限制的短期投资,要查明原因,并做记录;					
12. 计算短期股票投资等高风险投资占短期投资和长期投资之和的比例,分析短期投资的安全性;					
13. 将股票、债券、基金、期货等短期投资项目的资产负债表日市值与其成本进行比较,并作出记录;					
14. 对符合现金及现金等价物条件的短期投资应予以列明;					
15. 验明短期投资的披露是否恰当					

(二)短期投资审定表

短期投资审定表见表6-4。

表6-4　短期投资审定表

客户：　　　　编制人：　　　　日期：　　　　索引号：
截止日：　　　复核人：　　　　日期：　　　　页次

索引号	被投资单位或证券名称	短期投资期末账面余额				投资或购入日期	投资期限	到期日期	票面年利率/%	本期损益
		合计	股票投资	债券投资	其他投资					
	账面合计未审数									
	调整数									
	审定数									
审计说明及调整分录：										

(三)短期投资(股票)检查情况表

短期投资(股票)检查情况表见表6-5。

表6-5　短期投资(股票)检查情况表

客户：　　　　编制人：　　　　日期：　　　　索引号：
截止日：　　　复核人：　　　　日期：　　　　页次：

日期	凭证编号	业务内容	对应科目	金额	核对内容								备注
					1	2	3	4	5	6	7	8	

核对内容说明： 1. 原始凭证内容完整　　5. 2. 有授权批准　　6. 3. 账务处理正确　　7. 4. 损益计算准确　　8.	审计说明	

四、其他应收款审计工作底稿

（一）其他应收款审计程序表

其他应收款审计程序表见表6-6。

表6-6　其他应收款审计程序表

客户：		签名	日期	索引号	
项目：其他应收款	编制人			页次	
截止日：	复核人			是否适用	索引号
1. 获取或编制其他应收款明细表 1.1 复核加计，并与报表数、总账和明细账核对相符 1.2 了解重大客户的其他应收款内容及性质，进行类别分析，注意是否存在资金被关联企业大量占用，变相拆借资金，隐形投资，误用会计科目、或有损失等现象 1.3 检查其他应收款的账龄分析是否正确 1.4 分析有贷方余额的项目，查明原因，必要时做重分类调整 1.5 结合应收款明细余额，查验是否有同时挂账的项目。核算内容是否重复，必要时作出适当调整 1.6 标明应收关联方（包括持股5%以上股东）的款项，并注明合并报表时应予抵消的数字 1.7 标明大额［占本项目余额10%（含）以上］的非关联方款项，并注意款项性质及变动情况 2. 选择金额（　　）元以上，账龄（　　）年以上或异常的明细账户余额发函询证，编制函证结果汇总表 3. 对发出询证函未能收回及未发出的样本，采用替代程序，如查核下期明细账，或追踪至其他应收款发生时的原始凭证，特别注意是否存在抽逃资金、隐藏费用的现象 4. 对大额或异常的其他应收款项目，即使回函相符，仍应抽查其原始凭证 5. 若其他应收款中存在变相资金拆借，检查其产生的利息入账依据是否充分，相应的税金计提是否正确 6. 请被审计单位协助，在其他应收款明细表上标出截止审计日已收回的其他应收款项，抽查收款凭证、银行对账单等，并注意这些凭证发生日期的合理性 7. 审核资产负债表日后（　　）天的收款事项，确定有无未及时入账的债权 8. 分析明细账户，对于长期未能收回的项目，应查明原因，确定是否可能发生坏账损失 9. 对非记账本位币结算的其他应收款，检查其采用的折算汇率是否正确 10. 审查转作坏账损失的项目是否符合规定，并办妥审批手续（向董事会），如未经税务部门批准，须调整应纳税所得额 11. 验明其他应收款的披露是否恰当					

（二）其他应收款审定表

其他应收款审定表见表6-7。

表6-7　其他应收款审定表

客户：　　编制人：　　日期：　　索引号：

截止日：　　复核人：　　日期：　　页次：

其他应收款单位	索引号	未审数	调整数	重分类调整数	审定数	备注
一、关联方						
小计						
二、非关联方						
小计						
合计						
审计说明及调整分录：						
审计结论：						

(三)其他应收款函证情况汇总表

其他应收款函证情况汇总表见表6-8。

表6-8　其他应收款函证情况汇总表

客户：　　编制人：　　日期：　　索引号：

截止日：　　复核人：　　日期：　　页次：

序号	户名	主要内容	未审数及账龄分析				期后收回数	函证	其他程序	调整数	审定数
			1年内	1~2年	2~3年	3年以上					

表6－8(续)

序号	户名	主要内容	未审数及账龄分析				期后收回数	函证	其他程序	调整数	审定数
			1 年内	1～2 年	2～3 年	3 年以上					
审计说明及调整分录：											
审计结论：											

(四)其他应收款会计凭证抽查工作底稿

会计凭证抽查工作底稿见表6－9。

表6－9　会计凭证抽查工作底稿

客户：　　编制人：　　日期：　　索引号：

项目：　　复核人：　　日期：　　页次：

会计期间或截止日：

序号	样本	样本内容				备注
		总账科目	明细科目	借方金额	贷方金额	
审计说明及调整分录：						

五、无形资产审计工作底稿

(一)无形资产审计程序表

无形资产审计程序表见表6－10。

表 6-10　无形资产审计程序表

客户:		签名	日期	索引号	
项目:无形资产	编制人			页次	
截止日:	复核人			执行情况	索引号
1. 获取或编制无形资产明细表,复核加计,并与报表数、总账和明细账核对相符 2. 获取有关协议和董事会纪要等文件、资料,检查无形资产的性质、构成内容、计价依据,其所有权是否归属被审计单位所有;检查无形资产各项目的摊销政策是否符合有关规定,是否与上一期一致,若改变摊销政策,检查其依据是否充分 3. 检查无形资产的增加 3.1 股东投入的无形资产,检查是否符合有关规定,并经过适当的审查批准,无形资产的价值是否分别与验资报告及资产评估结果确认书或合同协议等证明文件一致,会计处理是否正确 3.2 为首次发行股票而接受投资者投入的无形资产,审核其是否按照该无形资产在投资方面的账面价值,作为实际成本 3.3 对接受捐赠的无形资产,确认计价是否正确,会计处理是否正确 3.4 对自行取得或购入的无形资产,检查其原始凭证,确认计价是否正确,法律程序是否完备(如依法登记、注册及变更登记的批准文件和有效期)会计处理是否正确 3.5 对非货币性交易换入的无形资产,确认计价是否正确,会计处理是否正确 3.6 对债务人以非现金资产抵偿债务方式取得的无形资产,或以应收债券换入的无形资产,确认计价是否正确、会计处理是否正确 3.7 检查受让无形资产交纳的契税是否计入无形资产价值 4. 检查无形资产转让的会计处理是否正确,注意转让的是所有权还是使用权 5. 检查无形资产摊销年限的确定是否合理,本期摊销额是否正确,会计处理是否正确 6. 土地使用权在开发或建造自用项目时,账面价值的结转是否正确 7. 验明无形资产的披露是否恰当。					

(二)无形资产审定表

无形资产审定表见表 6-11。

表 6-11　无形资产审定表

客户:　　编制人:　　日期:　　索引号:

截止日:　　复核人:　　日期:　　页次:

索引号	内容	发生日期	原始金额	摊销期限	月摊销额	期初余额摊余余额	本期摊销额	本期增加	本期减少	期末未审数	调整数	审定数
	合计											

表6－11(续)

审计说明及调整分录：
审计结论：

(三)无形资产测试表

无形资产测试表见表6－12。

表6－12　无形资产测试表

客户：　　编制人：　　日期：　　索引号：

截止日：　　复核人：　　日期：　　页次：

明细项目内容	发生日期	原始发生金额	摊销期限	每月应摊销额	期初应存余额	期初实存金额	差异	期末应存金额	期末实存金额	差异	同意调整金额	备注
合计												

审计说明：	测试结论：

(四)无形资产明细表

无形资产明细表见表6－13。

表6－13　无形资产明细表

被审计单位名称：　　编制人：　　日期：　　索引号：

会计期间或截止：　　复核人：　　日期：　　页次：

项目名称	取得或购入日期	原始成本	摊销期限	期初余额	本期摊销额	累计摊销额	摊余期限

(五)无形资产会计凭证抽查工作底稿

无形资产会计凭证抽查工作底稿见表6－14。

表 6-14 无形资产会计凭证抽查工作底稿

客户：　　编制人：　　日期：　　索引号：

项目：　　复核人：　　日期：　　页次：

会计期间或截止日：

序号	样本	样本内容				备注
		总账科目	明细科目	借方金额	贷方金额	
审计说明及调整分录：						

六、短期借款审计工作底稿

（一）短期借款审计程序表

短期借款审计程序表见表 6-15。

表 6-15 短期借款审计程序表

客户：		签名	日期	索引号	
项目：短期借款	编制人			页次	
截止日：	复核人			是否适用	索引号
1. 获取或编制短期借款明细表，复核加计，并与报表数、总账和明细账核对相符 2. 索取并检查借款合同、协议及授权批准或其他有关资料和收款凭证，确认其真实性，并与会计记录核对，索取贷款证（或 IC 卡） 3. 检查本期各项借款的借入、偿还情况，核对会计记录和原始凭证 4. 检查期末有无到期未偿还的借款，逾期借款是否办理了延期手续 5. 向银行或其他金融机构函证，并与期末短期借款核对 6. 检查利息计算的依据，复核应计利息的正确性，并与预提费用、财务费用科目的相关内容核对，确认全部利息费用已计入相关账户。注意用于购建固定资产借款费用处理是否正确 7. 按照平均借款总额与平均利率测算应付利息费用，与利息费用和利息资本化之和的比较 8. 对于非记账本位币的短期借款，检查其采用的折算汇率是否正确 9. 对于以财产抵押的贷款，应注意有关抵押资产的所有权归属和借款合同规定的限制条款，必要时予以适当披露 10. 检查是否存在超标准的借款利息，必要时进行应纳税所得额调整 11. 验明短期借款的披露是否恰当					

(二)短期借款审定表

短期借款审定表见表6－16。

表6－16　短期借款审定表

客户：　　编制人：　　日期：　　索引号：

截止日：　　复核人：　　日期：　　页次：

贷款银行	索引号	借款期间	月利率	期初数	本期增加	本期减少	未审数	审计调整		审定数
								借方	贷方	
抵押借款										
小计										
担保借款										
小计										
信用借款										
小计										
合计										
审计说明及调整分录：										
审计结论：										

(三)短期借款利息测算表

短期借款利息测算表见表6－17。

表6－17　短期借款利息测算表

客户：　　编制人：　　日期：　　索引号：

截止日：　　复核人：　　日期：　　页次：

贷款银行	索引号	借款本金	借款起止时间	月利率	计息时间	本期应计利息		本期实计利息	差异	备注
						正常利息	逾期利息			

表6－17(续)

贷款银行	索引号	借款本金	借款 起止时间	月利率	计息时间	本期应计利息		本期 实计利息	差异	备注
						正常利息	逾期利息			
合计										
审计说明：										
审计结论：										

（四）短期借款检查情况表

短期借款检查情况见表6－18。

表6－18　短期借款检查情况表

客户：　　编制人：　　日期：　　索引号：

截止日：　　复核人：　　日期：　　页次：

日期	凭证编号	业务内容	对应科目	金　额	核对内容								备　注
					1	2	3	4	5	6	7	8	

核对内容说明：	审计说明
1. 原始凭证内容完整　　5. 具备借款合同 2. 有授权批准 3. 记账凭证同原始凭证一致 4. 账务处理正确	

七、长期借款审计工作底稿

(一)长期借款审计程序表

长期借款审计程序表见表6-19。

表6-19　长期借款审计程序表

<table>
<tr><td colspan="2">客户:</td><td>签名</td><td>日期</td><td>索引号</td><td></td></tr>
<tr><td>项目:长期借款</td><td>编制人</td><td></td><td></td><td>页次</td><td></td></tr>
<tr><td>截止日:</td><td>复核人</td><td></td><td></td><td>是否适用</td><td>索引号</td></tr>
<tr><td colspan="4">1. 获取或编制长期借款明细表,复核加计,并与报表数、总账和明细账核对相符
2. 索取并检查本期借款项目的借款合同、协议及授权批准或其他有关资料和收款凭证,确认其真实性,并与会计记录核对,索取贷款凭证或IC卡
3. 检查长期借款的使用是否符合借款合同的规定,关注长期借款使用的合理性
4. 检查本期各项借款的借入及偿还情况,核对会计记录和原始凭证,并将期末借款余额与银行凭证核对相符,予以确认
5. 检查期末有无到期未偿还的长期借款,逾期借款是否办理了延期手续。计算逾期贷款的金额及占贷款总额的比例,结合金融机构对被审计单位的信用等级评定情况,评价被审计单位的资信程度和偿债能力
6. 向银行或其他金融机构函证,并与长期借款期末余额核对
7. 检查利息计算的依据,复核应计利息的正确性,并与财务费用、在建工程等科目的相关内容核对,确认全部利息费用已记入相关账户。检查借款费用的会计处理是否正确,特别注意用于购建固定资产借款费用资本化处理是否正确
8. 按用于长期资产的平均借款额与平均利率测算应资本化的利息费用并与账面金额比较
9. 对于非记账本位币的长期借款,检查其采用的折算汇率是否正确
10. 对长期借款按币种及借款种类进行分类,对于以财产抵押的长期借款,应注意有关抵押资产的所有权归属和借款合同规定的限制条款,必要时予以适当披露
11. 检查是否存在超过中国人民银行所规定的借款利息,必要时进行应纳税所得额调整
12. 检查企业重大的资产租赁合同,判断被审计单位是否存在资产负债表外融资现象
13. 验明长期借款的披露是否恰当,注意长期借款中1年内到期的部分是否列为流动负债</td><td></td><td></td></tr>
</table>

(二)长期借款利息计算表

长期借款利息计算表见表6-20。

表 6-20　长期借款利息计算表

客户：　　　　编制人：　　　　日期：　　　　索引号：

截止日：　　　　复核人：　　　　日期：　　　　页次：

单位名称	借款期间	实际借款用途	借款起止时间	本期应计息天数	年利率	本金	本期应计利息	本期实际利息			差异
								财务费用	在建工程	小计	
合计											
审计说明：											
审计结论：											

八、短期、长期借款明细表

短期、长期借款明细表见表 6-21。

表 6-21　短期、长期借款明细表

客户：　　　　编制人：　　　　日期：　　　　索引号：

截止日：　　　　复核人：　　　　日期：　　　　页次：

贷款银行	借款合同号	起诉日期	年利率/%	借款本金	借款条件	备注

九、应付股利审计工作底稿

(一)应付股利审计程序表

应付股利审计程序表见表 6-22。

表6-22 应付股利审计程序表

客户：		签名	日期	索引号	
项目：应付股利	编制人			页次	
截止日：	复核人			是否适用	索引号
1. 获取或编制应付股利明细表，复核加计，并与报表数、总账和明细账核对相符 2. 审阅公司章程、股东大会和董事会会议纪要中有关股利的规定，了解股利分配标准和发放方式是否符合有关规定并经法定程序批准 3. 检查应付股利的发生额，是否根据董事会或股东大会决定的利润分配方案，从税后可供分配利润中计算确定，并复核应付股利计算和会计处理的正确性 4. 被审计单位董事会确定的上期利润分配预案，如股东大会决议做了修改，应按股东大会决定调整应付股利的期初数，检查有关会计处理是否正确 5. 检查股利支付的原始凭证的内容和金额是否正确 5.1 现金股利是否按公告规定的时间、金额予以发放结算，对无法结算及委托发放而长期未结算的股利是否作出适当处理 5.2 股利宣布、结算、转账的会计处理是否正确、适当 6. 验明应付股利的披露是否恰当					

（二）应付股利审定表

应付股利审定表见表6-23。

表6-23 应付股利审定表

客户： 编制人： 日期： 索引号：
截止日： 复核人： 日期： 页次：

股份类别及股东名称	索引号	期初数	本期增加	本期减少	未审数	审计调整		审定数
						借方	贷方	
合计								
审计说明及调整分录：								
审计结论：								

十、实收资本审计工作底稿

（一）实收资本（或股本）审计程序表

实收资本（或股本）审计程序表见表6-24。

表 6－24　实收资本(或股本)审计程序表

客户：		签名	日期	索引号		
项目：实收资本(或股本)	编制人			页次		
截止日：	复核人			执行情况	索引号	执行人
1. 获取或编制实收资本(或股本)增减变动情况明细表，复核加计，并与报表数、总账和明细账核对相符 2. 审阅公司章程、股东大会和董事会会议纪要中有关实收资本(或股本)的规定。收集与实收资本(或股本)变动有关的董事会会议纪要、合同、协议、公司章程及营业执照，公司设立批文、验资报告等法律性文件，编制或更新永久性档案 3. 检查实收资本(或股本)增减变动的原因，查阅其是否与董事会纪要、补充合同、协议及其他有关法律性文件的规定一致，会计处理是否正确，注意有无抽资或变相抽资的情况，如有，应取证核实，做恰当处理 4. 检查股东是否已按合同、协议、章程约定时间缴付出资额，其出资额是否业经注册会计师审验，各种出资方式的比例是否符合相关规定，已验资者，应查阅验资报告 5. 根据证券登记公司提供的股东名录，检查委托人及其子公司、合营企业与联营企业是否违反规定持有或相互持有原发行在外的股票 6. 以非记账本位币出资的，检查其折算汇率是否符合规定，折算差额的会计处理是否正确 7. 检查股票发行费用的会计处理是否正确 8. 审查认股权证及有关交易，确定委托人及认股人是否遵守认股合约或认股股权证中的有关规定 9. 验明实收资本(或股本)的披露是否恰当						

(二)实收资本(股本)审定表

实收资本(股本)审定表见表 6－25。

表 6－25　实收资本(股本)审定表

客户：　　编制人：　　日期：　　索引号：

截止日：　　复核人：　　日期：　　页次：

索引号	项目	期初数				本期增减数				期末记账本位币		
		注册资本		已验资数		注册资本		已验资数		未审数	调整数	审定数
		币种	金额	原币	记账本位币	币种	金额	原币	记账本位币			
	合计											
审计说明及调整分录：												
审计结论：												

十一、资本公积审计工作底稿

(一)资本公积审计程序表

资本公积审计程序表见表6－26。

表6－26 资本公积审计程序表

客户:		签名	日期	索引号	
项目:资本公积	编制人			页次	
截止日:	复核人			是否适用	索引号
1.获取或编制资本公积明细表,复核加计,并与报表数、总账和明细账核对相符 2.收集与资本公积变动有关的股东大会决议、董事会会议纪要、资产评估报告等文件资料,更新永久性档案。对首次接受委托的单位,应对年初的资本公积进行追溯,检查原始发生的依据是否充分 3.根据资本公积明细账,对股本溢价、接受非现金资产捐赠准备、接受现金捐赠、股权投资准备、拨款转入、外币资本折算差额、其他资本公积等资本公积项目的发生额进行审查 3.1对股本溢价,应取得董事会会议纪要、股东大会决议、有关合同、政府批文,检查股票溢价收入的计算是否正确,是否已扣除股票发行费用,并追查至银行收款凭证 3.2对接受捐赠,检查捐赠的手续是否齐全。如为现金捐赠,查明会计处理是否正确;如为非现金捐赠,审查资本公积的入账金额是否正确 3.3对股权投资准备,检查因被投资单位股权投资溢价、接受实物资产捐赠及外币折算差额等引起的所有者权益变动,被审计单位是否已按其分享的份额入账,会计处理是否正确,并查明该股权处置时的会计处理是否正确 3.4对拨款转入,结合专项应付款的审计,查阅相关文件,检查入账依据是否充分,会计处理是否正确。注意对实行国家拨补流动资本的企业,应单独设置"补充流动资本"明细科目进行核算 3.5对资本折算差额,结合股本的审计,符合折算汇率是否正确 3.6对资产评估值,应取得资产评估资料及确认文件,并据以审查会计处理是否正确;注意评估的资产处置时,相应的增值准备会计处理是否恰当 3.7对债务重组产生的资本公积,结合债务重组审计,审查其确认资本公积的金额是否正确,会计处理是否恰当 3.8对资本公积转增股本,应取得股东大会决议、董事会会议纪要和政府批文等,检查其是否符合有关规定,会计处理是否正确 3.9对关联交易产生的资本公积,应结合收入、成本审计,审查关联交易的定价和公允价格,确定会计处理和披露内容是否恰当 4.验明资本公积的披露是否恰当。对资本公积中不能转增股本的项目应单独列示,并说明原因					

(二)资本公积审定表

资本公积审定表见表6－27。

表 6-27 资本公积审定表

客户： 编制人： 日期： 索引号：

截止日： 复核人： 日期： 页次：

索引号	项目	期初数	本期增加数	本期减少数	期末未审数	调整数	审定数
	1.资本(股本)溢价						
	2.接受非现金资产捐赠准备						
	3.股权投资准备						
	4.接受现金捐赠						
	5.拨款转入						
	6.外币资本折算差额						
	7.关联交易差价						
	8.其他资本公积						
	合计						

资本折算差额查证情况

	收到投入资金时间	出资方式	原币金额	折合注册资本	资产账户		实收资本账户		资本折算差额		
					汇率	记账本位币	汇率	记账本位币	未审数	调整数	审定数

审计说明及调整分录：

审计结论：

十二、盈余公积审计工作底稿

(一)盈余公积审计程序表

盈余公积审计程序表见表 6-28。

表 6-28 盈余公积审计程序表

项目:盈余公积	编制人	王小波	2019-01-06	页次	1
截止日:2018-12-31	复核人	肖海斌	2006-01-09	是否适用	索引号
1. 获取或编制盈余公积明细表,复核加计,并与报表数、总账和明细账核对相符				是	
2. 收集与盈余公积变动有关的董事会会议纪要、股东大会决议等文件资料,并编制或更新永久性档案				否	
3. 对法定盈余公积、法定公益金和任意盈余公积的发生额逐项审查至原始凭证				是	
3.1 审查法定盈余公积、法定公益金和任意盈余公积的计提顺序、计提基数、计提比例是否符合有关规定,会计处理是否正确				是	
3.2 审查盈余公积的减少是否符合有关规定,取得董事会会议纪要、股东大会决议,予以核实,检查有关会计处理是否正确。注意用盈余公积转增股本,转增后的余额不得低于注册资本的25%;用盈余公积支付股利,支付比例不超过股票面值的6%				否	
3.3 检查公益金的用途是否合法,对动用公益金举办集体福利设施增加固定资产,注意是否已按规定冲减公益金并相应增加任意盈余公积				是	
4. 验明盈余公积的披露是否恰当				是	

(二)盈余公积审定表

盈余公积审定表见表 6-29。

表 6-29 盈余公积审定表

客户: 编制人: 日期: 索引号:
截止日: 复核人: 日期: 页次:

项目	索引号	期初数	本期增加	本期减少	未审数	审计调整		审定数
						借方	贷方	
法定盈余公积								
法定公益金								
任意盈余公积金								
储备基金								
企业发展基金								
利润归还投资								
合计								
审计说明:								
审计结论:								

十三、未分配利润审计工作底稿

(一)未分配利润审计程序表

未分配利润审计程序表见表 6-30。

表 6-30　未分配利润审计程序表

客户:ABC 有限责任公司		签名	日期	索引号	
项目:未分配利润	编制人	王小波	2019 年 1 月 6 日	页次	1
截止日:2018 年 12 月 31 日	复核人	肖海斌	2019 年 1 月 9 日	是否适用	索引号
1. 获取或编制未分配利润明细表,复核加计,并与报表数、总账和明细账核对相符				是	
2. 收集与未分配利润变动有关的董事会会议纪要、股东大会决议、有关合同、协议、公司章程等文件资料,编制或更新永久性档案				是	
3. 检查董事会会议纪要、股东大会决议、利润分配方案等资料,对照有关规定确认利润分配的合法性;注意被审计单位计提法定盈余公积金和任意盈余公积金的基数是否正确				否	
4. 检查未分配利润变动的相关凭证,结合所获取的文件资料,确定其会计处理是否正确				是	
5. 了解本年利润弥补以前年度亏损情况,如果弥补期间已过,必须对应纳税所得额进行调整				是	
6. 对于股份有限公司,检查以前年度损益调整的内容是否真实、合理,有无调整年初未分配利润,注意对以前年度所得税的影响。对于重大调整事项应逐项核实其发生原因、依据和有关资料,复核数据的正确性,并取得有效证据				否	
7. 验明未分配利润的披露是否恰当				是	

(二)未分配利润审定表

未分配利润审定表见表 6-31。

表 6-31　未分配利润审定表

客户:　　编制人:　　日期:　　索引号:

截止日:　　复核人:　　日期:　　页次:

索引号	项目	未审数	调整数	审定数	备注
审计说明及调整分录:					
审计结论:					

十四、应计利息计算表审计工作底稿

应计利息计算表审计工作底稿(短期借款)见表 6-32。

表 6－32　应计利息计算表审计工作底稿（短期借款）

客户：　　　　编制人：　　　　日期：　　　　索引号：

截止日：　　　复核人：　　　　日期：　　　　页次：

借款合同号	借款银行	借款余额	借款期限	借款利率	借款应计利息			逾期应计利息			应计利息
					还款日	应计息期	应计利息	逾期累计日数	罚息率	逾期利息	
(1)	(2)	(3)	(4)	(5)	(6)	(7)	(8)	(9)	(10)	(11)	(12)

注：(7) =（月数）×30) +（还款日 －1），(8) =(7) ×(5) ÷360 ×(3)，(12) =(8) +(11)。

十五、投资收益审计工作底稿

（一）投资收益审计程序表

投资收益审计程序表见表 6－33。

表 6－33　投资收益审计程序表

客户：		签名	日期	索引号	
项目：投资收益	编制人			页次	
会计期间：	复核人			是否适用	索引号
1. 获取或编制投资收益明细表，复核加计，并与报表数、总账和明细账核对相符					
2. 与上期投资收益比较，结合长、短期投资收益的变动情况，分析本期投资收益是否存在异常现象。如有，应查明原因，并作出适当的处理					
3. 检查投资收益的会计凭证，结合长、短期投资的审计，取证核实投资收益的计算是否正确，依据是否充分，期间归属是否恰当					
4. 按权益法核算的长期投资，应审核被投资单位的会计报表，注意其是否经过审计，是否按权益比例计算投资收益，会计处理是否正确；注意被投资单位当年增加的资本公积是否按投资比例计算并入母公司资本公积，是否误记入投资收益；按成本法核算的长期投资，应取得相关原始凭证，确定其会计处理是否正确；注意清算性股利是否误记入投资收益					
5. 计算投资收益占利润总额的比例，分析被审计单位在多大程度上依赖投资收益，判断被审计单位盈利能力的稳定性，将当期确认的投资收益与从被投资单位实际获得的现金流量进行比较分析，将重大投资项目与以前年度进行比较，分析是否存在异常变动					
6. 检查国外的投资收益汇回是否存在重大限制，若存在重大限制，应说明原因					
7. 检查股权投资差额的摊销和长期投资减值损失的会计处理是否正确					
8. 检查转让、出售股票债券的交易凭证是否齐全、合法，会计处理是否正确					
9. 检查是否存在需做纳税调整的项目，如已纳税的投资收益、国库券利息收入、短期投资跌价准备、长期投资贷款减值准备和委托贷款减值准备等					
10. 验明投资收益的披露是否恰当					

(二)投资收益审定表

投资收益审定表见表6-34。

表6-34　投资收益审定表

客户：　　编制人：　　日期：　　索引号：

会计期间：　　复核人：　　日期：　　页次：

索引号	项目	投资金额	投资收益			备注
			未审数	调整数	审定数	
审计说明和调整分录：						
审计结论：						

十六、所得税审计工作底稿

(一)所得税审计程序表

所得税审计程序表见表6-35。

表6-35　所得税审计程序表

客户：		签名	日期	索引号		
项目：所得税	编制人			页次		
会计期间：	复核人			执行情况	索引号	执行人
1. 将报表数与总账数核对相符 2. 核实所得税的计算依据，取得纳税鉴定，核对是否相符 3. 索取或编制应纳税所得额调整计算表，复核相关纳税调整事项 4. 检查企业所得税的会计处理方法是否正确，应付税款法或纳税影响会计法的采用前后是否保持一致 5. 根据审计结果和税法规定，计算本年永久性差异和时间性差异，确定应纳税所得额。对于采用纳税影响会计法的，应检查时间性差异是否转作递延税款借项和贷项；以前年度递延税款应属本期负担部分，是否已转销，并记入本年所得税 6. 检查以前年度损益调整对企业所得税的影响 7. 根据调整后的计税利润和规定的企业所得税税率，复核本期所得税费用是否正确 8. 验明所得税的披露是否恰当						

(二)所得税审定表

所得税审定表见表6-36。

表6-36 所得税审定表

客户： 编制人： 日期： 索引号：

会计期间： 复核人： 日期： 页次：

索引号	项目	行次	未审数	调整数	审定数	备注
	本年利润总额	1				
	减:按规定弥补以前年度亏损	2				
	经批准的单项留利	3				
	加:税法不允许列支的项目金额小计	4				
	其中:违法经营罚没损失	5				
	各项税收的滞纳金、罚金、罚款	6				
	各种非法救济性、公益性的赞助支出	7				
		8				
		9				
	加:超过税法规定标准的余额小计	10				
	其中:超过规定的利息支出	11				
	超过计税工资标准的工资费用	12				
	超过计税工资部分计提的“三项”费用	13				
	公益救济性捐赠超过3%的部分	14				
	超规定的交际应酬费、业务招待费	15				
		16				
		17				
	减:国库券利息收入	18				
	已纳税投资利益	19				
		20				
	加或减:时间性差异影响纳税所得额					

表6－36(续)

索引号	项目	行次	未审数	调整数	审定数	备注
	本年应纳税所得额 26 =（1 －2 －3 －4）+（5 + 11）－（19 + 20）±(23.24.25)					
	适用所得税税率					
	本年应交所得税税额					
	本年已预交所得税税额					
	本年应交所得税税额	21				
审计说明及调整分录：						
审计结论：						

十七、营业外收支审计工作底稿

(一)营业外收入审计程序表

营业外收入审计程序表见表6－37。

表6－37　营业外收入审计程序表

客户：		签名	日期	索引号	
项目:营业外收入	编制人			页次	
会计期间：	复核人			是否适用	索引号
1. 获取或编制营业外收入明细表,复核加计,并与报表数、总账和明细账核对相符 2. 检查营业外收入核算内容是否符合会计制度的规定 3. 抽查营业外收入中金额较大或性质特殊的项目,审核其内容的真实性和依据的充分性 4. 对营业外收入中各项目,包括处理固定资产净收益、处理无形资产净收益、固定资产盘盈、非货币性交易、罚款净收入等,检查会计处理是否符合相关规定,并追查至相关原始凭证 5. 检查是否存在技术转让收益,必要时调减应纳税所得额 6. 验明营业外收入的披露是否恰当					

(二)营业外支出审计程序表

营业外支出审计程序表见表6－38。

表6－38 营业外支出审计程序表

<table>
<tr><td>客户：</td><td></td><td>签名</td><td>日期</td><td>索引号</td><td></td></tr>
<tr><td>项目：营业外支出</td><td>编制人</td><td></td><td></td><td>页次</td><td></td></tr>
<tr><td>会计期间：</td><td>复核人</td><td></td><td></td><td>是否适用</td><td>索引号</td></tr>
<tr><td colspan="5">1. 获取或编制营业外支出明细表，复核加计，并与报表数、总账和明细账核对是否相符
2. 检查营业外支出核算内容是否符合相关会计制度的规定
3. 对营业外支出中各项目，包括固定资产盘亏、处理固定资产净损失、出售无形资产净损失、债务重组损失、计提的无形资产减值准备、固定资产减值准备、在建工程减值准备等，与固定资产、无形资产等相关账户记录核对是否相符，并追查至相关原始凭证，并对无形资产减值准备、固定资产减值准备、在建工程减值准备进行应纳税所得额调整
4. 检查是否存在非公益性捐赠支出、税务滞纳金、罚金、罚款支出、各种赞助费支出，必要时进行应纳税所得额调整
5. 对非正常损失详细检查有关资料、被审计单位实际损失和保险理赔情况审批文件，检查有关会计处理是否正确
6. 验明营业外支出的披露是否恰当</td><td></td></tr>
</table>

（三）营业外收支审定表

营业外收支审定表见表6－39。

表6－39 营业外收支审定表

客户： 编制人： 日期： 索引号：
会计期间： 复核人： 日期： 页次：

<table>
<tr><td>索引号</td><td>项目</td><td>未审数</td><td>调整数</td><td>审定数</td><td>备注</td></tr>
<tr><td></td><td>营业外收入合计</td><td></td><td></td><td></td><td></td></tr>
<tr><td></td><td></td><td></td><td></td><td></td><td></td></tr>
<tr><td></td><td></td><td></td><td></td><td></td><td></td></tr>
<tr><td></td><td></td><td></td><td></td><td></td><td></td></tr>
<tr><td></td><td></td><td></td><td></td><td></td><td></td></tr>
<tr><td></td><td>营业外支出合计</td><td></td><td></td><td></td><td></td></tr>
<tr><td></td><td></td><td></td><td></td><td></td><td></td></tr>
<tr><td></td><td></td><td></td><td></td><td></td><td></td></tr>
<tr><td></td><td></td><td></td><td></td><td></td><td></td></tr>
<tr><td colspan="6">审计说明及调整分录：</td></tr>
<tr><td colspan="6">审计结论：</td></tr>
</table>

(四)营业外收入(支出)测试表

营业外收入(支出)测试表见表6-40。

表6-40 营业外收入(支出)测试表

客户: 编制人: 日期: 索引号:

会计期间: 复核人: 日期: 页次:

月份	类别							
	日期	凭证号	内容摘要	发生额	对应科目	审查内容		
						原始凭证是否齐全	有无授权审批	会计处理是否正确

同步练习

一、审计人员王军审查海河公司20×2年5月份营业外收入明细账时,发现记有一笔产品销售收入,于是王军抽查了该业务的记账凭证。其会计分录为:

借:应收账款 50 000

贷:营业外收入 50 000

另知,该笔业务未开增值税发票。

要求:指出该公司存在的问题并提出处理意见。

二、某注册会计师和一位助理人员对某公司20×1年12月31日会计报表进行审计。该公司用剩余现金购置了数量较大的长期投资有价证券,并存放于当地某银行的保险箱,并规定只有公司总经理或财务部经理可以开启保险箱。由于12月31日公司的总经理和财务部经理不能共同去银行盘点有价证券,经约定,20×2年1月11日由助理审计人员和财务经理一同至银行盘点。

要求:

(1)假定该助理人员以前未进行过有价证券盘点,该注册会计师应在盘点时执行哪些审计步骤?

(2)假定该助理人员盘点后得知,公司财务经理于1月4日曾开启保险箱,并声称开启保险箱是为了查阅一份文件。由于财务经理的上述行动,该注册会计师应增加哪些审计程序?

三、某注册会计师对家丽公司20×1年会计报表进行审计。在该年度内，家丽公司向银行申请到了一笔长期贷款。贷款合同规定：

(1)贷款以公司存货和应收账款为担保；

(2)家丽公司债务与所有者权益之比应经常保持不高于2∶1；

(3)非经银行同意不得派发股利；

(4)自20×2年7月1日起分期偿还贷款。

要求：如果不考虑相关的内部控制制度，该注册会计师审查上述长期贷款项目时，应包括哪些审计程序？

四、南华会计师事务所委派注册会计师陈杰浩和余大中负责对中华股份有限公司20×3年度会计报表进行审计，于20×4年2月18日完成外勤审计工作，审计过程中实施了所有认为必要的审计程序，审计范围没有受到任何限制。中华股份有限公司20×3年度财务会计报告于20×4年2月28日批准对外提供并公布。其未经审计的会计报表中的部分会计资料如下：

项　　目	金　额(万元)
20×3年度利润总额	3 000
20×3年度净利润	2 010
20×3年12月31日资产总额	42 000
20×3年12月31日股东权益	25 000

重要性水平及分配

陈杰浩和余大中确定中华股份有限公司20×3年度会计报表层次的重要性水平为300万元，并且将该重要性水平分配至各会计报表项目，其中部分会计报表项目的重要性水平如下：

会计报表项目	重要性水平(万元)
交易性金融资产	20
应收账款	80
预付账款	6
存　　货	50
固定资产原价	100
累计折旧	30
固定资产减值准备	10
应付账款	10
资本公积	5

审计过程中发现的问题

陈杰浩和余大中经审计，发现中华股份有限公司存在以下4个事项：

(1)按照该公司采用的账龄分析法核算坏账，20×3年应计提坏账准备186万元，但实际只计提了坏账准备54万元，少计提132万元。

(2)20×3年12月31日，该公司清理资产、负债，发现存在原材料短缺200万元(相应的增值税进项税额为34万元)和确实无法支付的应付账款100万元的情形。对确实无法支付的应付账款,该公司立即做了借记"应付账款"100万元、贷记"资本公积"100万元的会计处理;对于短缺的原材料,做了借记"待处理财产损溢——待处理流动资产损溢"234万元、贷记"原材料"200万元和"应交税费——应交增值税(进项税额转出)"34万元的会计处理。20×4年1月,查清原材料短缺200万元的原因:50万元属于一般经营损失、150万元属于非常损失。根据管理权限,处理该财产短缺,需报经该公司董事会审批。故该公司在20×4年3月经董事会审批同意,于当月作了借记"管理费用"58.5万元和"营业外支出"177.5万元、贷记"待处理财产损溢"234万元的会计处理。

(3)该公司20×3年年末未经审计的资产负债表反映的预付账款项目为借方余额600万元。其明细组成如下:

预付账款——A公司	400万元
预付账款——B公司	187万元
预付账款——C公司	5万元
预付账款——D公司	-2万元
预付账款——E公司	10万元
合　　计	600万元

其中,C公司的5万元系20×3年2月为采购C公司产品所预付,事后获悉C公司因转产已不能再提供该产品。

(4)按该公司固定资产折旧会计政策和固定资产减值准备会计政策的规定,经审计确认,20×3年度少计提折旧费用248万元,少计提固定资产减值准备50万元。

要求:

(1)根据上述资料分析中华股份有限公司存在什么问题?根据问题,请提出审计处理意见,编制相应的调整分录。

(2)如果中华股份有限公司接受了注册会计师的所有调整意见,请代注册会计师编制审计报告草稿。

(3)如果中华股份有限公司没有接受事项(4)的调整意见,但接受了其他事项的调整意见,请代注册会计师编制审计报告草稿。

(4)如果中华股份有限公司拒绝接受注册会计师的所有调整意见,请代注册会计师编制审计报告草稿。

第七章　货币资金审计模拟实训

【主要内容】

货币资金的内部审计是审计人员对被审计单位记录在会计报表和有关账簿的货币资金业务及其余额所进行的检查。通过本章学习，重点理解并掌握货币资金的内部控制制度评估、库存现金的监盘、银行存款调节表的编制方法。

第一节　货币资金审计业务活动

一、被审计单位货币资金内部控制测试

货币资金内部控制制度的主要内容包括以下六个方面：

（一）职责分工和职权分离制度

货币资金收支应由出纳人员和会计人员分工负责、分别办理，职责分明、职权分离。应设置专职出纳员，负责货币资金的收支和保管、收支原始凭证的保管和签发、日记账的登记。会计不得兼任出纳；出纳不得兼任稽核、会计档案保管，不得兼管收入、费用、债券债务账目的登记工作。并且所有现金和银行存款的收付，都必须通过经办会计在审核原始凭证无误后填制记账凭证，然后由出纳员检查所附原始凭证是否完整后办理收付款，并在原始凭证上加盖"收讫"或"付讫"戳记。

（二）授权和批准制度

所有货币资金的经济活动必须按权限进行调查批准。单位各级工作人员，必须经过授权和批准，才能对有关的经济业务进行处理，未经授权和批准，不允许接触这些业务，这一控制方式使某些事件在发生时就得到控制。要规定各级管理人员的职责范围和业务处理权限，同时也要明确各级管理人员所承担的责任，使他们对自己的业务处理行为负责。审批人应当在授权范围内进行审批，不得超越审批权限；办理货币资金支付的经办财务人员应当忠于职守、廉洁奉公、遵纪守法、客观公正，按照审批人的批准意见办理货币资金业务；对于审批人超越授权范围审批的货币资金业务，经办财务人员有权拒绝办理。

（三）内部记录和核对制度

所有货币资金的经济业务必须按会计准则的规定进行记录，并且各种收付款业务应集中到会计部门办理，任何部门和个人不得擅自出具收款或付款凭证。经济业务进行记

录时，必须采取一系列措施和方法，按照规定的程序办理货币资金支付业务，把好支付申请、支付审批、支付符合三道关，以保证会计记录的真实性、及时性和正确性。

出纳员要自觉进行经常性的对账工作，包括每日货币资金的账面数字和实际数字，应定期核对相符；每月末都要向银行索要各存款户的对账单，并编制银行存款余额调节表，调节未达账项。如调节不符，应查明原因，及时处理。内审人员应负责收支凭证和账目的定期审计与现金的突击盘点及银行账的定期核对。

(四)安全制度

对货币资金须有完善的保护措施，有专人负责保管，有专人进行内部监督。货币资金收付和保管只能由出纳员负责，其他任何人员(包括单位负责人)非经单位领导集体特别授权，不得接触货币资金。出纳员应对购入票证及时登记、统一编号、妥善保管。开具支票时必须按编号顺序连续使用。对已经使用和作废的支票要在登记簿上做详细记录，作废票证应加盖"作废"章，全份保存，并详细登记，由领用人员签名作证。银行预留印鉴分别由两人掌管，财务专用章由出纳员保管，公司总经理私章由财务部指定专人保管。建立复核制度，定期审查有关凭证的填制、记账及算账工作。

(五)严密的收支凭证和传递手续

货币资金的收支事项，均应有一定的收支凭证和传递手续，使各项业务按正常渠道运行。每笔收款都要开票；每笔支出都应有单位负责人审批、会计主管审核、会计人员复核；尽可能使用转账结算，现金结算的款项应及时送存银行。出纳员收妥每笔款项后应在收款凭证上加盖"收讫"章；支付每一笔款项都应以健全的凭证和完备的审批手续为依据，付款后，须在付款凭证上加盖"付讫"章。

(六)严格执行规章制度

严格执行国务院颁布的《现金管理暂行条例》，按国家规定的用途使用现金，在允许的现金开支范围内进行现金支付；取得的货币资金收入应按规定及时存入银行，遵守关于库存现金限额的规定，并不得坐支现金，不得私设"小金库"，不得账外设账，严禁收款不入账；严格执行《银行结算制度》，不得开空头支票和空白支票，不得出借银行存款账户。建立对货币资金业务的监督检查制度，明确监督检查机构或人员的职责权限，定期和不定期地进行检查。

二、取得或编制货币资金明细表

复核其加计数是否准确，并与货币资金明细账、总账和会计报表有关项目进行核对。

三、检查现金日记账、记账凭证和原始凭证

(1)审阅现金日记账和记账凭证摘要栏，检查现金收支业务是否合法。

(2)审阅对应科目栏，检查现金收付账务处理是否正确。

(3)审阅现金日记账的序时登记，检查有无故意颠倒日期记账，以掩盖某些问题的情况。

(4)核对记账凭证、原始凭证。

(5)监督盘点或复核库存现金实存数并与现金日记账余额进行核对。

第一,组织安排库存现金清点工作。营业前或营业终了后,要求出纳员将现金全部存入保险柜暂时封存,突击进行盘点。

第二,现场监盘库存现金。在会计主管和审计人员在场的情况下,出纳员清点现金并做记录;审计人员监督盘点,必要时进行复查。

第三,检查库存现金是否在限额之内。开户银行根据实际需要,原则上以开户单位3天5天的日常零星开支所需核定库存现金限额。对没有在银行单独开立账户的附属单位也要实行现金管理,必须保留现金的,也要核定限额,其限额包括在开户单位的库存限额之内。对商业和服务行业的找零备用现金也要根据营业额核定定额,但不包括在开户单位的库存现金限额之内。

第四,检查企业是否有不符合财务制度的凭证顶替库存现金;是否有准单位之间相互借用现金;是否有谎报用途套取现金;是否有利用银行账户代其他单位和个人存入或支取现金;是否有将单位收入的现金以个人名义存入储蓄;是否保留账外公款(小金库);是否发行变相货币。

第五,审签"库存现金盘点表"。库存现金清点工作结束后,出纳人员填制"库存现金盘点表";将经审计人员、主管会计和出纳三方签证的"库存现金盘点表"收入工作底稿。

四、检查现金的开支范围是否执行国务院发布的《现金管理暂行条例》

根据国家有关规定,开户单位只可在下列范围内使用现金:职工工资、各种工资性津贴;个人劳动报酬,包括稿费和讲课费及其他专门工作报酬;支付给个人的各种奖金,包括根据国家规定颁发给个人的各种科学技术、文化艺术、体育等奖金;各种劳保、福利费用以及国家规定的对个人的其他现金支出;收购单位向个人收购农副产品和其他物资支付的价款;出差人员必须随身携带的差旅费;结算起点以下的零星支出;确实需要现金支付的其他支出。

五、抽查银行存款日记账、记账凭证和原始凭证

(1)审阅摘要栏与金额栏,检查银行存款收支业务是否合法。

(2)审阅对应科目栏,检查银行存款收付账务处理的正确性。

(3)审阅银行存款日记账的序时登记,检查有无故意颠倒日期记账,以掩盖某些问题的情况。

(4)核对记账凭证和原始凭证。

(5)鉴定原始凭证的真伪。

(6)审查银行存款收支截止日期。

审阅支票收入送存记录,检查年终前未送存银行的支票的收入记录日期。审阅期后银行存款对账单前两周的银行存款收入,检查有无将审阅期后收入提前入账的情况。审阅结账日签发的最后一张支票的序号,检查在此序号之前的支票是否均已发出并入账,有无支票已发出而在结账日之后才入账的现象。

(7)审查银行存款余额。抽取部分银行账户的余额,将其与银行对账单进行核对,检查两者是否一致。

(8)检查支票的使用是否符合结算起点,中国人民银行总行规定人民币的结算起点为1 000元,超出1 000元的结算原则上采取转账方式,不得使用现金。

(9)向银行发询证函。

六、其他货币资金审查

"其他货币资金"账户核算的是企业的外埠存款、银行汇票存款、银行本票存款和在途货币资金等资金。有境外往来核算业务的企业,发生的信用证存款及信用卡存款等也在本账户核算,它也是内部人员舞弊的对象。

(1)对于在途货币资金,应根据汇出单位的汇款通知书,查证在途货币资金的形成是否真实;在途货币资金发生后是否及时入账;收到在途货币资金后是否及时注销;对于长期挂账不注销或一直未收到款项的应查明原因。对于以上错弊,查账人员可以先运用详查法,审查以外埠存款购进的全部商品、材料和其他物品,看其有无超出采购存款。然后,再审查"其他货币资金———外埠存款"明细账余额,查明其有无长期挂账的现象,若"其他货币资金———外埠存款"占用时间长,应进一步分析查证其有无挪用资金或者不及时办理结算的问题。

(2)银行汇票存款的审查。审查被查单位与收款单位有无业务往来。审查购销合同规定的结算方式是否为采用银行汇票结算。在分析使用汇票结算合理性的基础上,审查"其他货币资金———银行汇票存款"明细账,审查其是否及时办理结算,有无长期挂账而挪用或侵占汇票存款行为。核对银行存款和银行对账单,审查其款项是否与银行对账单一致,如果不一致,应分析是否为未达账项,否则,应查明是否收到无效汇票或过期汇票。

七、完成审计工作底稿

审计人员对货币资金进行查证工作的同时编制审计工作底稿。与货币资金审计相关的工作底稿主要有:货币资金审计程序表、货币资金审定表、货币资金检查情况表、其他货币资金检查情况表、库存现金盘点表、银行存款余额调节表、银行往来询证函。

八、完成审计工作报告

审计人员根据审计工作底稿编制货币资金审计报告。

第二节　货币资金审计工作底稿编制

一、货币资金审计程序表

货币资金审计程序表见表7-1。

表 7-1　货币资金审计程序表

被审计单位名称：		日期		页次
编制人	黄奕奕			
复核人				
审计程序			是否执行	索引号
1. 核对现金日记账、银行存款日记账与总账、报表的余额是否相符			执行	
2. 会同被审计单位主管会计人员盘点库存现金，编制“库存现金盘点核对表”，分币种面值列示盘点金额。资产负债表日后进行盘点时，应调整至资产负债日的金额。盘点金额与现金日记账余额进行核对，如有差异，应查明原因并作出记录或做适当调整。若有充抵库存现金的借条、未提现支票、未做报销的原始凭证，需在“盘点表”中注明或作出必要的调整			执行	
3. 获取资产负债表日的“银行存款余额调节表”，经调节后的银行存款余额若有差异，应查明原因，作出记录或做适当的调整			执行	
4. 检查“银行存款余额调节表”中未达账项的真实性，以及资产负债表日后的进账情况，注意有无长期不予处理的差额。如存在应于资产负债表日前进账的应做相应调整			执行	
5. 向所有的银行存款户（含外埠存款、银行汇票、银行本票存款）函证年末余额。关注银行存款的安全性和金融风险			执行	
6. 银行存款中，如有一年以上的定期存款或限定用途的存款，要查明情况，作出记录			执行	
7. 抽查大额现金收支、银行存款（含外埠存款、银行汇票存款、银行本票存款）收支的原始凭证内容是否完整，有无授权批准，并核对相关账户的进账情况。如有与委托人生产经营业务无关的收支事项，应查明原因，并作出相应的记录			执行	
8. 抽查资产负债表日前后若干天的大额现金、银行存款收支凭证，如有跨期收支事项，应做适当调整			执行	
9. 检查非记账本位币折合记账本位币所采用的折算汇率是否正确，折算差额是否已按规定进行会计处理			执行	
10. 验明货币资金是否已在资产负债表恰当披露			执行	

二、货币资金控制测试程序表

货币资金控制测试程序表见表 7-2。

表 7-2　货币资金控制测试程序表

被审计单位名称:ABC 有限公司		签名	日期	索引号	M00
项目:货币资金	编制人	黄奕奕		页次	
会计期间:	复核人				

常规测试程序	执行情况	索引号
由于现金和银行存款分散于各个循环,且其记录错误有时难以通过上述业务循环的符合性测试发现,因此,一般应单独对现金和银行存款的内部控制进行测试		
1. 检查货币资金内部控制是否建立并严格执行		
(1)款项的收支是否按规定的程度和权限办理	是	A1
(2)是否存在与本单位经营无关的款项收支情况	否	A1
(3)是否存在出租、出借银行账户的情况	否	A1
(4)出纳与会计的职责是否严格分离	是	A1
(5)货币资金和有价证券是否妥善保管,是否定期盘点、核对	是	A1
(6)拨付所属资金、公司拨入资金的核算内容是否与内部往来混淆	否	A1
2. 选择(30)张现金、银行存款收款凭证,做如下检查		
(1)核对收款凭证与存入银行账户解款单的日期和金额是否相符	是	M1
(2)核对现金、银行存款日记账的收入金额是否正确	是	M1
(3)核对收款凭证与银行对账单是否相符	否	M1
(4)核对收款凭证与应收账款明细账的有关记录是否相符	是	M1
(5)核对实收金额与销售发票是否一致	是	M1
(6)核对收款凭证与付款单位的户名是否相符	是	M1
3. 选择(30)张现金、银行存款付款凭证,做如下检查		
(1)检查付款的授权批准手续是否符合规定	是	M1
(2)核对现金、银行存款日记账的付出金额是否正确	是	M1
(3)核对付款凭证与银行对账单是否相符	否	M1
(4)核对付款凭证与应付账款明细账的记录是否一致	是	M1
(5)核对实付金额与购货发票或其他原始单据是否一致	是	M1
4. 抽取一定期间的现金日记账、银行存款日记账与总账核对是否一致	是 M1	
5. 抽取一定期间的银行存款日记账与银行对账单核对是否一致	否	M1
6. 抽取一定期间的银行存款余额调节表,查验是否按月及时、正确编制并经复核	否	A1
7. 长期未达账款是否追查原因并及时处理	否	A1
8. 检查外币资金的折算方法是否符合有关规定,是否与上年度一致	是	A1

三、现金和银行存款控制测试工作底稿

现金和银行存款控制测试工作底稿见表 7－3。

表 7－3　现金和银行存款控制测试工作底稿

<table>
<tr><td colspan="3">被审计单位名称:ABC 有限责任公司</td><td>签名</td><td>日期</td><td>索引号</td><td>M001</td></tr>
<tr><td colspan="2">项目:货币资金</td><td>编制人</td><td>黄奕奕</td><td></td><td rowspan="2">页次</td><td rowspan="2"></td></tr>
<tr><td colspan="2">会计期间:</td><td>复核人</td><td></td><td></td></tr>
<tr><td>程序号</td><td colspan="5">查验过程记录</td><td>索引号</td></tr>
<tr><td>一、</td><td colspan="5">查看被审计单位的资本资料,被审计单位已建立完善的内部控制制度,款项的收支按规定的程度和权限办理,不存在与本单位经营无关的款项收支和出租、出借银行账户的情况,会计与出纳的职责严格分离,货币资金和有价证券做到妥善保管,并定期盘点、核对,拨付所属资金、公司拨入资金的核算内容宇内部往来清晰明确</td><td>A1</td></tr>
<tr><td>二、</td><td colspan="5">选取 1 ~6 月的 30 张现金、银行收款凭证,收款凭证与存入银行账户进账单金额、日期和金额正确,与应收账款明细账有关记录相符,实收金额和销售发票一致,收款凭证和付款单位的户名相符</td><td>M1</td></tr>
<tr><td>三、</td><td colspan="5">选取 1 ~3 月的 30 张现金、银行付款凭证,检查发现 3 月 23 日记 84 号的记账凭证记录预付的货款收款人与付款人颠倒,记账凭证登记的银行账户与实际付款的银行账户不同,银行对账单和银行日记账登记错误。其他凭证都按规定完成有关授权批准手续,现金、银行日记账的付款金额正确,付款凭证与应收账款的明细账的激励一致,实付金额的原始凭证一致</td><td>M1</td></tr>
<tr><td>四、</td><td colspan="5">分别选取 1 ~8 月的现金日记账、银行存款日记账与总账核对,核对情况一致</td><td>M1</td></tr>
<tr><td>五、</td><td colspan="5">分别选取工商银行 3 月份、交通银行一般户 3 月份、交通银行国税户 7 月份、建设银行 3 月份银行日记账与对应的银行对账单核对,检查发现交通银行一般户 3 月份的银行日记账与银行对账单不符</td><td>M1</td></tr>
<tr><td>六、</td><td colspan="5">查看被审计单位组织机构设置与岗位分工,发现被审计单位银行余额调节表月末由出纳编制,实际月末出纳未编制</td><td>M1</td></tr>
<tr><td>七、</td><td colspan="5">查看被审计单位资料,没有发现被审计单位对长期未达账项追查原因并及时处理</td><td>A1</td></tr>
<tr><td>八、</td><td colspan="5">查看被审计单位资料,被审计单位没有对长期未达账项追究责任并及时处理</td><td>A1</td></tr>
<tr><td>九、</td><td colspan="5">查看被审计单位的基本资料和往来账,被审计单位没有外币资金核算制度</td><td>A1</td></tr>
<tr><td></td><td colspan="5">测试结论:根据查看过程记录,被审计单位已建立完善的内部控制制制度,做到不相容职务分离。但是,通过抽样查看的现金、存款凭证被审计单位部分凭证登记不正确,银行日记账和银行对账单不符,对长期未达账项不及时追究。由此确定,被审计单位建立的内部控制制度没有有效执行</td><td></td></tr>
</table>

四、货币资金内部控制调查问卷表

货币资金内部控制调查问卷见表 7－4。

表7－4　货币资金内部控制调查问卷

<table>
<tr><td colspan="2">被审计单位名称:ABC有限责任公司</td><td>签名</td><td>日期</td><td colspan="2">索引号</td><td colspan="2">M2</td></tr>
<tr><td>项目:货币资金</td><td>编制人</td><td>潘舒</td><td></td><td colspan="2" rowspan="2">页次</td><td colspan="2" rowspan="2"></td></tr>
<tr><td>会计期间:</td><td>复核人</td><td></td><td></td></tr>
<tr><td colspan="4" rowspan="2">调查问题</td><td colspan="4">答案</td></tr>
<tr><td>是</td><td>弱</td><td>否</td><td>不使用</td></tr>
<tr><td colspan="4">一、现金管理</td><td>√</td><td></td><td></td><td></td></tr>
<tr><td colspan="4">1. 经办人员办理有关现金业务是否得到批准</td><td>√</td><td></td><td></td><td></td></tr>
<tr><td colspan="4">2. 经办人员是否在现金收支原始凭证上签字</td><td>√</td><td></td><td></td><td></td></tr>
<tr><td colspan="4">3. 业务部门负责人是否审签现金收支原始凭证</td><td>√</td><td></td><td></td><td></td></tr>
<tr><td colspan="4">4. 会计主管或指定人员是否审签现金收支原始凭证</td><td>√</td><td></td><td></td><td></td></tr>
<tr><td colspan="4">5. 收款记账凭证和付款记账凭证是否连续编号</td><td>√</td><td></td><td></td><td></td></tr>
<tr><td colspan="4">6. 作废的收款收据是否加盖“作废”戳记</td><td></td><td>√</td><td></td><td></td></tr>
<tr><td colspan="4">7. 付款凭证是否经过会计主管或指定人员复核</td><td>√</td><td></td><td></td><td></td></tr>
<tr><td colspan="4">8. 出纳员是否根据记账凭证收付现金,并登记日记账</td><td>√</td><td></td><td></td><td></td></tr>
<tr><td colspan="4">9. 出纳员是否在原始凭证上加盖“收讫”戳记</td><td>√</td><td></td><td></td><td></td></tr>
<tr><td colspan="4">10. 现金是否存放在保险柜等安全设施中</td><td>√</td><td></td><td></td><td></td></tr>
<tr><td colspan="4">11. 现金支票、印鉴是否分别有人保管</td><td>√</td><td></td><td></td><td></td></tr>
<tr><td colspan="4">12. 出纳员是否负责凭证编制及账簿登记工作</td><td></td><td></td><td>√</td><td></td></tr>
<tr><td colspan="4">13. 收款凭证、付款凭证是否经过稽核人员复核</td><td>√</td><td></td><td></td><td></td></tr>
<tr><td colspan="4">14. 全公司所有的现金存放点是否在财务部门的直接控制下</td><td>√</td><td></td><td></td><td></td></tr>
<tr><td colspan="4">15. 分管会计是否根据记账凭证登记相关明细账</td><td>√</td><td></td><td></td><td></td></tr>
<tr><td colspan="4">16. 总账现金科目是否由总账会计登记</td><td>√</td><td></td><td></td><td></td></tr>
<tr><td colspan="4">17. 出纳员是否每日清点库存现金与现金日记账结余额相核对</td><td>√</td><td></td><td></td><td></td></tr>
<tr><td colspan="4">18. 超过库存限额的现金是否当日送存银行</td><td></td><td>√</td><td></td><td></td></tr>
<tr><td colspan="4">19. 现金清点余缺是否报告负责人审批处理</td><td>√</td><td></td><td></td><td></td></tr>
<tr><td colspan="4">20. 月末是否有非记账人员核对现金日记账及有关明细账、总账</td><td>√</td><td></td><td></td><td></td></tr>
<tr><td colspan="4">21. 账务误差是否报经负责人审批调整处理</td><td>√</td><td></td><td></td><td></td></tr>
<tr><td colspan="4">22. 清点小组是否按期盘点库存现金并与现金账相核对</td><td>√</td><td></td><td></td><td></td></tr>
<tr><td colspan="4">23. 现金清点查余缺是否报经审批后处理</td><td>√</td><td></td><td></td><td></td></tr>
<tr><td colspan="4">24. 收款、记账、稽核、核对职务是否由不同人员担任</td><td></td><td>√</td><td></td><td></td></tr>
<tr><td colspan="4">二、银行存款管理</td><td></td><td></td><td></td><td></td></tr>
<tr><td colspan="4">1. 业务人员办理有关银行存款业务是否得到授权批准</td><td>√</td><td></td><td></td><td></td></tr>
<tr><td colspan="4">2. 经办人员是否在银行存款收支原始凭证上签字</td><td>√</td><td></td><td></td><td></td></tr>
<tr><td colspan="4">3. 业务部门负责人是否审签银行存款收支原始凭证</td><td>√</td><td></td><td></td><td></td></tr>
<tr><td colspan="4">4. 是否采用银行管理方式</td><td>√</td><td></td><td></td><td></td></tr>
<tr><td colspan="4">5. 是否有完整的资产存入、调剂、有偿使用、总体调度的管理制度</td><td>√</td><td></td><td></td><td></td></tr>
<tr><td colspan="4">6. 材料采购、固定资产购置等付款事项是否经验收部门同意</td><td>√</td><td></td><td></td><td></td></tr>
<tr><td colspan="4">7. 会计主管或指定人员是否审签银行存款结算原始凭证</td><td></td><td>√</td><td></td><td></td></tr>
</table>

表7-4(续)

调查问题	答案			
	是	弱	否	不使用
8. 转账支票和结算凭证是否连续编号并按顺序使用	√			
9. 作废的转账支票是否加盖“作废”戳记	√			
10. 收付款项之后是否在原始凭证上加盖“收讫”或“付讫”戳记	√			
11. 财务专用章、签发支票印章和财务负责人印章是否分别保管	√			
12. 财务部门是否安排专门人员复核记账凭证及所附的结算凭证和原始凭证	√			
13. 财务部门是否评价银行存在结算原始凭证	√			
14. 出纳员是否根据经过复核的收付记账凭证逐笔登记银行存款日记账	√			
15. 会计人员是否根据经过复核的收付记账凭证登记相应明细账		√		
16. 银行存款总账科目是否由总账会计登记	√			
17. 银行存款是否与银行对账单逐笔核对		√		
18. 银行存款余额调节表是否由非出纳员编制并核对	√			
19. 是否由非记账人员定期核对银行存款日记账及存款明细账、总账	√			
20. 结算、记账、稽核、核对职务是否由不同人员担任		√		
测试结论:该企业的货币资金内控制度设定较为完善,但在部分细节方面仍需要改善,比如明细账的登记、部分原始凭证缺少复核人等,且总体的实施与记账没有特大的错误,可信赖程度较高				

五、现金和银行存款收款控制测试记录表

现金和银行存款收款控制测试记录表见表7-5。

表7-5 现金和银行存款收款控制测试记录表

被审计单位名称:ABC有限责任公司　编制人:潘舒　日期:　索引号:M21

截止日:2018年12月31日　复核人:梁云　日期:　页次:

序号	日期	凭证编号	业务内容	收款方式		收入金额	核对								备注
				现金	银行		1	2	3	4	5	6	7	8	
1	2018年12月15日	记—0053	收合同号200509004货款		√	120 765.00	√	√	√	√	√	√	√	√	
2	2018年10月24日	记—0071	收合同号200506004货款		√	187 692.90	√	√	√	√	√	√	√	√	
3	2018年3月29日	记—0096	收合同号200412016货款		√	142 785.00	√	√	√	√	√	√	×	√	该业务的明细账登记错误

表7-5(续)

序号	日期	凭证编号	业务内容	收款方式		收入金额	核对								备注
				现金	银行		1	2	3	4	5	6	7	8	
4	2018年3月22日	记—0081	收利息		√	9 765.36	√	√	√	√	√	√	×	√	记账凭证合计栏没有填写
5	2018年3月1日	记—0004	收合同号200501008货款		√	29 823.30	√	√	√	√	√	√	√	√	
6	2018年8月19日	记—0061	报废固定资产	√		68 800.00	√	√	√	√	√	√	√	√	
7	2018年8月8日	记—0038	收合同号200504002货款		√	150 000	√	√	√	×	√	√	√	√	
8	2018年5月18日	记—0054	收合同号200501001货款		√	137 379.7	√	√	√	×	√	√	√	√	
9	2005年1月14日	记—0043	周鹏购买低值易耗品	√		474.96	√	√	√	×	√	√	√	√	
10	2018年1月25日	记—0067	提现	√		384 000	√	√	√	×	√	√	√	√	
11	2018年6月13日	记—0034	陈洁报销差旅费	√		622	√	√	√	×	√	√	√	√	
12	2018年7月4日	记—0009	覃菁报销差旅费	√		710	√	√	√	×	√	√	√	√	
13	2018年12月22日	记—0075	卖废品收入	√		1 289.7	√	√	√	×	√	√	√	√	
14	2018年3月22日	记—0082	收利息		√	8 976.54	√	√	√	√	√	√	√	√	记账凭证合计栏没有填写

核对说明：

1. 收款凭证与存入银行账户的解款单日期和金额相符；
2. 收款凭证金额已计入现金日记账银行存款日记账；
3. 银行收款凭证与银行对账单核对相符；
4. 收款凭证与销售发票、收据核对相符；
5. 收款凭证的对应科目与付款单位的户名一致；
6. 收款凭证账务处理正确；
7. 收款凭证与对应科目(如销售或应收账款)明细账的记录一致；
8. 所收款项与经营活动相关

测试说明及结论：该企业的现金日记账与现金总账余额相符合，库存现金日记账记录的金额与凭证内容相符合，现金收入正确截止，实属被审计单位所有，记录完毕，没有发现遗漏现象，可信赖程度较高，可以减少相应的审计程序，降低审计成本。而银行存款日记账的收入错误比较多，银行存款的日记账的登记缺陷在于明细账登记错误，银行存款日记账的登记与银行对账单的不相符合的地方较多，记账凭证中的明细账登记错误也较多，导致银行存款与银行对账单的余额不相符合，可信赖程度较低，应该在这个地方实施较多的审计程序，从而降低审计风险

六、现金和银行存款付款凭证控制测试记录表

现金和银行存款付款凭证控制测试记录表见表7-6。

表 7-6　现金和银行存款付款凭证控制测试记录表

被审计单位名称:ABC 有限责任公司　　编制人:潘舒　　日期:　　索引号:M22

截止日:2018 年 12 月 31 日　　复核人:梁俊云　　日期:　　页次:

序号	日期	凭证编号	业务内容	付出金额	核对								备注
					1	2	3	4	5	6	7	8	
1	2018-12-30	记—0105	发放元旦慰问金	18 200.00	√	√	√	√	√	×	×	√	该明细账的借贷方向相反
2	2018-11-23	记—0069	付上海天信动力机械有限公司货款	14 556.71	√	√	√	√	×	√	×	√	该业务的记账凭证中明细账错误
3	2018-10-24	记—0062	报销"十一"值班人员补助	12 330.00	×	×	√	×	√	√	√	√	该业务的原始凭证没有出纳以及会计的审核
4	2018-10-26	记—0073	缴纳企业所得税	147 370.74	√	√	×	√	×	√	×	√	该业务的原始凭证金额部分错误
5	2018-09-21	记—0055	支付利息	20 850.00	√	√	√	√	×	√	×	√	该业务的记账凭证明细账登记错误
6	2018-06-21	记—0056	预提利息	13 900.00	√	√	√	√	×	√	×	√	该业务的记账凭证明细账登记错误
7	2018-03-23	记—0084	预付上海碳素厂石墨毛坯的订金	18 000.00	√	√	√	√	×	×	×	√	记账凭证登记的账号与原始凭证不同,交通银行收付系统通知单错误,银行日记账和银行对账单登记错误
8	2018-08-02	记—0005	覃菁报销客户餐费	2 115.00	√	√	√	√	√	√	√	√	
9	2018-04-21	记—0068	还贷款及利息	1 005 000.00	√	√	√	√	√	√	√	√	
10	2018-05-23	记—0068	梁红星购买钢材入库	12 026.69	√	√	×	√	√	√	√	√	该业务其中一张原始凭证错误
11	2018-12-21	记—0068	支付利息	20 850.00	√	√	√	√	×	×	×	√	该业务日记账与明细登记错误
12	2018-07-08	记—0026	发放工资	126 344.59	√	√	√	√	√	√	√	√	
13	2018-12-27	记—0091	预付工程款	600 000.00	√	√	√	√	√	√	√	√	
14	2018-01-10	记—0021	缴纳税金	424 358.00	√	√	√	√	√	√	√	√	
15	2018-01-06	记—0011	付上海虹桥区电极五厂货款	84 613.76	√	√	√	√	√	√	√	√	
16	2018-02-18	记—0029	结清浙江瑞立强力耐火材料厂货款	47 155.40	√	√	√	√	√	√	√	√	
17	2018-03-23	记—0084	支付利息	18 010.50	√	√	√	√	√	√	×	√	该业务的明细账登记错误

表7－6(续)

核对说明：	有关测试说明及结论：
1. 原始凭证付款具有核准人签名； 2. 原始凭证为合法的发票或收据； 3. 原始凭证的内容和金额与付款凭证摘要核对一致； 4. 付款凭证的授权批准手续齐全； 5. 付款凭证与计入现金、银行存款日记账金额一致； 6. 付款凭证与银行对账单核对相符； 7. 付款凭证与对应科目(如应付账款)明细账的记录一致； 8. 付款凭证账务处理正确	有关测试说明及结论：该企业的现金日记账与现金总账余额相符合，库存现金日记账记录的金额与凭证内容相符合，现金支出正确截止，可信赖程度较高，可以减少相应的审计程序。而银行存款日记账的支出错误比较多，银行存款的日记账的登记缺陷在于明细账登记错误，银行存款日记账的登记与银行对账单的不相符合的地方较多，记账凭证中的明细账登记错误也较多，并查处有出租账户的现象，该业务没有相应的记账凭证，不属于被审计单位所有，导致银行存款与银行对账单的余额不相符合，可信赖程度较多，应该在这个地方实施较多的审计程序，从而降低审计风险

七、货币资金审定表

货币资金审定表见表7－7。

表7－7 货币资金审定表

客户：ABC有限责任公司　　编制人：黄奕奕　　日期：　　索引号：M5

截止日：2018. 12. 31　　复核人：　　日期：　　页次：

上年末审定数	未审数核对			索引号	调整分录金额(＋－)	重分类分录金额(＋－)	审定数
	索引号	项目	金额				
2 828 836. 64	M1	报表数	1 486 896. 65	M1	27 596. 79		27 596. 79
		明细项目：					
		预付账款——上海碳素厂	18 000. 00	M12	－18 000. 00		－18 000. 00
		财务费用——手续费	10. 50	M12	－10. 50		－10. 50
		应收账款——广西东华铝业公司	142 785. 00	M12	142 785. 00		142 785. 00
		预提费用——利息	13 900. 00	M12	－13 900. 00		－13 900. 00
		预提费用——利息	20 850. 00	M12	－20 850. 00		－20 850. 00
		应交税费——企业所得税	27 000. 00	M12	－27 000. 00		－27 000. 00
		应付账款——上海天信动力机械有限公司	14 567. 21	M12	－14 567. 21		－14 567. 21
		财务费用——手续费	10. 50	M12	－10. 50		－10. 50
		财务费用——支付利息	20 850. 00	M12	－20 850. 00		－20 850. 00
		明细项目合计	257 973. 21		27 596. 79		27 596. 79

表7-7(续)

审计说明及调整分录: 2018.2.6.记账金额大于应计金额 借:银行存款——工商银行高新区分理处(00381208010019) 2.78 贷:应付职工薪酬 2.78 2018.3.23.记账凭证明细科目错误 借:预付账款——上海碳素厂 18 000.00 财务费用——手续费 10.50 贷:银行存款——交通银行高新区分理处(039401040008522) 18 010.50 2018.3.29.记账凭证明细科目错误 借:银行存款——交通银行高新区分理处(039401040008522) 142 785.00 贷:应收账款——广西东华铝业公司 142 785.00 2018.6.21.记账凭证明细科目错误 借:在建工程——二期工程 6 950.00 应付利息——利息 13 900.00 贷:应付利息——利息 6 950.00 银行存款——交通银行高新区分理处(039401040008522) 13 900.00 2018.9.21.记账凭证明细科目错误 借:预提费用——利息 20 850.00 贷:银行存款——交通银行高新区分理处(039401040008522) 20 850.00 2018.10.26 借:应交税费——应交所得税 27 000 贷:银行存款——交通银行高新区分理处(029401040002536) 27 000 2018.11.23.记账凭证明细科目错误 借:应付账款——上海天信动力机械有限公司 14 556.71 财务费用——手续费 10.50 贷:银行存款——交通银行高新区分理处(039401040008522) 14 567.21 2018.12.21.记账凭证明细科目错误 借:财务费用——利息支出 20 850.00 贷:银行存款——交通银行高新区分理处(039401040008522) 20 850.00 审计标识:M1 货币资金、M2 银行存款	复核意见:
审计结论:本科目经审计调整后,审定数可以确认	

八、库存现金盘点核对表

库存现金盘点核对表见表7-8。

表 7－8　库存现金盘点核对表

客户:ABC 有限责任公司　　编制人:周海燕　　日期:　　索引号:M5

截止日:　　复核人:　　日期:　　页次:

查证核对记录				现金盘点记录			
项目	币别:人民币		面额	币别:人民币		币别:	
				张数	金额	张数	金额
一、盘点日(2019.1.13)账面库存余额	1	2 446.52	100 元	18	1 800		
盘点日未记账收入金额	2	8 375.00	50 元	3	150		
盘点日未记账支出金额	3	4 678.00	20 元	4	80		
盘点日账面应存余额	4 =1 +2 −3	6 143.52	10 元	8	80		
二、盘点日库存实存金额	5	2 143.52	5 元	5	25		
白条抵库金额	6	4 000.00	2 元				
盘点日实存现金金额	7 =5 +6	6 143.52	1 元	6	6		
三、盘点日应存与实存金额的差异	8 =4 −7	0.00	5 角	5	2.5		
四、追溯至报表日账面结存金额			2 角				
报表日至盘点日现金支出总额	9	21 155.00	1 角				
报表日至盘点日现金收入总额	10	25 781.57	5 分				
报表日应存金额	11 =4 +9 −10	1 516.95	2 分				
报表日实存金额	12 =7 +9 −10	1 516.95	1 分	2	0.02		
报表日应存与实存差额	13 =11 −12	0.00	实点合计		2 143.52		
五、报表日账面汇率(10)	13		存放地点:				
六、报表日余额折合本位币金额(11 =9 ×10)	14 =12 ×13		盘点日期:2019 年 1 月 13 日				
			盘点人:				
			出纳人员:				
			会计主管:				
审计说明及调整分录:2019 年 1 月 13 日该公司的账实不符,进一步调查为财务部卢敏在没有经相关人员的批准下,支取现金 4 000 元,属不合法行为,故需调账: 借:库存现金　4 000　贷:其他应收款——卢敏　4 000							
审计结论:调整后,报表日实存金额 1 516.95 可以确认							

九、银行存款审定表

银行存款审定表见表 7－9。

表 7-9　银行存款审定表

客户:ABC 有限责任公司　　编制人:张三　　日期:　　索引号:M6

截止日:2018 年 12 月 31 日　　复核人:潘四　　日期:　　页次:

索引号	开户银行名称及账号	账面余额			银行对账单余额	调节相符	调整数	审定数
		原币	汇率	记账本位币				
	工商银行高新区分理处(00381208010019)	448 372.84		人民币	393 768.29	√	-54 604.51	393 768.33
	交通银行高新区分理处(039401040008522)	992 071.32		人民币	1 046 678.61	√	54 607.29	1 046 678.61
	交通银行高新区分理处(029401040002536)	44 184.71		人民币	17 184.71	√	-27 000	17 184.71
	建设银行高新区分理处(4504900422259064015)	750.83		人民币	750.83	√	0	750.83

审计说明及调整分录:

2018.2.6.记账金额大于应计金额.

借:银行存款——工商银行高新区分理处(00381208010019)　　2.78

　贷:应付职工薪酬　　2.78

2018.3.23.记账凭证明细科目错误

借:预付账款——上海碳素厂　　18 000.00

　财务费用——手续费　　10.50

　贷:银行存款——交通银行高新区分理处(039401040008522)　　18 010.50

2018.3.29.记账凭证明细科目错误

借:银行存款——交通银行高新区分理处(039401040008522)　　142 785.00

　贷:应收账款——广西东华铝业公司　　142785.00

2018.6.21.记账凭证明细科目错误

借:在建工程——二期工程　　6 950.00

　应付利息——利息　　13 900.00

　贷:应付利息——利息　　6 950.00

　　银行存款——交通银行高新区分理处(039401040008522)　　13 900.00

2018.9.21.记账凭证明细科目错误

借:应付利息——利息　　20 850.00

　贷:银行存款——交通银行高新区分理处(039401040008522)　　20 850.00

2018.10.26

借:应交税费——应交所得税　　27 000

　贷:银行存款——交通银行高新区分理处(029401040002536)　　27 000

2018.11.23.记账凭证明细科目错误

借:应付账款——上海天信动力机械有限公司　　14 556.71

　财务费用——手续费　　10.50

　贷:银行存款——交通银行高新区分理处(039401040008522)　　14 567.21

2018.12.21.记账凭证明细科目错误

借:财务费用——利息支出　　20 850.00

　贷:银行存款——广西交通银行高新区分理处(039401040008522)　　20 850.00

表7－9(续)

审计结论:经过调整,被审计单位的银行存款日记账与银行对账单余额一致。被审计单位的内部控制制度并没有能有效执行。
编制说明:
1. 银行存款包括其他货币资金存款,即外埠存款、银行汇票存款、银行本票存款、信用卡存款等; 2. 如果银行存款是人民币,可直接计入记账本位币栏;如果银行存款是外币,应在原币金额前表明外币符号; 3. 调节后相符打“√”;调节后不相符打“×”,并做说明; 4. 核对账面余额与银行对账单余额,并将银行存款余额调节表及对账单或询证函附后; 5. 银行存款余额调节表可由企业编制,但应对未达账项的内容及期后企业入账、银行收支情况予以审核,如有跨期收支事项,应做相应调整

十、银行存款余额调节表

银行存款余额调节表见表7－10。

表7－10　银行存款余额调节表

客户:ABC有限责任公司　　编制人:张三　　日期:　　索引号:M71

截止日:2018. 12. 31　　复核人:潘四　　日期:　　页次:

银行名称及账号:工商银行高新区分理处(00381208010019)					币别:人民币				
企业银行存款日记账余额:448 372. 84					银行对账单余额:393 768. 29				
调整内容	单位及内容	企业期后入账日期	金额	备注	调整内容	企业入账日期	单位及内容	银行收付日期	金额
加:银行已收,企业尚未入账金额	发工资	2018. 2. 6	2. 78	企业记账凭证错误导致差异	加:企业已收,银行尚未入账金额	2018. 3. 8	发工资	2018. 3. 8	0. 04
	预付款	2018. 3. 23	18 010. 50	交通银行已入账					
	支付利息	2018. 6. 21	13 900. 00	交通银行已入账					
	支付利息	2018. 9. 21	20 850. 00	交通银行已入账					
	付货款	2018. 11. 23	14 567. 21	交通银行已入账					
	支付利息	2018. 12. 21	20 850. 00	交通银行已入账					
减:银行已付,企业尚未入账金额	收款	2018. 3. 29	142 785. 00	交通银行已入账	减:企业已付,银行尚未入账金额				

表7－10(续)

调整后企业银行存款日记账余额			393 768. 33		调整后银行对账单余额:393 768. 33				
审计说明及调整分录:							审计标识:		
企业记账凭证错误,记账凭证内容未能真实反映原始凭证内容,导致多个记账错误									
2018. 2. 6. 记账金额大于应计金额,采用部分红字更正法更正									
借:应付职工薪酬 2. 78 贷:银行存款——工商银行高新区分理处(00381208010019) 2. 78 2018. 3. 23. 记账凭证明细科目错误 借:预付账款——上海碳素厂 18 000. 00 财务费用——手续费 10. 50 贷:银行存款——交通银行高新区分理处(039401040008522) 18 010. 50 2018. 3. 29. 记账凭证明细科目错误 借:银行存款——交通银行高新区分理处(039401040008522) 142 785. 00 贷:应收账款——广西东华铝业公司 142 785. 00 2018. 6. 21. 记账凭证明细科目错误 借:在建工程——二期工程 6 950. 00 应付利息——利息 13 900. 00 贷:应付利息——利息 6 950. 00 银行存款——交通银行高新区分理处(039401040008522) 13 900. 00 2018. 9. 21. 记账凭证明细科目错误 借:应付利息 20 850. 00 贷:银行存款——交通银行高新区分理处(039401040008522) 20 850. 00 2018. 11. 23. 记账凭证明细科目错误 借:应付账款——上海天信动力机械有限公司 14 556. 71 财务费用——手续费 10. 50 贷:银行存款——交通银行高新区分理处(039401040008522) 14 567. 21 2018. 12. 21. 记账凭证明细科目错误 借:财务费用——利息支出 20 850. 00 贷:银行存款——交通银行高新区分理处(039401040008522) 20 850. 00									
审计结论:编制记账凭证的会计人员没有区分明细科目,导致记账错误,造成银行存款日记账余额与对账单余额不符,在登记记账凭证的时候金额出现偏差,且相关人员在检查复核的时候并没有发现错误。经过调整,银行对账单与银行存款日记账余额相等									

十一、银行往来询证函

银行往来询证函见表7－11。

表 7－11 银行往来询证函

致:工商银行高新分理处　　　　　　　　编号:　　　　　　　　索引号:M81

本单位聘请的诚信会计师事务所正在对本公司会计报表进行审计,按照《中国注册会计师执业准则》的要求,应当询证本公司与贵行的存款、贷款往来。下列数额出自本公司账簿记录,如与贵行记录相符,请在本函下端"数额证明无误"处签章证明;如有不符,请在"数额不符及需加说明事项"处详为指正,回函请直接寄至诚信会计师事务所。

地址:南宁市星湖路 27 号

邮编:530001　电话:　　　　　　　　传真:

1. 存款户　　　　　　截至 2018 年 12 月 31 日

银行账号	账户性质	原币金额	备　注
00381208010019	基本账户	448 372. 84	

2. 贷款户　　　　　　截至 2018 年 12 月 31 日

贷款本金	贷款期限	贷款币种	备注

被审计单位

签章:

年　月　日

数额证明无误

核对银行

签章:　　　　　　　　　　　　　　日期:

数额不符及需加说明事项:

核对银行

签章:　　　　　　　　　　　　　　日期:

十二、银行存款检查情况表

银行存款检查情况表见表 7－12。

表 7-12 银行存款检查情况表(抽查大额收支)

单位名称:ABC 有限责任公司　　2018 年　　单位:

日期	凭证编号	业务内容	对应科目	金额	核对内容								备注
					1	2	3	4	5	6	7	8	
01-13	记-0035	收合同号 200409015 货款	应收账款(1131)	187 600.00	√	√	√						
01-20	记-0056	收合同号 200410010 货款	应收账款(1131)	176 700.00	√	√	√						
02-01	记-0003	收合同号 200412005 货款	应收账款(1131)	261 600.00	√	√	√						
02-06	记-0027	发放工资	应付职工薪酬(2151)	118 050.78	√	√							记账凭证金额大于原始凭证金额 2.78 元
02-23	记-0063	偿还短期借款	短期借款(2101)	900 000.00	√	√	√						
03-03	记-0012	收合同号 200501002 货款	应收账款(1131)	140 765.00	√	√	√						
03-22	记-0081	收利息		9 765.36	√	√							记账凭证合计栏没有填写
03-23	记-0084	预付上海碳素厂石墨毛坯的订金	预付账款(1151)	18 010.50	√	√							记账凭证银行存款的明细科目错记为工商银行,应记为交通银行
03-29	记-0096	收合同号 200412016 货款	应收账款(1131)	142 785.00	√	√							记账凭证银行存款的明细科目错记为工商银行,应记为交通银行
04-08	记-0028	发放工资	应付职工薪酬(2151)	120 132.34	√	√	√						
04-20	记-0066	黄善良借差旅费	其他应收款(113302)	12 000.00	√	√	√						
04-27	记-0081	收合同号 200412015 货款	应收账款(1131)	220 000.00	√	√	√						

表7－12(续)

日期	凭证编号	业务内容	对应科目	金额	核对内容								备注
					1	2	3	4	5	6	7	8	
05－13	记－0036	发放工资	应付工资(2151)	118 807.34	√	√	√						
05－18	记－0054	收合同号200501001货款	应收账款(1131)	137 379.70	√	√	√						
05－30	记－0087	刘昆联系业务借款	其他应收款(113302)	3 000.00	√	√	√						
06－03	记－0011	白桦借差旅费	其他应收款(113302)	2 000.00	√	√	√						
06－15	记－0043	收合同号200502005货款	应收账款(1131)	216 819.60	√	√	√						
06－21	记－0056	支付利息	在建工程(1603)	13 900.00	√	√							记账凭证银行存款的明细科目错记为工商银行，应记为交通银行
07－13	记－0039	收合同号200503006货款	应收账款(1131)	127 169.00	√	√	√						
07－22	记－0067	提现	库存现金	2 000.00	√	√	√						
07－28	记－0080	收合同号200507006定金	预收账款(2131)	60 000.00	√	√	√						
08－05	记－0018	收合同号200504005货款	应收账款(1131)	125 693.40	√	√	√						
08－16	记－0048	收合同号200505005货款	应收账款(1131)	114 769.90	√	√	√						
08－25	记－0079	收合同号200508003货款	预收账款(2131)	125 000.00	√	√	√						
08－31	记－0092	收合同号200506006货款	应收账款(1131)	47 689.20	√	√	√						
09－02	记－0005	覃家斌借差旅费	其他应收款(113302)	2 000.00	√	√	√						
09－06	记－0015	收合同号200506003货款	应收账款(1131)	133 662.50	√	√	√						

表7－12(续)

日期	凭证编号	业务内容	对应科目	金额	核对内容								备注
					1	2	3	4	5	6	7	8	
09－21	记－0055	支付利息	应付利息(2191)	20 850.00	√	√							记账凭证银行存款的明细科目错记为工商银行,应记为交通银行
10－08	记－0004	陈洁借差旅费	其他应收款(113302)	2 000.00	√	√	√						
10－12	记－0021	收合同号200503008货款	应收账款(1131)	92 309.40	√	√	√						
10－19	记－0050	收合同号200504001货款	应收账款(1131)	97 184.80	√	√	√						
10－26	记－0073	缴纳企业所得税	应交税费(2171)	147 370.74	√	√	√						
11－07	记－0019	收合同号200507004货款	应收账款(1131)	120 854.50	√	√	√						
11－11	记－0040	收合同号200507005货款	应收账款(1131)	118 802.90	√	√	√						
11－16	记－0053	收合同号200507006货款	应收账款(1131)	132 699.00	√	√	√						
11－23	记－0069	付上海天信动力机械有限公司货款	应付账款(2121)	14 567.21	√	√							记账凭证银行存款的明细科目错记为工商银行,应记为交通银行
12－01	记－0001	收合同号200512001定金	预收账款(2131)	65 000.00	√	√	√						
12－30	记－0104	提现	库存现金	23 000.00	√	√	√						

核对内容说明: 1. 原始凭证内容完整　　5 2. 有授权批准　　6 3. 账务处理正确　　7 4. 属于跨期收支事项　　8	审计说明	虽然银行存款、库存现金的明细账有误,但货币资金的总额可以确认

查验人员:周海燕　　日期:________　　复核人:________　　日期:________

同步练习

一、2019年1月10日上午8时,江南市审计局派出的审计人员对永兴公司的库存现金进行突击盘点。经过盘点,实际情况如下:

(1)现钞有100元币10张,50元币13张,10元币16张,5元币19张,2元币22张,1元币25张,5角币30张,2角币20张,1角币40张,硬币5角8分,总计1 997.58元。

(2)已收款尚未入账的收款凭证3张,计130元。

(3)已收款尚未入账的付款凭证5张,计520元,其中有马明借条一张,日期为20×0年7月15日,金额200元,未经批准和说明用途。

(4)盘点的库存现金账面余额为1 890.20元,2019年1月1日—2019年1月10日收入现金4 560.16元,支出现金4 120元。2018年12月31日库存现金账面余额为1 060.04元。

要求:

(1)请说明上述资料是如何获得的?

(2)根据资料编制库存现金盘点表,计算出盈亏,并推算20×0年12月31日库存现金实存额。

(3)指明企业存在的问题,提出处理意见。

二、审计人员在审查某企业银行存款时,发现该企业2018年6月30日银行存款日记账账面余额为133 750元,银行对账单余额为127 000元,经查对发现以下几笔未达账项:

(1)6月29日,委托银行收款12 500元,银行已入该企业账户,收款通知尚未送达企业;

(2)6月30日,该企业开出现金支票一张,计400元,银行尚未入账;

(3)6月30日,银行已代付企业电费250元,企业尚未收到付款通知;

(4)6月30日,企业收到外单位转账支票一张,计16 000元,银行尚未入账。

要求:根据上述情况,编制银行存款余额调节表,并得出简要审计结论。

三、在对G公司2018年度财务报表进行审计时,M注册会计师负责审计货币资金项目。G公司在总部和营业部均设有出纳部门。为顺利监盘库存现金,M注册会计师在监盘前一天通知G公司会计主管人员做好监盘准备。考虑到出纳日常工作安排,对总部和营业部库存现金的监盘时间分别定在上午10点和下午3点。监盘时,出纳把现金放入保险柜,并将已办妥现金收付手续的交易登入现金日记账,结出现金日记账余额;然后,M注册会计师当场盘点现金,在与现金日记账核对后填写"库存现金盘点表",并在签字后形成审计工作底稿。

要求:请指出上述库存现金监盘工作中有哪些不当之处,并提出改进建议。

第八章　完成审计工作模拟实训

【主要内容】

完成审计工作主要包括评价审计中的重大发现、评价审计中发现的错报、复核审计工作底稿和财务报表、审计期后事项、书面声明及编制审计报告等内容。学生应重点理解并掌握评价审计中的重大发现、评价审计过程中发现的错报、复核审计工作底稿及编制审计报告等审计业务。

第一节　完成阶段审计业务活动

一、评价审计中的重大发现

（一）审计项目组考虑的重大发现和事项

在审计完成阶段，审计项目组考虑的重大发现和事项包括就识别的重大风险，对审计策略和计划的审计程序所做的重大修正、与最终审计结论相矛盾或不一致的信息等。

（二）对实施审计程序的结果进行评价

（1）为了实现计划的审计目标，是否有必要对重要性进行修订；

（2）对审计策略和计划的审计程序的重大修正，包括对重大错报风险评估结果的重要变动；

（3）对审计方法有重要影响的值得关注的内部控制缺陷和其他缺陷；

（4）财务报表中存在的重大错报；

（5）项目组成员内部，或项目组与项目质量控制复核人员或提供咨询的其他人员之间，就重大会计和审计事项达成最终结论所存在的意见分歧；

（6）在实施审计程序时遇到的重大困难；

（7）向会计师事务所内部有经验的专业人士或外部专业顾问咨询的事项；

（8）与管理层或其他人员就重大发现以及与注册会计师的最终审计结论相矛盾或不一致的信息进行的讨论。

（三）对审计重要性的最终判定

在审计计划阶段对重要性的判断，与其在评估审计差异时对重要性的判断是不同的。如果在审计完成阶段修订后的重要性水平远远低于在计划阶段确定的重要性水平，注册会计师应重新评估已经获得的审计证据的充分性和适当性。

二、评价审计过程中发现的错报

(一)错报的沟通和更正

(1)及时与适当层级的管理层沟通错报事项,评价这些事项是否为错报,并采取必要行动。

(2)在某些情况下,注册会计师的保密义务与通报义务(法律法规可能限制)之间存在的潜在冲突可能很复杂。此时,注册会计师可以考虑征询法律意见。

(3)管理层更正所有错报,能够保持会计账簿和记录的准确性,降低由于与本期相关的、非重大的且尚未更正的错报的累积影响而导致未来期间财务报表出现重大错报的风险。

(4)评价财务报表是否在所有重大方面按照适用的财务报告编制基础编制(包括表明管理层的判断可能出现偏向的迹象)。

(二)评价未更正错报的影响

(1)在评价未更正错报的影响之前,注册会计师可能有必要依据实际的财务结果对重要性作出修改。

(2)在注册会计师评价未更正错报的影响之前,可能已经对重要性或重要性水平进行的重新评价导致需要确定较低的金额,则应重新考虑实际执行的重要性和进一步审计程序的性质、时间安排和范围的适当性,以获取充分、适当的审计证据,作为发表审计意见的基础。

(3)审计人员需要考虑每一单项错报,以评价其对相关类别的交易、账户余额或披露的影响,包括评价该项错报是否超过特定类别的交易、账户余额或披露的重要性水平。

(4)如果注册会计师认为某一单项错报是重大的,则该项错报不大可能被其他错报抵消。然而,在得出抵消非重大错报是适当的这一结论之前,需要考虑可能存在其他未被发现的错报的风险。

(5)确定一项分类错报是否重大,需要进行定性评估。有时即使分类错报超过了在评价其他错报时运用的重要性水平,注册会计师可能仍然认为该分类错报对财务报表整体不产生重大影响。

(6)即使某些错报低于财务报表整体的重要性,但因与这些错报相关的某些情况,在将其单独或连同在审计过程中累积的其他错报一并考虑时,注册会计师也可能将这些错报评价为重大错报,如对盈亏状况有决定性的影响。

(三)书面声明

由于编制财务报表要求管理层和治理层调整财务报表以更正重大错报,注册会计师需要要求其提供有关未更正错报的书面声明。在某些情况下,管理层和治理层可能并不认为注册会计师提出的某些未更正的错报是错报。基于这一原因,他们可能在书面声明中增加以下表述:“因为[描述理由],我们不同意……事项和……事项构成错报。”然而,即使获取了这一声明,注册会计师仍需要对未更正错报的影响形成结论。

三、复核审计工作底稿和财务报表

(一)对财务报表总体合理性进行复核

对财务报表总体合理性进行复核的时间在审计结束或临近结束时,其目的是确定经审计调整后的财务报表整体是否与对被审计单位的了解一致,是否具有合理性。

如果识别出以前未识别的重大错报风险,注册会计师应当重新考虑对全部或部分各类别的交易、账户余额、披露评估的风险是否恰当,并在此基础上重新评价之前计划的审计程序是否充分,是否有必要追加审计程序。

(二)复核审计工作底稿

1. 项目组内部复核

(1)复核人员。由项目组内部经验较多的人员复核经验较少的人员的工作,以确保所有工作底稿都得到适当层级人员的复核。对一些较为复杂、审计风险较高的领域,如舞弊风险的评估与应对、重大会计估计及其他复杂的会计问题、审核会议记录和重大合同、关联方关系和交易、持续经营存在的问题等,需要指派经验丰富的项目组成员执行复核,必要时可以由项目合伙人执行复核。

(2)复核范围。所有的审计工作底稿至少要经过一级复核。执行复核时,复核人员需要考虑的事项主要包括以下内容:①审计工作是否已按照职业准则和适用的法律法规的规定执行;②重大事项是否已提请进一步考虑;③是否需要修改已执行审计工作的性质、时间安排和范围;④已执行的审计工作是否支持形成的结论,并已得到适当记录;⑤已获取的审计证据是否充分、适当;⑥审计程序的目标是否已实现。

(3)复核时间。审计项目复核贯穿审计全过程,随着审计工作的开展,复核人员在审计计划阶段、执行阶段和完成阶段及时复核相应的工作底稿,例如:在审计计划阶段复核记录审计策略和审计计划的工作底稿,在审计执行阶段复核记录控制测试和实质性程序的工作底稿,在审计完成阶段复核记录重大事项、审计调整及未更正错报的工作底稿等。

(4)项目合伙人复核。根据审计准则的规定:项目合伙人应当对会计师事务所分派的每项审计业务的总体质量负责;项目合伙人应当对项目组按照会计师事务所复核政策和程序实施的复核负责。

项目合伙人复核的内容包括:①对关键领域所做的判断,尤其是执行业务过程中识别出的疑难问题或争议事项;②特别风险;③项目合伙人认为重要的其他领域。

项目合伙人无须复核所有审计工作底稿。在审计报告日或审计报告日之前,项目合伙人应当通过复核审计工作底稿和与项目组讨论,确信已获取充分、适当的审计证据,支持得出的结论和拟出具的审计报告。

2. 质量控制复核

会计师事务所应当制定政策和程序,解决项目质量控制复核人员的委派问题,明确项目质量控制复核人员的资格要求,包括:①履行职责需要的技术资格,包括必要的经验和权限;②在不损害其客观性的前提下,项目质量控制复核人员能够提供业务咨询的程度。评价工作应当涉及下列内容:

(1)与项目合伙人讨论重大事项;

(2)复核财务报表和拟出具的审计报告;

(3)复核选取的与项目组作出的重大判断和得出的结论相关的审计工作底稿;

(4)评价在编制审计报告时得出的结论,并考虑拟出具审计报告的恰当性。

只有完成了项目质量控制复核,才能签署审计报告。审计报告的日期不得早于注册会计师获取充分、适当的审计证据,并在此基础上对财务报表形成审计意见的日期。

要考虑在审计过程与项目质量复核人员积极协调配合,使其能够及时实施质量控制复核,而非在出具审计报告前才实施复核。

四、针对管理层责任的书面声明

(1)针对财务报表的编制,审计人员应当要求管理层提供书面声明,确认其根据审计业务约定条款,履行了按照适用的财务报告编制基础编制财务报表并使其实现公允反映(如适用)的责任。

(2)针对提供的信息和交易的完整性,注册会计师应当要求管理层就下列事项提供书面声明:

第一,按照审计业务约定条款,已向注册会计师提供所有相关信息,并允许注册会计师不受限制地接触所有相关信息以及被审计单位内部人员和其他相关人员;

第二,所有交易均已记录并反映在财务报表中。如果未从管理层获取其确认已履行责任的书面声明,注册会计师在审计过程中获取的有关管理层已履行这些责任的其他审计证据是不充分的。

(3)其他书面声明。如果审计人员认为有必要获取一项或多项其他书面声明,以支持与财务报表或者一项或多项具体认定相关的其他审计证据,注册会计师应当要求管理层提供这些书面声明。

第一,关于财务报表的额外书面声明。除了针对财务报表的编制,审计人员应当要求管理层提供基本书面声明以确认其履行了责任外,注册会计师可能认为有必要获取有关财务报表的其他书面声明。

第二,向审计人员提供信息有关的额外书面声明。除了针对管理层提供的信息和交易的完整性的书面声明外,审计人员可能认为有必要要求管理层提供书面声明,确认其已将注意到的所有内部控制缺陷向注册会计师通报。

第三,关于特定认定的书面声明。审计人员可能认为有必要要求管理层提供有关财务报表特定认定的书面声明,尤其是支持注册会计师就管理层的判断或意图或者完整性认定从其他审计证据中获取的了解。

五、出具审计报告

审计报告是审计人员实施审计后,向审计授权人或委托者提出的,反映审计结果、阐明审计意见和建议的书面文件。审计报告包括以下基本要素:

(一)标题

标题统一规范为“审计报告”。

(二)收件人

收件人是指审计人员按照审计业务约定书的要求致送审计报告的对象,一般是指审计业务的委托人。审计报告应当载明收件人的全称。如 ABC 股份有限公司全体股东。

(三)审计意见

审计意见应当说明被审计单位的名称和财务报表已经过审计,并包括下列内容:①指出构成整套财务报表的每张财务报表的名称;②提及财务报表附注;③指明财务报表的日期和涵盖的期间。财务报表是否按照适用的会计准则和相关会计制度的规定编制,是否在所有重大方面公允反映了被审计单位的财务状况、经营成果和现金流量。

(四)形成审计意见的基础

我们按照中国注册会计师审计准则的规定执行了审计工作。审计报告的"注册会计师对财务报表审计的责任"部分进一步阐述了我们在这些准则下的责任。按照中国注册会计师职业道德守则,我们独立于 ABC 股份有限公司,并履行了职业道德方面的其他责任。我们相信,我们获取的审计证据是充分、适当的,为发表审计意见提供了基础。

(五)管理层和治理层对财务报表的责任

管理层负责按照《企业会计准则》的规定编制财务报表,使其实现公允反映,并设计、执行和维护必要的内部控制,以使财务报表不存在由于舞弊或错误导致的重大错报。例如:在编制财务报表时,管理层负责评估 ABC 股份有限公司的持续经营能力,披露与持续经营相关的事项(如适用),并运用持续经营假设,除非计划清算 ABC 股份有限公司、停止营运或别无其他现实的选择。

(六)审计的责任

我们的目标是对财务报表整体是否不存在由于舞弊或错误导致的重大错报获取合理保证,并出具包含审计意见的审计报告。合理保证是高水平的保证,但并不能保证按照审计准则执行的审计在某一重大错报存在时总能发现。错报可能由于舞弊或错误导致,如果合理预期错报单独或汇总起来可能影响财务报表使用者依据财务报表作出的经济决策,则通常认为错报是重大的。

在按照审计准则执行审计的过程中,我们运用了职业判断,保持了职业怀疑。我们同时:

……(1)(2)(3)(4)(5)(略)

我们与治理层就计划的审计范围、时间安排和重大审计发现(包括我们在审计中识别的值得关注的内部控制缺陷)等事项进行沟通。

我们还就遵守关于独立性的相关职业道德要求向治理层提供声明,并就可能被合理认为影响我们独立性的所有关系和其他事项,以及相关的防范措施(如适用)与治理层进行沟通。

从与治理层沟通的事项中,我们确定哪些事项对本期财务报表审计最为重要,因而构成关键审计事项。我们在审计报告中描述这些事项,除非法律法规禁止公开披露这些事项或在极其罕见的情形下，如果合理预期在审计报告中沟通某事项造成的负面后果超过在公众利益方面产生的益处，我们确定不应在审计报告中沟通该事项。

（七）审计人员签名及盖章

审计报告应当由注册会计师签名并盖章。

（八）会计师事务所的名称、地址及盖章

（九）报告日期

审计报告的日期不应早于注册会计师获取充分、适当的审计证据（包括管理层认可对财务报表的责任且已批准财务报表的证据），并在此基础上对财务报表形成审计意见的日期。

审计意见类型及范例如下：

审计报告分为无保留意见审计报告及非无保留审计报告。非无保留意见的审计报告包括保留意见的审计报告、否定意见的审计报告和无法表示意见的审计报告。

一、无保留意见的审计报告

无保留意见是指当注册会计师认为财务报表在所有重大方面按照适用的财务报告编制基础编制并实现公允反映时发表的审计意见。如果认为财务报表在所有重大方面按照适用的财务报告编制基础编制并实现公允反映，注册会计师应当发表无保留意见。

如果认为财务报表符合下列所有条件，注册会计师应当出具无保留意见的审计报告：一是财务报表已经按照适用的会计准则和相关会计制度的规定编制，在所有重大方面公允反映了被审计单位的财务状况、经营成果和现金流量；二是注册会计师已经按照中国注册会计师审计准则的规定计划和实施审计工作，在审计过程中未受到限制。

无保留意见意见表述一般表述为：

"我们审计了 ABC 股份有限公司（以下简称'ABC 公司'）财务报表，包括 20×1 年 12 月 31 日的资产负债表，20×1 年度的利润表、现金流量表、股东权益变动表以及相关财务报表附注。

我们认为，后附的财务报表在所有重大方面按照《企业会计准则》的规定编制，公允反映了 ABC 公司 20×1 年 12 月 31 日的财务状况以及 20×1 年度的经营成果和现金流量。"

二、保留意见的审计报告

如果认为财务报表整体是公允的，但还存在下列情形之一，注册会计师应当出具保留意见的审计报告：一是会计政策的选用、会计估计的作出或财务报表的披露不符合适用的会计准则和相关会计制度的规定，虽影响重大，但不至于出具否定意见的审计报告；二是因审计范围受到限制，不能获取充分、适当的审计证据，虽影响重大，但不至于出具无法表示意见的审计报告。

当出具保留意见的审计报告时，注册会计师应当在审计意见段中使用"除……的影响外"等术语。如果因审计范围受到限制，注册会计师还应当在注册会计师的责任段中提及这一情况。

审计范围受到限制保留意见审计报告范例如下：

审计报告

ABC 股份有限公司全体股东：

我们审计了 ABC 股份有限公司（以下简称“ABC 公司”）财务报表，包括 2016 年 12 月 31 日的资产负债表，2016 年度的利润表、现金流量表、股东权益变动表以及相关财务报表附注。

一、保留意见

我们认为，除“形成保留意见的基础”部分所述事项产生的影响外，后附的财务报表在所有重大方面按照《企业会计准则》的规定编制，公允反映了 ABC 公司 2016 年 12 月 31 日的财务状况以及 2016 年度的经营成果和现金流量。

二、形成保留意见的基础

ABC 公司 2016 年 12 月 31 日资产负债表中存货的列示金额为×元。管理层根据成本对存货进行计量，而没有根据成本与可变现净值孰低的原则进行计量，这不符合《企业会计准则》的规定。ABC 公司的会计记录显示，如果管理层以成本与可变现净值孰低来计量存货，存货列示金额将减少×元。相应地，资产减值损失将增加×元，所得税、净利润和股东权益将分别减少×元、×元和×元。

我们按照中国注册会计师审计准则的规定执行了审计工作。审计报告的“注册会计师对财务报表审计的责任”部分进一步阐述了我们在这些准则下的责任。按照中国注册会计师职业道德守则，我们独立于 ABC 公司，并履行了职业道德方面的其他责任。我们相信，我们获取的审计证据是充分、适当的，为发表保留意见提供了基础。

三、关键审计事项

关键审计事项是根据我们的职业判断，认为对本期财务报表审计最为重要的事项。这些事项是在对财务报表整体进行审计并形成意见的背景下进行处理的，我们不对这些事项提供单独的意见。

四、管理层对财务报表的责任

按照《企业会计准则》和《××会计制度》的规定编制财务报表是 ABC 公司管理层的责任。这种责任包括：①设计、实施和维护与财务报表编制相关的内部控制，以使财务报表不存在由于舞弊或错误而导致的重大错报；②选择和运用恰当的会计政策；③作出合理的会计估计。

五、注册会计师的责任

我们的目标是对财务报表整体是否不存在由于舞弊或错误导致的重大错报获取合理保证，并出具包含审计意见的审计报告。合理保证是高水平的保证，但并不能保证按照审计准则执行的审计在某一重大错报存在时总能发现。错报可能由于舞弊或错误导致，如果合理预期错报单独或汇总起来可能影响财务报表使用者依据财务报表作出的经济决策，则通常认为错报是重大的。

在按照审计准则执行审计的过程中，我们运用了职业判断，保持了职业怀疑。我们同时：

……(1)(2)(3)(4)(5)(略)

我们与治理层就计划的审计范围、时间安排和重大审计发现(包括我们在审计中识别的值得关注的内部控制缺陷)等事项进行沟通。

我们还就遵守关于独立性的相关职业道德要求向治理层提供声明,并就可能被合理认为影响我们独立性的所有关系和其他事项,以及相关的防范措施(如适用)与治理层进行沟通。

从与治理层沟通的事项中,我们确定哪些事项对本期财务报表审计最为重要,因而构成关键审计事项。我们在审计报告中描述这些事项,除非法律法规禁止公开披露这些事项或在极其罕见的情形下,如果合理预期在审计报告中沟通某事项造成的负面后果超过在公众利益方面产生的益处,我们确定不应在审计报告中沟通该事项。

××会计师事务所(盖章)　　　　中国注册会计师:×××(签名并盖章)

中国××市　　　　　　　　　　中国注册会计师:×××(签名并盖章)

二〇一七年2月25日

六、否定意见的审计报告

如果认为财务报表没有按照适用的会计准则和相关会计制度的规定编制,未能在所有重大方面公允反映被审计单位的财务状况、经营成果和现金流量,注册会计师应当出具否定意见的审计报告。注册会计师应当在审计意见段中使用"由于上述问题造成的重大影响""由于受到前段所述事项的重大影响"等术语。如:

我们认为,由于受到前段所述事项的重大影响,ABC公司财务报表没有按照《企业会计准则》和《××会计制度》的规定编制,未能在所有重大方面公允反映ABC公司20×1年12月31日的财务状况以及20×1年度的经营成果和现金流量。

七、无表示意见的审计报告

如果审计范围受到限制可能产生的影响非常重大和广泛,不能获取充分、适当的审计证据,以至于无法对财务报表发表审计意见,注册会计师应当出具无法表示意见的审计报告。如:

我们不对后附的ABC公司财务报表发表审计意见。由于"形成无法表示意见的基础"部分所述事项的重要性,我们无法获取充分、适当的审计证据,以作为对财务报表发表审计意见的基础。

无法表示意见的审计报告范例如下:

审计报告

ABC股份有限公司全体股东:

(一)无法表示意见

我们接受委托,审计ABC股份有限公司(以下简称"ABC公司")财务报表,包括2016年12月31日的资产负债表,2016年度的利润表、现金流量表、股东权益变动表以及相关财务报表附注。

我们不对后附的 ABC 公司财务报表发表审计意见。由于“形成无法表示意见的基础”部分所述事项的重要性,我们无法获取充分、适当的审计证据以作为对财务报表发表审计意见的基础。

(二)形成无法表示意见的基础

我们于 2017 年 1 月接受 ABC 公司的审计委托,因而未能对 ABC 公司 2016 年年初金额为×元的存货和年末金额为×元的存货实施监盘程序。此外,我们也无法实施替代审计程序获取充分、适当的审计证据。并且,ABC 公司于 2016 年 9 月采用新的应收账款电算化系统,由于存在系统缺陷导致应收账款出现大量错误。截至报告日,管理层仍在纠正系统缺陷并更正错误,我们也无法实施替代审计程序,以对截至 2016 年 12 月 31 日的应收账款总额×元获取充分、适当的审计证据。因此,我们无法确定是否有必要对存货、应收账款以及财务报表其他项目作出调整,也无法确定应调整的金额。

(三)管理层和治理层对财务报表的责任……

(四)注册会计师对财务报表审计的责任……

八、带强调事项的审计报告

审计报告的强调事项段是指审计报告中含有的一个段落,该段落提及已在财务报表中恰当列报或披露的事项,根据注册会计师的职业判断,该事项对财务报表使用者理解财务报表至关重要。

如果认为有必要提醒财务报表使用者关注已在财务报表中列报或披露,且根据职业判断认为对财务报表使用者理解财务报表至关重要的事项,在同时满足下列条件时,注册会计师应当在审计报告中增加强调事项段:该事项不会导致注册会计师发表非无保留意见;该事项未被确定为在审计报告中沟通的关键审计事项。

某一事项未被确定为关键审计事项(该事项未被重点关注过),但根据注册会计师的判断,其对财务报表使用者理解财务报表至关重要(如期后事项)。如果注册会计师认为有必要提请财务报表使用者关注该事项,根据审计准则的规定,该事项将包含在审计报告的强调事项段中。

带强调事项的审计报告举例:

审计报告

(一)保留意见

(二)形成保留意见的基础

(三)强调事项—火灾的影响

我们提醒财务报表使用者关注,财务报表附注×描述了火灾对 ABC 公司的生产设备造成的影响。本段内容不影响已发表的审计意见。

…………

【实训案例】

上海理想会计师事务所的注册会计师 X 和 Y 于 2018 年 12 月 20 日接受对 A 股份有限公司 2018 年的年报进行审计。注册会计师 X 和 Y 于 2019 年 1 月 8 日进驻被审计单位,2019 年 2 月 28 日完成了外勤工作,按审计业务约定书的要求,应于 2019 年 3 月 2 日提交审计报告。被审计单位 2018 年 12 月 31 日的资产总额为 18 000 万元,该年度的利润总额为 1 000 万元。要求:

(1)若以资产总额和利润额为判断基础,采用固定比率法,假定资产总额和利润额的固定百分比分别为 0.5% 和 5%。请确定 A 股份有限公司 2018 年度会计报表层的重要性水平。

(2)假定注册会计师未曾观察客户的存货盘点,又无其他程序可以替代,注册会计师应提出何种处理意见?

(3)假定被审计年度公司变更了固定资产折旧方法,由原来的快速折旧变为直线折旧,对此不愿在会计报表附注中披露(公司 2004 年年折旧额为 400 万元,若按年数总和法计算应提折旧额为 440 万元)。请补充下列审计报告的“形成保留审计意见的基础”段和“意见段”。

【实训解析】

(1)以资产总额为判断基础,采用固定比率法,计算的重要性水平为:18 000 万元 × 0.5% =90 万元。以利润额为判断基础,采用固定比率法计算的重要性水平为 1 000 万元 ×5% =50 万元。A 股份有限公司 2018 年度会计报表层的重要性水平为 50 万元。

(2)注册会计师未曾观察客户的存货盘点,又无其他程序可以替代,属于审计范围受到重大限制,注册会计师应考虑该事项对会计报表的影响程度分别出具保留意见或无法表示意见的审计报告。

(3)补充形成保留审计意见的基础及意见段。

A 股份有限公司 2018 年变更了固定资产折旧方法,由原来的快速折旧变为直线折旧。若按原年数总和法计算公司 2018 年年折旧额为 440 万元,变为按直线法计算公司 2018 年年折旧额为 400 万元,由于变更影响利润 40 万元,A 股份有限公司未在会计报表附注中披露。我们按照中国注册会计师审计准则的规定执行了审计工作。审计报告的“注册会计师对财务报表审计的责任”部分进一步阐述了我们在这些准则下的责任。按照中国注册会计师职业道德守则,我们独立于 ABC 公司,并履行了职业道德方面的其他责任。我们相信,我们获取的审计证据是充分、适当的,为发表保留意见提供了基础。

补充意见段:

我们审计了甲股份有限公司(以下简称甲公司)财务报表,包括 2018 年 12 月 31 日的资产负债表,2018 年度的利润表、现金流量表、股东权益变动表以及财务报表附注。我们认为,除“形成保留意见的基础”部分所述事项产生的影响外,后附的财务报表在所有重大方面按照《企业会计准则》的规定编制,公允反映了 ABC 公司 2018 年 12 月 31 日的财务状况以及 2018 年度的经营成果和现金流量。

第二节　完成阶段审计工作底稿编制

一、管理层声明书

管理层声明书范本如下：

管理层声明书

XYZ会计师事务所并ABC注册会计师：

本公司已委托贵事务所对本公司2018年12月31日的资产负债表，2018年度的利润表以及财务报表附注进行审计，并出具审计报告。为配合贵事务所的审计工作，本公司作出如下声明：

关于财务报表

1. 本公司承诺，按照《企业会计准则》的规定编制财务报表是我们的责任。

2. 本公司已按照《企业会计准则》的规定编制2018年度财务报表，财务报表的编制基础与上年度保持一致，本公司管理层对上述财务报表的真实性、合法性和完整性承担责任。

3. 设计、实施和维护内部控制，保证本公司资产安全和完整，防止或发现并纠正错报，是本公司管理层的责任。

4. 本公司承诺财务报表不存在重大错报。贵事务所在审计过程中发现的未更正错报，无论是单独还是汇总起来，对财务报表整体均不具有重大影响。未更正错报汇总(见附件)附后。本公司就已知的全部事项，作出如下声明：

关于信息的完整性

5. 本公司已向贵事务所提供了：

(1)全部财务信息和其他数据；

(2)全部重要的决议、合同、章程、纳税申报表等相关资料；

(3)全部股东会和董事会的会议记录。

关于确认、计量和列报

6. 本公司所有经济业务均已按规定入账，不存在账外资产或未计负债。

7. 本公司认为所有与公允价值计量相关的重大假设是合理的，恰当地反映了本公司的意图和采取特定措施的能力；用于确定公允价值的计量方法符合《企业会计准则》的规定，并在使用上保持了一贯性；本公司已在财务报表中对上述事项作出恰当披露。

8. 本公司不存在导致重述比较数据的任何事项。

9. 本公司已提供所有与关联方和关联方交易相关的资料，并已根据《企业会计准则》的规定恰当披露了所有重大关联方交易。

10. 本公司已提供全部或有事项的相关资料。除财务报表附注中披露的或有事项外，本公司不存在其他应披露而未披露的诉讼、赔偿、背书、承兑、担保等或有事项。

11. 除财务报表附注披露的承诺事项外，本公司不存在其他应披露而未披露的承诺事项。

12. 本公司不存在未披露的影响财务报表公允性的重大不确定事项。

13. 本公司已采取必要措施防止或发现舞弊及其他违反法规行为，不存在对财务报表产生重大影响的舞弊和其他违反法规行为。

14. 本公司严格遵守了合同规定的条款，不存在因未履行合同而对财务报表产生重大影响的事项。

15. 本公司对所有资产均拥有合法权利，除已披露事项外，无其他被抵押、质押资产。

16. 本公司编制财务报表所依据的持续经营假设是合理的，没有计划终止经营或破产清算。

17. 本公司已提供全部资产负债表日后事项的相关资料，除财务报表附注中披露的资产负债表日后事项外，本公司不存在其他应披露而未披露的重大资产负债表日后事项。

18. 本公司管理层确信：

(1)未收到监管机构有关调整或修改财务报表的通知；(2)无税务纠纷。

注册会计师认为重要而需声明的事项，或者管理层认为必要而声明的事项。如：

南宁市骏业高温材料有限责任公司

法定代表人(梁丰明)　　财务负责人(卫涓涓)

二〇一九年二月十日

附件：

表 8-1　未更正错报汇总

未更正错报事项		借方	贷方	利润表影响增加/(减少)	
1	应收账款	184 017.60		增加	减少
	主营业务收入		157 280.00	157 280.00	
	应交税费——应交增值税(销项税额)		26 737.6		
2	主营业务成本	64 387.34			64 387.34
	库存商品		64 387.34		
3	应收账款	140 400			
	主营业务收入		120 000	120 000	
	应交税费——应交增值税(销项税额)		20 400		
4	主营业务成本	47 240.54			47 240.54
	库存商品		47 240.54		
5	应收账款	193 752			
	以前年度损益调整		165 600	165 600	
	应交税费——应交增值税(销项税额)		28 152		

表8－1(续)

未更正错报事项		借方	贷方	利润表影响增加/(减少)	
6	以前年度损益调整	54 648			54 648.00
	应交税费——应交所得税		54 648		
7	以前年度损益调整	110 952			110 952.00
	利润分配——未分配利润		110 952		
8	应交税费——应交增值税——转出未交增值税	28 152			
	应交税费——未交增值税		28 152		
9	资产减值损失	4 181.35			4 181.35
	坏账准备		4 181.35		
10	管理费用	277.28			277.28
	应交税费——应交防洪保安费		277.28		
11	应交税费——应交增值税——转出未交增值税	47 137.6			
	应交税费——未交增值税		47 137.6		
12	所得税费用	66 033.83			66 033.83
	应交税费——所得税费用		66 033.83		
13	其他应收款	16.95			
	库存现金		16.95		
14	累计折旧	27 265.87			
	制造费用	57 460			
	管理费用		84 725.87	84 725.87	
15	生产成本	57 460			
	制造费用		57 460		
16	库存商品	57 460			
	生产成本		57 460		
17	在建工程	13 900			
	财务费用		13 900	13 900	
18	应缴税费——增值税(进项税额)	69 790.33			
	固定资产		69 790.33		
19	固定资产——运输工具	51 625			
	管理费用		51 625	51 625	
20	资本公积——其他	14 453.77			
	应付账款		14 453.77		

表8－1(续)

未更正错报事项		借方	贷方	利润表影响增加/(减少)	
21	应收账款	14 453.77			
	营业外收入		14 453.77	14 453.77	
22	原材料	98 960.4			
	应付账款		98 960.4		
23	管理费用	5 588			5 588.00
	制造费用		5 588		
24	制造费用	48 524.51			
	销售费用		48 524.51	48 524.51	
25	生产成本	48 524.51			
	制造费用		48 524.51		
26	库存商品	48 524.51			
	生产成本		48 524.51		
27	主营业务收入	277 280.00			
	营业外收入	14 453.77			
	管理费用	130 485.59			
	财务费用	13 900.00			
	销售费用	48 524.51			
	主营业务成本		111 627.88		
	资产减值准备		4 181.35		
	所得税费用		66 033.83		
	本年利润		302 800.81		
28	本年利润	302 800.81			
	利润分配——未分配利润		302 800.81		
29	利润分配——未分配利润	30 280.08			
	盈余公积		30 280.08		
合计:		2 372 911.92	2 372 911.92	656 109.15	353 308.34
本公司经考虑认为,上述差异对公司净利润会产生重大影响,全部予以调整					

二、审计差异调整表

(一)调整分录汇总表

审计差异汇总表——调整分录汇总表见表8－2。

表 8-2 审计差异汇总表—调整分录汇总表

被审计单位:ABC 有限责任公司　　日期:2019. 3. 1　　索引号:J1-1

会计期间或截止日:2018. 12. 31　　日期:2019. 3. 2　　页次:

索引号	调整原因		调整科目	资产负债表(金额)		损益表(金额)		被审计单位调整情况及未调整原因
				借方	贷方	借方	贷方	
S1-2	主营业务收入审计时,检查截止测试时发现 184 017.6 元。属于会计差错	1	应收账款	184 017.60				调整
			主营业务收入				157 280.00	调整
			应交税费——应交增值税(销项税额)		26 737.60			调整
		2	主营业务成本			64 387.34		调整
			库存商品		64 387.34			调整
	在主营业务收入完整性审计时发现少计应收账款 140 400 元。属于会计差错	3	应收账款	140 400.00				调整
			主营业务收入				120 000.00	调整
			应交税费——应交增值税(销项税额)		20 400.00			调整
		4	主营业务成本			47 240.54		调整
			库存商品		47 240.54			调整
	上年度审计中发现少计的应收账款并未补记 193 752 元。属于会计差错	5	应收账款	193 752.00				调整
			以前年度损益调整				165 600.00	调整
			应交税费——应交增值税(销项税额)		28 152.00			调整
		6	以前年度损益调整			54 648.00		调整
			应交税费——应交所得税		54 648.00			调整
		7	以前年度损益调整			110 952.00		调整
			利润分配——未分配利润		110 952.00			调整
		8	应交税费——应交增值税——转出未交增值税	28 152.00				调整
			应交税费——未交增值税		28 152.00			调整
S2-5	应收账款影响坏账准备调整分录,属于会计差错更正	9	资产减值损失			4 181.35		调整
			坏账准备		4 181.35			调整

表8－2(续)

索引号	调整原因		调整科目	资产负债表(金额)		损益表(金额)		被审计单位调整情况及未调整原因
				借方	贷方	借方	贷方	
S4－4	被审计单位主营业务收入审核数与账面不一致,产生少计提防洪保安费277.28。补提分录。在对主营业务进行审计过程中发现截止测试中有跨期推迟记账的情况,应把主营业务收入计入2009年,在审查主营业务收入的完整性时发现一笔销售没有记录,补提进行记账,影响的应交税费——增值税(销项)金额调增加47 137.6元。计算所得税发现所得税计算错误,少计算金额66 033.83元。属于应交税费差错更正	10	管理费用			277.28		调整
			应交税费——应交防洪保安费		277.28			调整
		11	应交税费——应交增值税——转出未交增值税	47 137.60				调整
			应交税费——未交增值税		47137.60			调整
		12	所得税费用			66 033.83		调整
			应交税费——所得税费用		66 033.83			调整
A1－6	盘亏了16.95元。经检查是由于出纳人员的过失导致的,属于会计差错更正	13	其他应收款	16.95				调整
			库存现金		16.95			调整
D4－2	多计提累计折旧27 265.87元,属于会计差错更正	14	累计折旧	27 265.87				调整
			制造费用	57 460.00				调整
			管理费用				84 725.87	调整
	折旧计提错误影响生产成本和库存商品金额,做调整分录,属于会计差错更正	15	生产成本	57 460.00				调整
			制造费用				57 460.00	调整
		16	库存商品	57 460.00				调整
			生产成本		57 460.00			调整
D8－5	应付账款查出会计分录做错,冲销分录,属于会计差错更正	17	资本公积——其他	14453.77				调整
			应付账款		14 453.77			调整
		18	应收账款	14 453.77				调整
			营业外收入				14 453.77	调整
	2010年一笔料到单未到业务的暂估入账,属于会计差错	19	原材料	98 960.40				调整
			应付账款		98 960.40			调整

表8-2（续）

索引号	调整原因		调整科目	资产负债表（金额）借方	资产负债表（金额）贷方	损益表（金额）借方	损益表（金额）贷方	被审计单位调整情况及未调整原因
S4-12-3	根据被审计单位的四个循环的审计结果，汇总所有影响损益的调整分录，对损益表进行调整，汇总的证据在汇总调整分录表中。通过审计被审计单位的所得税费用增加65 908.43元。净利润增加251 175.81元。最终增加利润分配——未分配利润金额为226 058.23元，增加盈余公积25 117.58元。属于会计差错更正。	20	主营业务收入			277 280.00		调整
			营业外收入			14 453.77		调整
			管理费用			130 485.59		调整
			财务费用			13 900.00		调整
			销售费用			48 524.51		调整
			主营业务成本				111 627.88	调整
			资产减值准备				4 181.35	调整
			所得税费用				66 033.83	调整
			本年利润		302 800.81			调整
		21	本年利润	302 800.81				调整
			利润分配——未分配利润		302 800.81			调整
		22	利润分配——未分配利润	30 280.08				调整
			盈余公积		30 280.08			调整
D4-2	本年度11月、12月二期工程没有完工或非正常性中断，仍要计提利息，但被审计单位11月、12月把长期借款的利息计入财务费用，属于会计分类错误	1	在建工程	13 900.00				调整
			财务费用				13 900.00	调整
D4-2	被审计单位购进机器设备属于生产型设备，可以抵扣增值税，被审计单位没有做抵扣，计入固定资产中，属于会计分类错误	2	应交税费——应交增值税（进项税额）	69 790.33				调整
			固定资产		69 790.33			调整
	运输工具费用归类错误，入户、检测费用直接计入管理费用，应该计入固定值产，做调整分录	3	固定资产	51 625.00				调整
			管理费用				51 625.00	调整

表8 - 2(续)

索引号	调整原因		调整科目	资产负债表(金额)		损益表(金额)		被审计单位调整情况及未调整原因
				借方	贷方	借方	贷方	
E5 - 1	被审计单位的制造费用归集错误,车间的机械维修费不计入制造费用计入管理费用,属于会计分类错误,调减制造费用5 588元	4	管理费用			5 588		调整
			制造费用		5 588.00			调整
	在销售费用中出现生产领用包装物的分类错误	5	制造费用	48 524.51				调整
			销售费用				48 524.51	调整
		6	生产成本			48 524.51		调整
			制造费用				48 524.51	调整
		7	库存商品	48 524.51				调整
			生产成本				48 524.51	调整
合 计				1 486 435.20	1 380 450.68	886 476.72	992 461.23	
被审计单位代表:	梁丰明							
项目负责人:	王永燕							
双方签字:								
√:被审计单位接受调整建议								

(二)重分类分录汇总表

重分类分录汇总表见表8 - 3。

表8 - 3　重分类分录汇总表

被审计单位:ABC有限责任公司　　日期:2019. 3. 2　　索引号:J1 - 2

会计期间或截止日:2018. 12. 31　　日期:2019. 3. 3　　页次:

序号	索引号	调整原因	调整科目	资产负债表(金额)		损益表(金额)		被审计单位调整情况及未调整原因
				借　方	贷　方	借　方	贷　方	
合计								

表8－3(续)

序号	索引号	调整原因	调整科目	资产负债表（金额）		损益表（金额）		被审计单位调整情况及未调整原因
				借　方	贷　方	借　方	贷　方	
被审计单位代表：		梁丰明						
项目负责人：		王永燕						
双方签字：								
√：被审计单位接受调整建议								

(三)未调整不符事项汇总表

未调整不符事项汇总表见表8－4。

表8－4　未调整不符事项汇总表

被审计单位名称：ABC有限责任公司　　编制人：王永燕　　日期：2019/2/28　　索引号：
会计期间或截止日：　　复核人：　　日期：　　页次：

序号	索引号	调整原因	调整科目	资产负债表(金额)		损益表(金额)		备注
				借方	贷方	借方	贷方	
合　计								

未予调整的影响

	分子		分母	百分比
1.净利润	________	（影响利润）	________	（审定净利润）
2.净资产	________	（影响净资产）	________	（审定净资产）
3.资产负债表	________	（影响某项目）	________	（该项目）

审计结论：	
被审计单位代表：	参加人员：
项目负责人：	审计人员：
双方签字：	签字日期：
×：被审计单位可以不接受调整建议	

(四)审计差异调整汇总表

审计差异调整汇总表见表8－5。

表8-5 审计差异调整汇总表

被审计单位:ABC有限责任公司 编制人李四 日期:2019.3.1

会计期间或截止日:2018.12.31 日期:2019.3.2

项目	序号	年末数(未审数)	调整数	重分类数	审定数
流动资产:	1				
货币资金	2	1 486 899.39	-16.95		1 486 882.44
交易性金融资产	3				0
应收票据	4				0
应收股利	5				0
应收利息	6				0
应收账款	7	1 871 228.14	528 442.02		2 399 670.16
其他应收款	8	18 100.00	16.95		18 116.95
预付账款	9	85 000.00			85 000.00
存　货	10	508 135.18	87 729.03		595 864.21
一年内到期的非流动资产	11				0
其他流动资产	12	28 966.22			28 966.22
流动资产合计	13	3 998 328.93	616 171.05		4 614 499.98
非流动资产:	14				
长期股权投资	15				
其他债权投资	16				
债权投资	17				
长期应收款	18				
投资性房地产	19				
固定资产	20	11 544 657.20	9 100.54		11 553 757.74
工程物资	21				0
在建工程	22	3 839 700.00	13 900.00		3 853 600.00
固定资产清理	23				0
生产性生物资产	24				0
油气资产	25				0
无形资产	26	1 184 102.58			1 184 102.58
商誉	27				0
长期待摊费用	28	65 098.19			65 098.19
递延所得税资产	29				0
其他非流动资产	30				0

表8－5(续)

项目	序号	年末数(未审数)	调整数	重分类数	审定数
非流动资产合计	31	16 633 557.97	23 000.54		16 656 558.51
资产总计	32	20 631 886.9	639 171.59		21 271 058.49
流动负债:	33				
短期借款	34				
交易性金融负债	35				
应付票据	36				
应付账款	37	450 963.40	113 414.17		564 377.57
预收账款	38	218 000.00			218 000.00
应付职工薪酬	39	16 870.58			16 870.58
应付股利	40	390 000.00			390 000.00
应付利息	41	20 850.00			20 850.00
应交税费	42	219 450.66	126 458.38		345 909.04
其他应付款	43	99 646.17			99 646.17
预计负债	44				0
一年内到期的非流动负债	45				0
其他流动负债	46				0
流动负债合计	47	1 415 780.81	239 872.55		1 655 653.36
非流动负债:	48				
长期借款	49	1 500 000.00			1 500 000.00
应付债券	50				0
长期应付款	51				0
专项应付款	52				0
递延所得税负债	53				0
其他非流动负债	54				0
非流动负债合计	55	1 500 000.00			1 500 000.00
负债总计	56	2 915 780.81	239 872.55		3 155 653.36
所有者权益(或股东权益)	57				
实收资本(或股本)	58	14 000 000.00			
资本公积	59	514 453.77	－14 453.77		
减:库存股	60				
盈余公积	61	693 247.85	30 280.08		

表8-5(续)

项目	序号	年末数(未审数)	调整数	重分类数	审定数
未分配利润	62	2 508 404.47	383 472.73		
所有者权益合计	63	17 716 106.09	399 299.04		
负债和所有者权益(或股东权益)总计	64	20 631 886.90	639 171.59		21 271 058.49
利润表					
2019 年度					
单位:南宁骏业					
项目	行数	未审定数	调整数	重分类数	审定数
一、营业收入	1	9 432 580.00	277 280.00		9 709 860.00
减:营业成本	2	3 833 347.99	111 627.88		3 944 975.87
税金及附加	3	121 932.60			121 932.60
销售费用	4	132 522.28	-48 524.51		83 997.77
管理费用	5	3 317 816.27	-130 485.59		3 187 330.68
财务费用	6	18 410.75	-13 900.00		4 510.75
资产减值损失	7	100 041.86	4 181.35		104 223.21
加:公允价值变动收益(损失以"-"号填列)	8				0
投资收益(损失以"-"填列)	9	38 960.00			38 960.00
其中:对联营企业和合营企业的投资收益	10				0
二、营业利润(亏损以"-"号填列)	11	1 947 468.25			2 301 849.12
加:营业外收入	12	9 899.48	14 453.77		24 353.25
减:营业外支出	13	6 180.00			6 180.00
加:以前年度损益调整	14	0	0		0
三、利润总额	15	1 951 187.73			2 320 022.37
减:所得税费用	16	691 675.79	66 033.83		757 709.62
四、净利润	17	1 259 511.94			1 562 312.75

三、与客户交换意见书

与客户交换意见书见表8-6。

表 8-6　与客户交换意见书

<table>
<tr><td colspan="2">客户:ABC 有限责任公司</td><td>签名</td><td>日期</td><td>索引号</td><td>J1-8</td></tr>
<tr><td>项目:与客户交换意见书</td><td>编制人</td><td>李四</td><td>2019.03.11</td><td rowspan="2">页次</td><td rowspan="2"></td></tr>
<tr><td>会计期间:2018.01.01—2018.12.31</td><td>复核人</td><td>张三</td><td>2019.03.11</td></tr>
<tr><td colspan="2">委托方参加人员:
覃菁　总经理
黎福林　副总经理
卫涓涓　财务部经理</td><td colspan="4">受托方参加人员:
王永燕　项目负责人
陈筱宁　注册会计师
杨淞惠　注册会计师
邹维叶　注册会计师</td></tr>
<tr><td colspan="2">检查中发现的问题及处理意见</td><td colspan="4">与委托方交换后的处理意见</td></tr>
<tr><td colspan="2">发现的问题:1.内部凭证管理混乱　2.仍存在少计收入的问题　3.应交税费计算错误　4.内部控制相对完善,但仍存在漏洞
处理意见:对相关账户进行调整,加强内部凭证的管理,对少计收入导致的应交税费的减少进行调整,进一步完善内部控制。</td><td colspan="4">委托方同意对所发现的未调整事项进行调整,并进一步完善内部控制,对少计的应交税费进行调整并补缴。</td></tr>
</table>

委托方代表签名:覃菁　　　　受托方代表签名:王永燕

2019 年 3 月 13 日　　　　2019 年 3 月 13 日

四、重要审计事项完成核对表

重要审计事项完成核对表见表 8-7。

表 8-7　重要审计事项完成核对表

<table>
<tr><td colspan="3">客户:ABC 有限责任公司</td><td>签名</td><td>日期</td><td>索引号</td><td>J1-8</td></tr>
<tr><td colspan="2">项目:重要审计事项完成核对表</td><td>编制人</td><td>李四</td><td>2019-03-12</td><td rowspan="2">页次</td><td rowspan="2"></td></tr>
<tr><td colspan="2">会计期间:2018.01.01—2018.12.31</td><td>复核人</td><td>张三</td><td>2019-03-13</td></tr>
<tr><td rowspan="2">项目</td><td colspan="2">完成情况</td><td colspan="3">说明</td><td>索引号</td></tr>
<tr><td>完成</td><td>未完成</td><td colspan="3"></td><td></td></tr>
<tr><td>审计业务约定书</td><td>√</td><td></td><td colspan="3"></td><td>A3</td></tr>
<tr><td>审计总体计划和具体计划</td><td>√</td><td></td><td colspan="3"></td><td>B1</td></tr>
<tr><td>内部控制制度调查</td><td>√</td><td></td><td colspan="3"></td><td>A6</td></tr>
<tr><td>确定的截止性测试项目</td><td></td><td>√</td><td colspan="3">在对各会计科目进行审计时,进行截止性测试</td><td></td></tr>
<tr><td>存货监盘或抽盘</td><td>√</td><td></td><td colspan="3"></td><td>E1-16</td></tr>
<tr><td>固定资产抽盘</td><td>√</td><td></td><td colspan="3"></td><td>D4-4</td></tr>
</table>

表8－7(续)

应收账款函证	√			S1－4－1－15
上年审计调整事项处理审查	√		被审计单位在2009年的财务报表中未进行调整,经审计后,予以调整	
期后事项财务影响评价	√		对应收账款及存货进行了期后事项审计	S1－6. E1－15
或有损失财务影响评价		√	对被审计单位不适用	
获取被审计单位声明书	√			F1－1
审阅重要的董事会记录		√	不适用	
审计工作总结	√			
审计工作底稿复核	√		在各项目完成时,项目负责人对相关工作进行复核	

五、最终质量控制审计工作底稿

最终质量控制审计工作底稿见表8－8。

表8－8　最终质量控制审计工作底稿

客户:ABC有限责任公司				签名	日期	索引号	J1－9
项目:			编制人	李四	2019. 03. 13	页次	
会计期间:2018. 01. 01—2018. 12. 31			复核人	张三	2019. 03. 14		
内容		是(Y)	否(N)	不适用(N/A)	原因		
1.	检查会计报表,是否发现一些与以前相比发生重大变化没有得到充分解释?		N				
2.	盈利比率或流动性比率是否恶化?如果出现恶化现象,原因何在?		N				
3.	应收账款周转率、存货周转率或资产周转率是否恶化?如果出现恶化现象,原因何在?		N				
4.	是否存在违背债务合同的情况?		N				
5.	是否存在税务纠纷或者应交税费尚未缴纳?	Y					
6.	在审计过程中,审计信息获取、审计范围受限或其他一些问题是否与客户管理人员的正直或诚实有关?		N				

表8－8(续)

内容		是(Y)	否(N)	不适用(N/A)	原因		
7.	考虑客户所处行业的性质、管理人员的工作经验和内部控制、财务控制和经营控制的质量,已审计会计报表中存在重要错误的风险是否很高?		N				
8.	是否有监管部门将会使用这些会计报表?			N/A			
9.	是否因为发生了牵涉新股东或新债权人的重组业务而要求提供会计报表?			N/A			
10.	会计师事务所向客户提供的其他任何服务是否影响审计质量或审计人员的独立性?		N				
11.	是否存在其他可能导致审计人员丧失独立性的原因?						
12.	客户是否对某些披露有争议?如果有,是什么问题?		N				
13.	所有的询问记录是否都已处理?	Y					
14.	审计小组是否了解客户经营的业务?	Y					
15.	审计人员是否完成了适当的审计程序,以发现可能导致重要错误的差错和舞弊?	Y					
16.	所有底稿的形成是否履行了独立审计准则?	Y					
17.	审计工作是否符合会计师事务所的质量要求?	Y					
18.	根据会计师事务所负责最终审核的合伙人(主任会计师)的意见,审计报告是否正确陈述了审计小组得出的审计结论?如果没有,审计报告中应当说明什么?	Y					

六、复核及批准汇总表

复核及批准汇总表见表8－9。

表 8－9　复核及批准汇总表

<table>
<tr><td colspan="2">客户:ABC 有限责任公司</td><td>签名</td><td>日期</td><td>索引号</td><td>J1－10</td></tr>
<tr><td>项目:复核及批准汇总表</td><td>编制人</td><td>李四</td><td>2019. 03. 15</td><td rowspan="2">页次</td><td rowspan="2"></td></tr>
<tr><td>会计期间:2018. 01. 01—2018. 12. 31</td><td>复核人</td><td>张三</td><td>209. 03. 15</td></tr>
<tr><td colspan="4">由项目经理完成:</td><td>是(Y)/否(N)</td><td></td></tr>
<tr><td colspan="4">1. 公司(包括子公司、合营企业及联营公司)的审计范围是否完全没有受到限制?</td><td colspan="2">Y</td></tr>
<tr><td colspan="4">2. 审计工作是否按照执业规程执行?</td><td colspan="2">Y</td></tr>
<tr><td colspan="4">3. 对所有重要项目是否实施了适当的测试,支持在审计报告书中对会计报表提出意见?</td><td colspan="2">Y</td></tr>
<tr><td colspan="4">4. 工作底稿内是否包括所有已完成工作的详细说明并作出结论?</td><td colspan="2">Y</td></tr>
<tr><td colspan="4">5. 在执行审计工作时,对重大的或未决的会计及审计事项的备忘录(包括子公司、合营企业及联营公司)是否已在重大事项请示报告工作底稿上列示?</td><td colspan="2">不适用</td></tr>
<tr><td colspan="4">6. 是否撰拟了审计小结?</td><td colspan="2">Y</td></tr>
<tr><td colspan="4">7. 如果回答“否”,应在重大事项请示报告工作底稿中予以说明。
签名:李四　　　　级别:　　　　日期:2013. 03. 15</td><td colspan="2"></td></tr>
<tr><td colspan="4">主任会计师(合伙人)声明:
我已仔细阅读了审计报告及已审会计报表未定稿、审计计划、审计小结、重大问题请示汇报,并且对本次审计工作中我认为必要的其他问题进行了检查和讨论。根据以上复查,除受到我在重大事项请示报告工作底稿中说明的事项外,我支持发出审计报告表。
签名:陈筱宁　　　　日期:2019. 03. 15</td><td colspan="2"></td></tr>
<tr><td colspan="4">发出审计报告的最后批准:
董事会或管理当局已采纳已审计会计报表,适当的声明书已收到,期后事项的检查也已执行,其他未决事项也已全部澄清,对此我表示满意。
签名:　　　　日期</td><td colspan="2"></td></tr>
</table>

七、审计工作总结工作底稿

审计工作总结工作底稿见表 8－10。

表 8－10 审计工作总结工作底稿

<table>
<tr><td colspan="2">客户:ABC 有限责任公司</td><td>签名</td><td>日期</td><td>索引号</td><td>J1－11</td></tr>
<tr><td>项目:审计工作总结</td><td>编制人</td><td>李四</td><td>209.03.14</td><td rowspan="2">页次</td><td rowspan="2"></td></tr>
<tr><td>会计期间:2018.01.01—2018.12.31</td><td>复核人</td><td>张三</td><td>2019.03.14</td></tr>
<tr><td colspan="6">(一)审计情况:我们于 2019 年 1 月 5 日接受了南宁骏业的审计业务,对其 2018 年 12 月 31 日的资产负债表、2018 年的利润表进行审计,通过对被审计单位的内部控制情况及基本情况的了解,对其相关科目的横向纵向及比率分析,再结合被审计单位的实际情况,确定了被审计单位的重点审计对象,并设计了其审计程序,在审计过程中我们严格按照审计准则的要求进行审计,在规定的日期内完成了审计工作。
(二)审计中发现的主要问题及情况:被审计单位仍存在少计收入的情况,因此导致应收账款及应交税费的少计;被审计单位内部凭证管理混乱,导致许多科目的账户记录没有证据支持。
(三)我们的意见:被审计单位应调整 2019 年收入,相应地调整应收账款、应交税费,完善内部对相关原始凭证的管理,进一步完善内部控制。
(四)审计结论:被审计单位对相关账户进行了调整。
签字:王永燕</td></tr>
<tr><td colspan="6">部门经理意见:应对注册会计师审计的相关账户进行调整。
签字:卫涓涓</td></tr>
<tr><td colspan="6">总监意见:同意对相关账户进行调整。
签字:谭吉吉</td></tr>
<tr><td colspan="6">董事会或管理当局已采纳已审会计报表,适当的声明书已收到,期后事项的检查也已执行,其他未决事项也已全部澄清,对此我表示满意。
签名: 日期:</td></tr>
</table>

八、审计报告工作底稿

审计报告工作底稿范例如下:

审计报告

ABC 有限责任公司全体股东:

我们审计了后附的 ABC 有限责任公司(简称南宁骏业)财务报表,包括 2018 年 12 月 31 日的资产负债表、2018 年的利润表以及财务报表附注。

一、管理层对财务报表的责任

编制和公允列报是南宁骏业管理层的责任,这种责任包括:①按照《企业会计准则》的规定编制财务报表,并使其实现公允反映;②设计、执行和维护必要的内部控制,以使财务报表不存在由于舞弊或错误导致的重大错报。

二、注册会计师的责任

我们的责任是在实施审计工作的基础上对财务报表发表审计意见。我们按照中国注册会计师审计准则的规定执行了审计工作。中国注册会计师准则要求我们遵守职业道德守则,计划和实施审计工作以对财务报表是否不存在重大错报获取合理保证。

审计工作涉及实施审计程序,以获取有关财务报表金额和披露的审计证据。选择的审计程序取决于注册会计师的判断，包括对由于舞弊和错误导致的财务报表重大错报风险的评估。在进行风险评估时，注册会计师考虑与财务报表编制和列报相关的内部控制，以设计恰当的审计程序，但目的并非对内部控制的有效性发表审计意见。审计工作还包括对管理层选用会计政策的恰当性和作出会计估计的合理性，以及评价财务报表的总体列报。

我们相信，我们获取的审计证据是充分的、适当的，为发表审计意见提供了基础。

三、审计意见

我们认为，南宁骏业财务报表在所有重大方面按照《企业会计准则》的规定编制，公允反映了南宁骏业 2018 年 12 月 31 日的财务状况以及 2018 年度的经营成果。

四、强调事项段

提醒广大财务报表使用者注意：骏业公司 2018 年度的销售收入少计 277 280 元，占已计销售收入的 2.94%；相应少计应收账款 324 417.60 元，少计销项税额47 137.6元。本段内容不影响已发表的审计意见。

XYZ 会计师事务所　　　　　　　　　　　中国注册会计师：王永燕

中国南宁市　　　　　　　　　　　　　　中国注册会计师：陈筱宁

2019 年 03 月 20 日

同步练习

一、ABC 会计师事务所接受委托对 A 股份有限公司 20×1 年度财务报表进行审计。注册会计师于 20×2 年 3 月 18 日完成了外勤审计工作，按审计业务约定书的要求，应于 20×2 年 3 月 28 日提交审计报告。A 公司 20×1 年度审计前的利润总额为 120 万元。注册会计师确定的财务报表层次的重要性水平为 10 万元。现假定存在以下几种情况：

(1) A 公司 20×1 年度变更了发出存货的计价方法，并在财务报表附注中做了充分披露。注册会计师认为变更是合法和合理的。

(2) 在某诉讼案中，A 公司于 20×1 年 4 月被 H 公司起诉侵权，H 公司要求赔偿 75 万元。至 20×1 年 12 月 31 日胜负仍难以预料。截至 20×2 年 3 月 28 日尚未判决。A 公司预计的可能赔偿的金额为 10 万元，但诉讼案和可能的影响均已列示在财务报表附注中。

(3) 注册会计师得知 A 公司 20×1 年涉及的 M 公司起诉 A 公司侵权案于 20×2 年 3 月 20 日判决，A 公司败诉，应向原告赔偿 45 万元，A 公司对判决结果没有提出异议，并在财务报表附注 5 中进行了披露。注册会计师在 3 月 26 日完成了对该事项的审计工作，提请 A 公司调整 20×1 年财务报表(A 公司已在 20×1 年 12 月 31 日预计了可能的赔偿金额 25 万元)，被 A 公司拒绝。

(4) A 公司在 20×1 年 11 月购入一台设备，当月投入使用，20×1 年未提取折旧。该设备原始价值为 50 万元，月折旧率为 1.5%。

(5) A 公司利润总额中有 70% 是由其境外子公司提供的，注册会计师无法赴国外对子公司的财务报表进行审查，也无法通过其他审计程序进行验证。

(6) 对应收账款项目进行函证时，其中对余额为 16 万元的客户 B 公司的函证未收到回函，注册会计师运用替代审计程序搜集了相关的审计证据。

要求：

(1) 假定上述六种情形是相互独立的，请分别针对上述每种情况，说明注册会计师应当发表何种审计意见类型，并简要说明理由。

(2) 针对每种情形，若 CPA 认为需要调整财务报表（包括披露），但 A 公司不接受 CPA 的调整意见，请代 CPA 写出审计报告的“导致发表××意见的事项”段（若有）和“审计意见”段。

二、北京中审会计师事务所于 2019 年 2 月 6 日接受了华清股份有限公司 2018 年度财务报表的审计委托。该公司注册资本为 2 000 万元，2018 年 12 月 31 日未经审计的资产总额为 5 000 万元。中审会计师事务所委派注册会计师张涛、孙奇执行华清公司的审计业务。他们在计划阶段确定的重要性水平为 80 万元，在完成阶段确定的重要性水平为 100 万元，并于 2019 年 3 月 12 日完成了审计工作。在复核工作底稿时，发现以下事项，提出了相应的处理建议，但华清公司管理层于 3 月 15 日正式答复张涛、孙奇拒绝接受他们的处理建议。

(1) 由于华清公司一座建于 1980 年（1979 年 12 月完工）、原值 200 万元、预计使用年限 50 年、已提折旧 104 万元的办公大楼因不明原因出现裂缝（采用直线法计提折旧），经过专家鉴定后进行了及时维修，并将原预计使用年限改为 40 年，因此从 2018 年起改变年折旧率，并进行了必要的账务调整。但华清公司拒绝在 2018 年报表中做任何披露。

(2) 华清公司在国外一家联营企业内据称有 95 万元的投资，当年取得投资收益为 40 万元，这些金额已列入 2018 年的净收益中，但张涛、孙奇未能取得联营企业经审计的财务报表及函证回函。此外，由于华清公司拒绝提供与此项投资相关的协议、合同以及会计记录，张涛、孙奇也未能采取其他程序查明此项投资和投资收益的真实性。

(3) 华清公司全部存货总额为 3 200 万元，放置于邻近单位仓库内。由于仓库倒塌，尚未清理完毕，不仅无法估计损失，也无法实施监盘程序。

(4) 由于华清公司存货使用受到仓库倒塌的限制，正常业务受到严重影响，因而无力支付 2018 年 4 月 12 日即将到期的 120 万元债务，也没有预付下年度的 60 万元广告费。这些情况均已在财务报表附注中进行了充分、适当的披露。

(5) 2018 年 11 月，华清公司被控侵犯红牛公司的专利权，红牛公司要求收取华清公司专利权费和罚款，截至 2018 年 12 月 31 日尚未解决。经律师估计，华清公司很可能支付了红牛公司 180 万元的专利权费和罚款，但华清公司未对此进行处理。2018 年 3 月 6 日，经法院裁决，华清公司应向红牛公司赔偿 180 万元，华清公司同意并于 3 月 8 日支付完毕。但华清公司拒绝就此调整其 2018 年度财务报表。

要求：

(1) 逐一分析上述情况，分别针对每种情况指出应出具的审计意见的类型，并简要说明理由。

(2)仅考虑情况(4)(5),代张涛、孙奇草拟审计报告。

三、晋城股份有限公司(以下简称晋城公司)系公开发行A股的上市公司,北京郎秋会计师事务所注册会计师程涛担任晋城公司2017年度财务报表审计的项目经理,刘明的主要工作是协助程涛复核工作底稿和搜集审计证据。其相关的资料如下:

资料一:

假定某委托人应收账款的编号为0001至3500,程涛拟选择其中350份进行函证,见表8-11。

表8-11　随机数表

序号	1	2	3	4	5
1	04734	39426	91035	54939	76873
2	10417	19688	83404	42038	48226
3	07514	48374	35658	38971	53779
4	52305	86925	16223	25946	90222
5	96357	11486	30102	82679	57983
6	92870	05921	65698	27993	86406
7	00500	75924	38803	05286	10072
8	34826	93784	52709	15370	96727
9	25809	21860	36790	76883	20435
10	77487	38419	20631	48694	12638

资料二:

(1)晋城公司根据债务人的信用程度,决定对坏账准备按期末应收款项余额的5‰计提。2017年12月31日未经审计的资产负债表反映的应收账款项目为借方余额8 800万元。应收账款项目的明细组成如下:

应收账款——A公司　　3 000万元

应收账款——B公司　　2 800万元

应收账款——C公司　　-1 000万元

应收账款——甲公司　　4 000万元

合计　　8 800万元

(2)2017年1月1日分别借入三年期3 000万元、年利率为6%的专门借款和两年期2 000万元、年利率为10%的一般借款,用于扩建生产大楼,工程于2017年7月开始,首先购入工程物资2 340万元,2017年9月领用该工程物质800万元,同时用借款支付工程费用500万元。闲置的专门借款进行短期投资,在2017年后半年取得的收益为5万元,冲减了财务费用,在审计该借款利息时,全年合计计提利息共380万计入在建工程。该工程至2017年12月31日尚未完工。

(3)晋城公司会计政策规定,采用平均年限法计提固定资产折旧,每年年度终了对固定资产进行逐项检查,考虑是否计提固定资产减值准备。晋城公司某一生产用设备于2016年1月开始计提折旧,原值2 000万元,预计使用年限为10年,预计净残值为200万元。2016年12月31日,经审计的该项固定资产的账面价值为1 800万元,该项固定资产计提减值准备20万元,2006年12月31日再次估计该固定资产的预计净残值为0。自2017年1月起该项固定资产因故停用,Y公司因此未计提2017年度的折旧。

(4)晋城公司为R公司向银行借款100万元提供担保。2017年10月,R公司因经营严重亏损,进行破产清算,无力偿还已到期的该笔银行借款。贷款银行因此向法院起诉,要求晋城公司承担连带偿还责任,支付借款本息130万元。2018年2月22日,法院终审判决贷款银行胜诉,由晋城公司支付借款本息130万元,并于2018年2月28日执行完毕。晋城公司在2017年度未对该诉讼案件做相应的会计处理。

(5)晋城公司于2017年12月向甲公司销售一批产品(增值税税率为17%),该批产品的销售收入为3 000万元(不含增值税税额),成本为2 000万元,货款将于2018年4月收取,晋城公司按规定在2017年12月进行了相应的会计处理。由于质量问题,该批产品于2018年2月16日被退回,已取得应退回的增值税有关证明。晋城公司直接冲减了2018年2月份收入、成本等科目。

要求:

根据资料一:

(1)如利用随机数表,从第3行第2个数字起,自左向右,以前四位数为准,注册会计师选择的最初5个样本的号码分别是哪些?

(2)如采用系统选择的方法选择,并确定随机起点0005,注册会计师选择的最初5个样本的号码分别是哪些?

根据资料二:

(1)如果不考虑重要性水平,针对上述事项,请分别回答注册会计师是否需要提出审计处理建议?若需提出审计调整建议,请直接列示审计调整分录(不考虑错报对当期所得税费用、期末损益结转和利润分配的影响,如果需要计算的,请分析计算)。

(2)如果考虑审计重要性水平,假定Y公司分别只存在上述事项中的第(2)(3)(4)事项,并且被审计单位不同意注册会计师对上述事项提出的审计处理建议(如果有),在不考虑其他条件的前提下,请分别指出针对上述事项,注册会计师应出具何种类型的审计报告?并简要说明理由。假设程涛根据在审计计划中制订的晋城公司2017年度财务报表层次的重要性水平为190万元,审计前晋城公司2017年度实现的利润总额为240万元。

四、请分别就下述四种情况,指出注册会计师杨敏应出具何种审计意见类型的审计报告,并简要说明理由。

(1)A公司拥有自购置之日起就大幅度增值的房屋一栋。资产负债表中将该房屋以现行评估价表示,并已充分披露,该公司深信资产负债表中所列房屋估价较为合理。

(2)B公司为非银行金融公司,该公司遵照政府有关部门的规定贬值会计报表,但某些项目和《企业会计准则》严重背离。这些项目所涉及的金额不大,而且在会计报表的附注中做了充分揭示。

(3)C公司对各子公司都拥有股票投资。已查明。各项投资均以原始成本入账,但难于审核各子公司,以查明资产负债表中长期投资数额的真实性。

(4)D公司正作为某诉讼案件的被告,一旦败诉,将用公司的部分资产赔偿,公司已在会计报表附注中做了说明。

五、林红注册师已完成对华联股份有限公司20×2年度会计报表的实地审计工作,现正草拟审计报告,假定20×1年度的审计工作也由该注册会计师完成,在本年度的审计工作已完成各项规定审计程序,在复核工作底稿时,除发现有以下几项情况需要在编制审计报告时加以考虑外,其他方面均符合出具无保留意见报告的要求。

(1)华联公司不愿编制20×0—20×2年三年的比较会计报表。

(2)华联公司不愿公开现金流量表。

(3)20×2年华联公司变更了固定资产折旧方法,并已在会计报表附注中说明,但未经主管财政机关批准。

(4)华联公司20×2年年末产成品期末余额多计10 000元,影响了20×2年的利润,注册会计师提请该公司调整,但未予接受。

(5)华联公司从20×2年7月份起对产成品发出计价由加权平均法改为后进先出法,使20×2年销售成本上升1.5万元,这一变化未在会计报表中说明,确定应纳税所得额时未做调整。

(6)一些应收账款账户余额无法实施函证程序,但已应用其他审计程序进行了验证。

(7)华联公司20×2年6月30日向某银行取得1 000万元长期贷款,用于购建固定资产,贷款合同限定,到20×3年12月31日后,若获得利润方可支付现金股利,华联公司不愿在会计报表附注中予以说明。

要求:说明上述各项情况对审计报告的影响及原因。

第九章　审计综合模拟实训案例

【主要内容】

本章要求每个学生独立运用前面有关审计的基本理论、审计基本方法及审计基本技能完成审计准备阶段、实施阶段及终结阶段审计案例要求的相关实训，并提交相应审计报告，学会如何鉴证、被审计单位的经济活动的合法性、合规性、合理性、真实性、效益性及公允性，培养揭示差错和弊端、维护财经法纪、改善经营管理、提升经济效益的审计实践能力。

第一节　审计准备阶段实训

一、实训项目名称

审计准备阶段实训。

二、实训目的和实训内容要求

(1)实训目的：通过审计准备阶段实训，使学生运用审计重要性相关理论，来确定审计的重要性水平并进行适当分配，以便确定审计的范围和重点，并为下一步审计做好准备。

(2)实训内容：《审计学》教学大纲的相关知识点，特别是对财务报表的分析性复核、审计重要性的基本理论和重要性水平的确定方法等知识点。该项实训以云翔公司的财务会计报表资料和管理资料为依据(另附)。

(3)实训项目性质：本实训项目属于综合性实训。

三、实训的基本原理和方法

根据所学理论和教师或自己收集的相关资料，利用所学知识进行必要处理，分析得出一定的结论，并做出合理评价。

四、实训使用的仪器设备及基本工作原理

(1)实训资料，由任课教师提供(资料另附，需复印，每人 1 份)，需要空白 A4 打印纸[教师打印指导书和空白实训报告各一份(需 40 张)，学生每人复印指导书中资料各 1 份(需 20 张)]；

(2)基本工作原理:以实训指导书为依据,在教师指导下由学生独立完成对该公司的重要性水平确定与分配。

五、实训基本步骤

(1)预习相关知识点;

(2)利用给定资料,对相关凭证、账页进行仔细审查;

(3)确定和分配重要性水平。

六、实训记录与数据处理要求

实训过程和数据处理结果必须按实际情况认真记录于实训报告,实训结束后必须在规定的时间内提交书面报告一份。

七、实训中的注意事项

(1)实训前,应认真检查设备是否能够正常运行。

(2)实训过程中,必须按要求进行,爱护设备,有问题及时提出。

八、实训思考题

(1)哪些情况下需要运用重要性原则?

(2)如何确定重要性水平?

(3)进行该项实训有何体会?

九、实训报告的基本要求

(1)本实训最终要提交实训报告,具体格式参见表9-1。

(2)提交相关审计工作底稿,具体格式参见表9-2。

十、实训前的预习

本实训属于综合性实训,涉及的知识面较广,在进行实训前,准备参加实训的学生应该阅读实训指导书,复习相关知识。

十一、实训资料

光大会计师事务所注册会计师钱程、李响等接受云翔有限责任公司董事会委托,对该公司2016年度会计报表进行审计。根据钱程等人的调查,云翔有限责任公司2016年12月31日的资产负债表如表9-3所示,按总资产的5%确定资产负债表的重要性水平。

表 9-1　“审计模拟实习”课程实训报告

实训项目名称：
实训时间：　　年　　月　日
实训班级：　　级　　　专业　班
姓　名：
学　号：
实验成绩　　　　　　　　指导教师：
实训目的
实训基本原理及基本步骤

____
____
____
____

实验记录（实训条件记录，如实训地点、实训材料和环境等；实训数据记录，如结果数据记录；实训过程意外情况记录等）

____
____
____
____

备注：纸张不够请自备纸张贴在后面。
实训结果的分析

____
____
____
____

实训成绩及评语

____
____
____
____

表 9-2　审计工作底稿

索引号：

被审计单位名称			
审计事项			
会计期间或者截止日期			
审计人员		编制日期	

表9－2(续)

<table>
<tr><td colspan="2">被审计单位名称</td><td colspan="3"></td></tr>
<tr><td>审计
结论
或者
审计
查出
问题
摘要
及其
依据</td><td colspan="4"></td></tr>
<tr><td colspan="2">复核意见</td><td colspan="3"></td></tr>
<tr><td colspan="2">复核人员</td><td></td><td>复核日期</td><td></td></tr>
</table>

共　页　　　　第　页　　　　附件(共　　)

表9－3　云翔有限责任公司资产负债表

2016年12月31日　　　　单位:元

资　产	金　额	负债及所有者权益	金　额
货币资金	820 000	应付账款	4 720 000
应收账款	11 989 600	应付票据	28 300 000
存　货	36 830 400	应付工资	1 460 000
其他流动资产	1 360 000	应付股利	2 040 000
固定资产净值	10 340 000	其他负债	2 340 000
		股　本	8 500 000
		盈余公积	13 980 000
合　计	61 340 000	合　计	61 340 000

该公司2016年度的利润表显示,2016年度的利润总额为8 222 220元。按利润总额的5%确定利润表的重要性水平。

(一)注册会计师钱程准备以资产负债表项目为基础分配重要性水平,采取的分配原则

(1)避免将重要性水平全部分配至某一项目中。这是因为不可能要求其他项目不产生任何误差。因此,他设定,任何项目的可容忍误差不能超过报表总体重要性水平的60%。

(2)所有项目可容忍误差之和不能超过报表总体重要性水平的两倍。这是基于以下两点考虑:①不可能所有被审计项目的实际误差都同时达到所分配的可容忍误差的标准。因此,这样的安排可以使每个项目都留有一定的余地。②有的项目的高估与有的项目的低估可能相互抵消,从而使整个项目或报表的误差不是太大。

(3)现金、应付票据、应付股利及股本等项目能够进行详细的逐笔审计,或者审计产生误差的概率很小,因此,不允许产生误差或仅分配很少的可容忍误差。

(4)应收账款、存货的审计需要较为复杂的审计程序,成本较大,因此,分配最大的可容忍误差(报表总体重要性水平的60%)。

(5)其他流动资产、应付工资一般应用分析性复核程序即可检验其总体合理性,审计成本较低,但仅用分析性复核程序时应允许有较大的可容忍误差。

(6)固定资产与上一年度相比,一般情况下不会出现较大的变动,可能不需要对其实施审计程序,因而分配较少的可容忍误差。

(7)应付账款存在低估的可能性,预期的误差较大,应分配较多的可容忍误差。

(8)盈余公积与利润的误差来自其他项目产生的误差。对其他项目误差的控制同时也就控制了该项目的误差,因此,不需要对该项目进行专项审计,也不需要为它分配重要性水平。

(二)对存货项目进行审计的情况

在调查了解过程中知悉云翔有限责任公司的存货采用后进先出法计价,低值易耗品按一次摊销法核算。在对公司的存货进行调整和重分类后,确认的存货余额为36 830 400元,其中原材料为20 605 400元、产成品为16 225 000元。相关数据资料整理如下:

1. 总账记载数字整理如表9-4所示。

表9-4　总账　　单位:元

项　目	未审数
原材料	20 605 400
产成品	16 225 000
合　计	36 830 400

2. 材料明细账记载数字整理如表9-5所示。

表9-5　材料明细账(一)　　单位:元

存货类别	账面金额	存货类别	账面金额
废钢材	6 543 200	普线	1 326 000
铁矿石	8 845 320	高线	1 330 000

表9－5(续)

存货类别	账面金额	存货类别	账面金额
原煤	3 265 420	螺纹钢	3 312 000
镍	265 300	热轧卷	1 395 000
铬	320 000	冷轧板	2 490 000
钼	250 000	中厚板	1 415 000
锰	320 000	工字钢	1 307 000
铜	560 530	槽钢	2 335 000
锌	235 630	角钢	1 315 000
原材料小计	20 605 400	产成品小计	16 225 000
存货合计		36 830 400	

3. 实际抽查盘点的部分材料数据整理如表9－6所示。

表9－6 材料明细账(二) 单位:元

存货类别	账面金额	存货类别	账面金额
废钢材	6 534 100	普线	1 362 000
铁矿石	8 585 230	高线	1 333 000
原煤	3 658 560	螺纹钢	3 125 000
镍	265 300	热轧卷	1 410 000
铬	320 000	冷轧板	2 490 000
钼	250 000	中厚板	1 415 000
锰	320 000	工字钢	1 307 000
铜	560 530	槽钢	2 335 000
锌	235 630	角钢	1 315 000
原材料小计	20 729 350	产成品小计	16 092 000
存货合计		36 821 350	

第二节 审计实施实训案例

一、实训项目名称

审计书面证据的获取与鉴证。

二、实训目的和实训内容要求

(1)实训目的:通过审计技术运用实训,让参加实训的学生基本掌握对会计凭证、账册的审查,较为熟练地运用检查、计算、分析性复核等审计基础方法,并进一步加深对审计学基础知识的理解，为学生毕业后参加社会实践工作，特别是进入审计行业实践工作做好准备。

（2）实训内容：审计学教学大纲相关知识点。

（3）实训项目性质：本实训项目属于综合性实训。

三、实训的基本原理和方法

根据所学理论和教师或自己收集的相关资料，利用所学知识进行必要处理，分析得出一定的结论，并做出合理评价。

四、实训使用的仪器设备及其基本工作原理

（1）实训条件：记账凭证、原始单据和账页等，由任课教师提供（资料另附，需复印每人1份），需要空白A4打印纸［教师打印指导书和空白实训报告各一份（需40张），学生每人复印指导书中资料各1份（需20张）］。

（2）基本工作原理：运用审计技术方法相关理论，搜集充分、适当的审计证据，并在审计过程中形成审计工作底稿。

五、实训基本步骤

（1）熟练掌握会计凭证、账册等的审查方法；

（2）利用给定资料，对相关凭证、账页进行仔细审查；

（3）对发现的主要问题摘录于审计工作底稿。

六、实训记录与数据处理要求

实训过程和数据处理结果必须按实际情况认真记录于实训报告，实训结束后必须在规定的时间内提交书面报告一份。具体处理要求如下：

（1）针对凭证资料。

第一，分别指出每张凭证存在的问题；

第二，计算应补交的税金（增值税和所得税）；

第三，编制调账分录。

（2）针对原材料账页。

第一，重新计算原材料的发出成本（分月）；

第二，确定原材料多转成本的财务影响（在产品、产成品和当期损益）；

第三，计算应补交税金；

第四，编制调账分录。

（3）形成工作底稿。

（4）提交实训报告。

七、实训中的注意事项

（1）实训前应认真检查设备是否能够正常运行。

(2)实训过程中必须按要求进行,爱护设备,有问题及时提出。

八、实训思考题

(1)审查书面资料主要有哪些方法?

(2)如何进行凭证账册资料的审查?

(3)如何对以前年度的损益进行调整?

(4)编制审计工作底稿应注意哪些问题?

(5)进行该项实训有何体会?

九、实训前的预习

本实训属于综合性实训,涉及的知识面较广,在进行实训前,准备参加实训的学生应该阅读实训指导书,复习会计凭证、账册审查相关知识,并能够熟练地运用检查、计算、分析性复核等审计基础方法。

十、实训资料

(一)企业有关情况

呼和浩特市塞外制酒厂是增值税一般纳税人,内设一个基本生产车间和若干职能管理部门,只生产一种普通白酒,白酒不含税销售价每箱为 150 元,含税销售价为每箱 175.50 元。存货计价规定:采用实际成本核算,发出存货成本按月末一次加权平均单价计算,低值易耗品采用一次摊销法。适用增值税税率为 17%、所得税税率为 25%,不考虑除增值税、所得税以外的其他税费。

(二)审计检查时间、所属期间及说明的事项

(1)检查时间为 2018 年 1 月 10 日至 1 月 20 日。

(2)所属期间为 2017 年全年会计处理与纳税情况。

(3)说明事项:

第一,经核实,各账户年初余额均正确。

第二,按现行会计与税收法规进行分析与调整。

第三,所得税也已按全年实现的会计利润计提,应纳税所得额尚未调整。

第四,经核实,企业账面产品销售成本为:10 月份销售成本 98 元/箱,11 月销售成本 96 元/箱,12 月份销售成本 95 元/箱。

第五,“原材料——高粱”账面多转成本影响在产品、产成品、利润的查获额采用比例分配法调整;调整比例为 1∶2∶7。

第六,企业固定资产(电脑)按 5 年直线法折旧,不考虑残值。

第七,除给定下列资料以外的其他财务会计及应税事项均无问题。

凭证材料一：

表 9－7　原材料明细账

品名：高粱　　　　　　　　　　　　　　　　　　　　单位：数量（吨）、金额（元）

2017 年		凭证号	摘要	借方			贷方			金额		
月	日			数量	单价	金额	数量	单价	金额	数量	单价	金额
9	30		结　　存							50	1 200	60 000
10	2	10	购　　入	150	1 000	150 000						
10	5	18	生产领用				100	1 200	120 000	100	900	90 000
11	8	9	购　　入	200	1 100	220 000						
11	15	30	生产领用				200	900	180 000	100	1 300	130 000
12	3	16	购　　入	400	1 000	400 000						
12	15	32	生产领用				300	1 300	390 000	200	700	140 000
			生产结存							200	700	140 000

注：假设 1－3 月份查获额已调整。

凭证材料二：

表 9－8　记账凭证

2017 年 10 月 3 日　　　　　　　　字　第 5 号

摘要	总账科目	明细科目	记账	借方金额										记账	贷方金额									
			√	千	百	十	万	千	百	十	元	角	分	√	千	百	十	万	千	百	十	元	角	分
购入电脑 3 台	低值易耗品	电脑	√				4	5	0	0	0	0	0											
	应交税费	应交增值税（选项税额）	√					7	6	5	0	0	0											
	银行存款													√				5	2	6	5	0	0	0
合计						¥	5	2	6	5	0	0	0				¥	5	2	6	5	0	0	0

附件 3 张

会计主管　李达　　　记账　刘荣　　　出纳　张单　　　审核　李达　　　制单　刘荣

表 9－9 收料单

时间：2017 年 10 月 3 日

名称	单位	数量		进货				合计	
		发票数	实收数	买价		运杂费	其它	总成本	单位成本
				单价	金额				
电脑	台	3	3	15 000.00	45 000.00			45 000.00	15 000.00
合计		3	3		45 000.00			45 000.00	15 000.00

三 财会

保管 袁保　　经手人 辛飞

表 9－10 内蒙古增值税专用发票　No 00321145

开票日期：2017 年 10 月 3 日　　发 票 联

购货单位				
名称	呼和浩特市塞外制酒厂	税务登记号	150100100154321
地址、电话	呼市解放大道 108 号 7635623	开户银行及账号	工行解办 02003550789

货物或应税劳务名称	规格型号	计量单位	数量	单位	金额 十	万	千	百	十	元	角	分	税率（%）	税额 十	万	千	百	十	元	角	分
电脑		台	3	15 000.00		4	5	0	0	0	0	0	17			7	6	5	0	0	0
					¥	4	5	0	0	0	0	0				7	6	5	0	0	0

价税合计	⊗佰⊗拾伍万贰仟陆佰伍拾零元零角零分　¥ 52650.00
备注	

购货单位				
名称	内蒙古自治区正大计算机公司	税务登记号	150101100223556
地址、电话	呼市中山路 38 号	开户银行及账号	工行中山办 02002630958

第二联：发票联 购货方记账

销货单位（章）：　收款人：李玲　复核：　开票人：李玲

表 9－11　中国工商银行转账支票存根

支票号码　　0012468

科　　目________________

对方科目________________

出票日期 2017 年 10 月 3 日

收款人:	正大计算机公司
金　额:	52 650.00
用　途:	电脑
备　注:	

单位主管李达　　　　会计

凭证材料三:

表 9－12　记账凭证

2017 年 10 月 10 日　　　　　　　　字　第 18 号

摘要	总账科目	明细科目	记账	借方金额										记账	贷方金额									
			√	千	百	十	万	千	百	十	元	角	分	√	千	百	十	万	千	百	十	元	角	分
推销电脑	管理费用						4	5	0	0	0	0	0											
	周转材料	低值易耗品												√					4	5	0	0	0	0
						¥	4	5	0	0	0	0	0				¥	4	5	0	0	0	0	0

附件 1 张

会计主管　李达　　　记账　刘荣　　　出纳　　　审核　李达　　　制单　刘荣

表 9－12　领料单②会计

领料部门:厂部　　　　　　2017 年 10 月 3 日

编号	品名	规格	单位	数量		实际价格	
				请领	实发	单价	总值
	电脑		台		3	15 000.00	45 000.00
合计						15 000.00	45 000.00

保管袁保　　　车间负责人　　　材料员　　　制票张峰

凭证材料四：

表 9－14　记账凭证

2017 年 11 月 13 日　　　　　　　字　第 25 号

摘要	总账科目	明细科目	记账	借方金额										记账	贷方金额									
			√	千	百	十	万	千	百	十	元	角	分	√	千	百	十	万	千	百	十	元	角	分
购进钢质储酒罐 3 个	在建工程	储酒罐安装工程	√				6	0	0	0	0	0	0											
待安装	银行存款													√				6	0	0	0	0	0	0
合计						¥	6	0	0	0	0	0	0				¥	6	0	0	0	0	0	0

附件 2 张

会计主管　李达　　记账　刘平　　出纳　张平　　审核　李达　　制单　张平

表 9－15　内蒙古呼和浩特市商业零售发票

发　票　联　　　　呼市　GNo 0234783

付款单位：塞外制酒厂　　　　2017 年 10 月 11 日　　　　字　第 5 号

产品名称	规格	等级	单位	数量	单价	金额							
						十	万	千	百	十	元	角	分
钢质储罐			个	3	20 000.00		6	0	0	0	0	0	0
合计金额(大写)	⊗拾陆万零仟零佰零拾零元零角零分					¥	6	0	0	0	0	0	0
结算方式	转账支票	开户银行		备注									
		账号											

第二联　发票联

收款单位(盖章有效)　　　　开票人：李强

表 9-16　中国工商银行转账支票存根

支票号码　　31243009

科　　目________________

对方科目________________

出票日期 2017 年 10 月 11 日

收款人:	呼和浩特市锅炉厂
金　额:	60 000.00
用　途:	购酒罐
备　注:	

单位主管李达　　　　　会计

凭证材料五:

表 9-17　记账凭证

2017 年 11 月 20 日　　　　　　　　　　字　第 45 号

摘要	总账科目	明细科目	记账	借方金额										记账	贷方金额									
			√	千	百	十	万	千	百	十	元	角	分	√	千	百	十	万	千	百	十	元	角	分
收到委托茂威商场代销300 瓶白酒	销售费用	代销手续费	√					2	5	3	2	5	0											
清单	应收账款	茂威商场					5	0	0	1	7	5	0											
	委托代销商品	茂威商场												√				5	2	6	5	0	0	0
合计						¥	5	2	6	5	0	0	0				¥	5	2	6	5	0	0	0

附件 1 张

会计主管　李达　　　记账　刘荣　　　出纳　张平　　　审核　李达　　　制单　刘荣

表 9-18　委托代销清单

2017 年 11 月 18 日

称号	单位	数量	售价		备注
			单价	金额	
白酒	箱	300	175.00	52 650.00	手续费 2 632.50
合计					

经手人:李进　　　　　　　　代销单位:

凭证材料六：

表 9－19　记账凭证

2017 年 12 月 18 日　　　　　　　　字　第 47 号

摘要	总账科目	明细科目	记账	借方金额										记账	贷方金额									
			√	千	百	十	万	千	百	十	元	角	分	√	千	百	十	万	千	百	十	元	角	分
储酒罐安装工程完工	银行存款		√				2	3	3	2	0	0	0											
2 个投入使用，另 1	固定资产						4	1	6	8	0	0	0											
个因计划不用出售	在建工程	储酒罐安装工程																6	5	0	0	0	0	0
合计						¥	6	5	0	0	0	0	0				¥	6	5	0	0	0	0	0

附件 2 张

会计主管　李达　　记账　刘荣　　出纳　张平　　审核　李达　　制单　刘荣

表 9－20　内蒙古呼和浩特市工业销售发票

发　票　联　　　　呼市　GNo 0234784

付款单位：包头市海川县酒厂　　　　2017 年 12 月 16 日

产品名称	规格	等级	单位	数量	单价	金额							
						十	万	千	百	十	元	角	分
钢质储罐			个	1	23 320.00		2	3	3	2	0	0	0
合计金额（大写）	⊗拾贰万叁仟叁佰贰拾零元零角零分					¥	2	3	3	2	0	0	0
结算方式	银行汇票	开户银行		备注									
		账号											

第二联　记账联

收款单位（盖章有效）　　　　开票人：张平

表 9－21　中国工商银行进帐单(回单或收账通知)

2017 年 12 月 18 日　　　　　　　　第　　号

收款人全称	呼和浩特市塞外制酒厂	账号	02003650789	开户行	工行解办									
人民币(大写)贰万叁仟叁佰贰拾元整					千	百	十	万	千	百	十	元	角	分
							¥	2	3	3	2	0	0	0

付款人全称	账号	开户银行	金额												
			千	百	十	万	千	百	十	元	角	分			
包兴市海川县酒厂		海川县工行			¥	2	3	3	2	0	0	0			
													收款人开户行盖章		
													单位会计	复核	记账

此联交收款人作回单或收账通知

说　明

储酒罐安装工程两个完工验收,投入使用。工程决算成本 45 000(其中酒罐购进成本 40 000 元、安装费 5 000 元)。

凭证材料七:

表 9－22　记账凭证

2017 年 12 月 30 日　　　　　　字　第 73 号

摘要	总账科目	明细科目	记账	借方金额										记账	贷方金额									
			√	千	百	十	万	千	百	十	元	角	分	√	千	百	十	万	千	百	十	元	角	分
白酒捐赠养老院	营业外支出		√					9	5	0	0	0	0											
	库存商品	白酒												√					9	5	0	0	0	0
合计							¥	9	5	0	0	0	0					¥	9	5	0	0	0	0

附件 2 张

会计主管　李达　　记账　刘荣　　出纳　　　审核　李达　　制单　刘荣

表 9－23 白酒 出库单

付给养老院

品名	单位	数量	单价	金额							
				十	万	千	百	十	元	角	分
白酒	箱	100	95.00								
						9	5	0	0	0	0
					¥	9	5	0	0	0	0

保管 程保　　　　　　　　领料人 庞文

第三节 审计终结阶段实训案例

一、实训项目名称

实训项目名称:审计报告的编制。

二、实训目的和实训内容要求

(1)实训目的:根据实训项目三审计工作底稿记录的审计调整分录,汇总审计差异。根据实训项目一编制的云翔有限责任公司存货清查工作底稿,撰写保留意见的审计报告。

(2)实训内容:审计学教学大纲相关知识点,实训资料——云翔有限责任公司财务资料(见实训项目一)。

三、实训的基本原理和方法

根据所学理论和教师或自己收集的相关资料,利用所学知识进行必要处理,分析得出一定的结论,并做出合理评价。

四、实训使用的仪器设备及基本工作原理

学生每组需空白 A4 打印纸 5 张(用于复印或打印实训报告)。

五、实训基本步骤

(1)根据实训项目三审计工作底稿记录的审计调整分录,汇总审计差异。

(2)根据本章第二节实训资料,假定公司原材料账页出现的差错超过存货重要性水平,被审计单位拒绝调整,请编制保留意见的审计报告。

(3)出具审计实训报告。

六、实训记录与数据处理要求

实训过程和数据处理结果必须按实际情况认真记录于实训报告，实训结束后必须在规定的时间内提交一份书面报告。

七、实训思考题

(1)确定标准无保留意见审计报告具备的条件。
(2)确定保留意见审计报告具备的条件。
(3)确定无法表示意见审计报告具备的条件。

八、实训要求

(1)提交实训报告。
(2)编制保留意见的审计报告。

九、实训前的预习

本实训属于综合性实训，涉及的知识面较广，在进行实训前，准备参加实训的学生应该阅读实训指导书，重要性水平运用、审计工作底稿编写相关知识。

十、实训资料

见本章第一节、第二节资料。

同步练习参考答案

第一章

一、单项选择题

1～5 BABDA 6～10 DBCBC 11～15 ABADC

16～20 BABCC 21～25 BCDBA 26～29 CCBD

二、多项选择题

1. ABCD 2. BCD 3. ABCD 4. BC 5. ACD 6. ABC 7. ABC 8. ABCD

9. ABC 10. ABD 11. CD 12. ABC 13. BCD 14. AB 15. BC 16. AC

17. AD

三、判断题

2、3、4、8、9、11、17、18、19、20 正确，其余错误。

四、实训题

1.(1)银行存款余额调节表编制如下：

银行存款余额调节表

企业调节项目	金额	银行调节项目	金额
企业银行存款日记账余额	133 750	银行对账单余额	127 000
加：银行已收，企业未收款项	12 500	加：企业已收，银行未收款项	16 000
减：银行已付，企业未付款项	250	减：企业已付，银行未付款项	400
调节后存款余额	146 000	调节后存款余额	142 600
错误数为	3 400(元)		

(2)银行存款日记账在2018年6月30日的正确余额为：

142 600 + 250 − 12 500 = 130 350(元)或 133 750 − 3 400 = 130 350(元)

错误数3 400元属于企业漏记或隐瞒银行存款减少的错误。

2. 应存数：8 500 − 3 000 + 3 500 = 9 000 千克；

盘亏：1 000千克，计 1 000 × 10 = 10 000元；

主要审计方法：审阅、盘点、调节、核对等；

审计结论：2017年某企业决算报表“存货”项目账实不符，虚计(或盘亏)10 000元(或1 000千克)，原因待查。

3.(1)2017年12月31日甲产品的结存数为：

20 + 10 − 20 = 10(万件),计:10 × 100 = 1 000(万元)

12 月 31 日账存数为 6 000 万元,即 60 万件,则

盘亏 50 万件,计 5 000 万元

(2)应补交税费:

增值税为　50 × 120 × 17% = 1 020(万元)

城市维护建设税为　1 020 × 7% = 71.4(万元)

教育费附加为　1 020 × 3% = 30.6(万元)

所得税为[50 × (120 − 100) − 71.4 − 30.6] × 33% = 296.34(万元)

(3)上述错误对 2000 年度利润表的影响:

由于隐瞒 50 万件甲产品的销售,使得 2017 年度利润表①"营业务收入"少记 6 000 万元,②"营业务成本"少记 5 000 万元,③"税金及附加"少记 102 万元,④"营业利润"及"利润总额"少记 898 万元,⑤"所得税费用"少记 296.34 万元,⑥"净利润"少记 601.66 万元。

(4)调整分录:

借:应收账款　70 200 00

　贷:主营业务收入　60 000 000

　　应交税费——应交增值税(销项税额)　10 200 000

借:主营业务成本　50 000 000

　贷:库存商品　50 000 000

借:税金及附加　1 020 000

　贷:应交税费——应交城市维护建设税　701 400

　　　——应交教育费附加　306 000

借:所得税费用　2 963 400

　贷:应交税费——应交所得税　2 963 400

4.

情况序号	审计程序	审计目标	审计证据类型
(1)	对期末现金进行重盘	报表反映适当性	实物证据
(2)	对期末存货截止期进行测试	存在性、会计记录完整性	书面证据
(3)	询问管理当局,函证 X 公司	存在性、会计记录完整性、所有权	口头证据、书面证据
(4)	询问管理当局,函证 Y 公司,审阅相应有关合同与信函	所有权归属,报表反映适当性	口头证据、书面证据
(5)	对上一年度的会计记录进行适当审阅并与前任 CPA 沟通	报表反映适当性	书面证据

5.

20×2 年 12 月 31 日在产品数量应为 1 000(2000 + 4 000 − 5 000)千克,同账面 2 100 千克相比,相差 1 100 千克,属多计在产成品数量,从而多计在产品成本。

20×2 年 12 月 31 日产成品数量应为 5 500(5 000 +4 500 -4 000)千克,同账面4 800 千克相比,相差 700 千克,属少计产成品数量,从而少计在产品成本。

第二章

一、(1)有问题。审计业务约定书的签订人应是审计机构和委托人单位的法定代表人,或其授权的代表签订。本题中,项目经理和财务主任均无权签订,除非得到法定代表人的委托授权。

(2)少了会计责任和审计责任条款与审计报告的使用责任条款。这两项条款都是明确双方法律责任,以避免纠纷,或在纠纷时,明确双方责任。少了这两项条款不利于注册会计师保护自身利益。

(3)委托人的义务是:及时提供审计人员所要求的全部资料;为审计人员的审计提供必要的条件和合作;按照约定条件及时足额支付审计费用。审计机构的义务是:按照约定时间完成审计工作,出具审计报告;对在执行业务过程中知悉的商业秘密保密。

二、(1)XYZ 股份有限公司 1997 年度会计报表层次的审计重要性水平如下:

判断基础	金额/万元	固定百分比数值/%	乘积/万元	会计报表层次的重要性水平/万元
资产总额	180 000	0.5	900	880
净资产	88 000	1	880	
主营业务收入	240 000	0.5	1 200	
净利润	24 120	5	1 206	

(2)重要性水平与审计风险之间的关系:重要性水平与审计风险之间呈反向关系。也就是说,重要性水平越高,审计风险越低;反之,重要性水平越低,审计风险越高。

(3)重要性水平与审计证据之间的关系:重要性水平与审计证据之间呈反向关系。也就是说,重要性水平越低,应获取的审计证据越多;反之,重要性水平越高,应获取的审计证据越少。

三、答:(1)会计报表层次的重要性水平如下:

根据资产负债表计算的重要性水平 =4 000×0.5% =20(万元)

根据利润表计算的重要性水平 =800×5% =40(万元)

根据稳健性原则,会计报表层次的重要性水平确定为 20 万元。

问题(1)(2)涉及违反会计准则与会计制度的问题,尽管金额不大,但属于重大错报;问题(3),存货低估 16 万元,达到会计报表层次的重要性水平的 80%,超过了存货的可容忍误差,属于存货项目的重大错报。

(2)因所发现问题的性质重要或金额重大,因此,应当在审计实施过程中实施追加审计程序,或提请被审计单位调整会计报表。

在审计报告阶段,如果被审计单位调整了所有的重大错报或漏报,使会计报表反映公允,审计人员可以发表无保留意见;如果尚未调整的错报的性质严重,或其汇总数可能影响个别会计报表使用者的决策,但就会计报表整体而言是公允的,审计人员应当发表保留意见;如果尚未调整的错报的性质极其严重,或其汇总数可能影响大多数会计报表使用者的决策,使会计报表整体不公允的,审计人员就应当发表否定意见。

四、答:乙方案较为合理。因为现金账户属于重要的资产账户,其重要性水平应当从严制定;而应收账款和存货项目出现错报或漏报的可能性较大,为节约审计成本,其重要性水平可确定得高些;固定资产项目出现错报或漏报的可能性较小,可将其重要性水平确定得低些。因此,乙方案较为合理。

五、答:(1)第一,该事项不重要。1 820/40 000 000 = 0.00455%,占比很小,达不到重要性水平。在审计实施阶段,审计人员可获取相关证据,出具管理建议书,将相关内控存在的问题报告给管理层,并提出建议措施。在出具报告阶段,无须进行调整与披露。但可以就该内控事宜与管理层沟通,可以与管理层商讨就该内控事项做出的调整计划与步骤。第二,该单独事项不重要。3 850/8 000 000 = 0.048125%,未达到重要性水平。但该事项比较重要。审计人员在审计实施阶段应注意增加审计程序,搜集相关证据,看有无类似收入列入小金库的事项,并汇总进行统计。如果金额较大,要做出调整。如果被审计单位拒绝调整,如果汇总金额较大,审计人员拟出具保留意见的审计报告。同样,审计人员在审计实施阶段可就该事项出具管理建议书,与管理层商讨采取内控措施。

(2)该事项构成重大事项,对存货这个资产负债表项目来说,已超过其重要性水平。审计人员在审计实施阶段应采取增加审计程序,看有无账外账等情况,通过对管理层及相关业务人员询问、现场观察、盘点、询证、请求专家帮助等方式,获取合理适当的审计证据,形成审计结论,做出调整分录,提请被审计单位做出调整。如果被审计单位拒绝调整,审计人员在报告阶段拟出具保留意见的审计报告。

六、(1)项和(2)项、(2)项和(3)项、(4)项和(5)项、(6)项和(7)项、(4)项和(8)项等均属不相容职务。这些工作由一人或一个部门去做,容易发生舞弊现象,而且也不易发现工作中的失误等问题。

七、东方贸易公司三位职员分工如下:(1)(6)(7)项工作由一个人负责;(2)(3)项工作由一个人负责;(4)(5)(8)项工作由一个人负责。

八、(1)采取的内部控制措施为:①入场券连续编号;②售票与收票分别负责;③入场时收票员将票一撕两半,各执一半;④票据加锁。

(2)收票员收票时不撕票而将全票交予售票员重新出售;收票员直接收银,而让交钱者进场。

(3)观察售票员手中有无散票、旧票;突击抽查观众是否无票或持旧票入场。

(4)严格控制未用入场券,记录每日每班第一张和最后一张的券号;抽点库存现金;入场券加盖剧场的印章和日期章;不定期观察是否利用售票机售票以及检视收票时有无持废票、旧票或无票入场情况发生。

九、答:(1)遗漏了××股份有限公司的会计责任;遗漏了 ABC 会计师事务所的义务;遗漏了审计报告的使用责任;没有违约责任;没有签约时间。

(2)审计业务约定书如下:

审计业务约定书

甲方：××股份有限公司

乙方：ABC会计师事务所

甲方委托乙方进行2013年度财务报表审计，经双方协商，达成以下约定：

一、审计范围及委托目的

乙方接受甲方委托，对甲方2013年12月31日的资产负债表以及该年度的利润表和现金流量表进行审计。

乙方将根据中国注册会计师独立审计准则，对甲方内部控制制度进行研究和评价，对会计记录进行必要的抽查，并在乙方认为需要时实施其他必要的审计程序，在此基础上，对上述财务报表的合法性、公允性发表审计意见。

二、甲方的责任与义务

甲方的责任包括：

(1)建立健全内部控制制度；

(2)保护资产的安全完整；

(3)保证会计资料的真实、合法、完整。

甲方的义务包括：

(1)为乙方审计工作及时提供所需的全部会计资料和其他有关资料。

(2)为乙方委派的审计人员提供必要的条件及合作，具体事项将在乙方所派人员于审计工作开始之前提供的清单中列明。

(3)按本约定书的规定，向乙方及时、足额地支付审计费用。

三、乙方的责任与义务

乙方的责任是：按照独立审计准则的要求进行审计、出具审计报告，保证审计报告的真实性、合法性。

乙方的义务是：

(1)按照约定时间完成审计业务、出具审计报告；

(2)对执业过程中知悉的甲方商业秘密保密；

(3)必要时，出具管理建议书。

四、出具审计报告的时间要求

乙方应于2014年×月×日之前向甲方提交本项目的审计报告。

五、审计报告的使用责任

乙方提交给甲方的审计报告由甲方分发并使用。使用不当造成的后果与乙方及其所委派的审计人员无关。

六、审计收费

按《×××收费规定》，乙方应收本项业务的费用，按乙方实际参加本项审计业务的工作人员级别以及所花费工作时间确定，预计收取人民币×××万元，甲方应在本约定书签订后预付上述费用的××%，其余部分在乙方提交审计报告时一并付清。

如在审计过程中遇到重大问题,致使乙方实际花费的审计工作时间有较大幅度的增加,甲方应在了解实际情况后,酌情增加审计费用。

七、约定书的有效时间

本审计业务约定书一式两份,甲、乙双方各执一份。

本约定书自2014年1月10日起生效,并在全部约定事项完成之前有效。

八、约定事项的变更

由于出现不可预见的情况,影响审计工作的如期完成,或需提前出具审计报告,甲、乙双方可要求变更约定事项,但应及时通知对方,由双方协商解决。

九、违约责任

十、甲、乙双方对其他事项的约定

甲方:××股份有限公司(签章)　　　　乙方: ABC会计师事务所(签章)

代表:(签章)2014年×月×日　　　　代表:(签章)2014年×月×日

第三章

一、

(1)上述资料讲述的材料采购业务,财会部门记账在前,仓库验收在后,财会部门并不以验收单作为记账依据,说明该企业未能很好地执行材料记账、验收相互牵制的内部控制制度,不但采购业务容易出错,账簿记录也易混乱或造成账实不符。

财会部门对材料采购成本的处理有误,外地运杂费应计入材料采购成本,而不应计入当期的期间费用。

(2)应要求企业做调整分录,具体为:

借:原材料　　1 500

　贷:管理费用　1 500

对于由于运输部门责任引起的材料短缺应追究其责任,要求赔偿。赔偿前做分录:

借:其他应收款(20×34.50)　　2 070

　贷:原材料　　　　2 070

同时应当调整材料明细账的实际入库数量、总成本和单价。

实际入库数量=8 500-80=8 420(千克)

实际总成本=293 250+1 500-2 070=292 680(元)

实际单位成本=292 680/8 420=34.76(元)

二、

(1)该项目账务处理不正确。按双倍余额递减法第一年至第五年的折旧额分别为20 000元、12 000元、7 200元、4 400元和4 400元,五年累计应提折旧48 000元,第三年年末应累计计提折旧39 200元,固定资产净值为10 800元。

正确的会计分录是:

①转入报废清理

借:固定资产清理　　　　10 800

　累计折旧　　　　　　39 200

　　贷:固定资产　　　　　　50 000

②收到变价收入时

借:银行存款　　　　　　5 000

　　贷:固定资产清理　　　　5 000

③发生清理费用时

借:固定资产清理　　　　3 000

　　贷:银行存款　　　　　　3 000

④结转报废出售的净损失时

借:资产处置损益　　　　8 800

　　贷:固定资产清理　　　　8 800

(2)企业对该项目企业的账务处理错误表现在以下两个方面:一是未按制度规定转入固定资产清理,未冲销“固定资产”和“累计折旧”账户,使企业资产状况不真实,从而影响账务状况的真实性;二是未按制度规定正确反映变价收入和清理费用。造成营业外支出计算不正确,导致当期损益不真实、不正确。

三、

该公司的固定资产折旧方法本期出现不一致,且未做充分揭示,违反了《企业会计准则》和《企业会计制度》的规定。由此计算的该事项对资产负债表和利润表的影响如下:

(1)该机床应用年数总和法计算的年折旧额 = (100 000 - 10 000) × 5 ÷ 15

= 30 000(元)

当年应计提折旧额 = 30 000 × 11/12 = 27 500(元)

(2)该机床用直线法计算的年折旧额 = (100 000 - 10 000) ÷ 5 = 18 000(元)

当年应计提折旧额 = 18 000 × 11/12 = 16 500(元)

因此,由于折旧方法的改变,使本年度多提折旧额 = 27 500 元 - 16 500 元 = 10 000 元,致使资产负债表中的“累计折旧”项目增加 10 000 元。利润表中的“利润总额”项目减少 10 000 元。

对此,审计人员应要求被审计单位在财务情况说明书(会计报表附注)中,对原值 10 万元,预计净残值 1 万元,预计使用年限为 5 年的机床由于从直线法改为年数总和法进行折旧,使本年度折旧额增加 10 000 元,利润总额减少 10 000 元的情况予以揭示。

应当注意的是,该设备的预计净残值率达 10%(净残值 10 000 元/原值 100 000 元),超过了一般固定资产的预计净残值率 3% ~5% 的水平。

四、

资料(1)中的固定资产,从 12 月份起计提折旧。

资料(2)中的固定资产,在 11 月份已计提折旧,12 月份照样计提折旧。因为未使用固定资产也应当计提折旧。

资料(3)中的固定资产,在 11 月份已计提折旧,12 份月照样计提折旧。因为因大修理而停用的固定资产也应当计提折旧。

资料(4)中的固定资产,由于是在11月份才进行技术改造,11月份应当计提折旧;由于11月份就技术改造完工,并投入使用,因而12月份就应当计提折旧,但折旧基数变为230 000元(200 000 + 50 000 - 20 000),增加了30 000元。

因此,该企业20×2年12月份应计提折旧额为:

12 000 + [20 000 + 30 000] × 6% ÷ 12 = 12 250(元)

多提折旧额 = 21 000 - 12 250 = 8 750(元)

调账分录:

借:累计折旧　　　　　　8 750

　贷:制造费用　　　　　　8 750

五、

应付账款A公司明细账可能存在下列问题:

(1)该公司与A公司在业务上有纠纷,故拒付货款;

(2)该公司故意拖欠货款,占有A公司的资金;

(3)可能是记账差错。

要查明事实真相,应做进一步审查,方法是采用面询或函询的方法到A公司进行调查。针对不同的情况,做出不同的处理;若是纠纷,由双方协商解决;若是故意拖欠,应尽快归还欠款;若是记账差错,则要及时加以更正。

六、

(1)应当执行的实质性测试程序包括:①对明细表进行审查和核对;②对明细表进行分析性复核,查找异常项目和波动;③抽查重要明细账,并抽查相关会计凭证,验证其真实性;④抽查采购物资记录,并抽查相应的记账凭证,查明有无漏记负债的情况;⑤对重要供货商进行函证;⑥实施期末截止测试;⑦验证应付账款在会计报表中的反映和披露是否充分恰当。

(2)审计人员比较关注负债的低记。针对以下审计内容或账户,说明可以提示低记何种负债以及审计人员所使用的方法:①董事会纪要;②房屋和建筑物;③租赁费用;④利息费用;⑤银行存款;⑥管理人员差旅费和业务招待费。

(3)①审阅董事会会议纪要,可查找有无未入账的银行借款、债券、可能存在的担保、抵押等;②观察房屋和建筑物,询问其建造情况和资金来源,可查找银行贷款、未入账的过程款等负债的线索;③审阅租赁费用明细账,分析其发生额,并询问相关人员和抽查相关租赁合同,可查找未入账的应付租赁费用;④审阅利息费用明细账,并进行复核,与已入账借款的应计利息费用进行比较,可查找未入账的借款;⑤审阅管理费用中的差旅费和业务招待费,并与计划数、上年实际发生额比较是否存在重大波动,查明有无已实际发生的差旅费、业务招待费但未报销等情况,构成了企业对相关职工的负债。

七、

(1)从仓库领取材料,必须以书面通知为准,不能以口头通知代替。

(2)对于存货管理必须建立永续盘存制度,详细记录材料的收发存情况,否则容易出现存货被偷被盗、监守自盗、责任不清的情况。

(3)由于只在月末进行盘点,因此,在确定再订货时点时很可能不恰当,从而可能造成缺货而影响生产的正常进行。应当在建立永续盘存记录的基础上,将存货的账存数量与再订货点进行比较,以此来确定再订货的时点及数量。

(4)物资在验收入库之前,应当由质量检验部门进行检验。只有验收合格的物资,才能办理入库手续。

八、

(1)查明有无相关的合同、入库单,证明其确属承销品,并进一步查明是否单独盘点,是否编制了盘点表,并核对账实、账表是否相符;

(2)查明重作的原因,并查明是否已从正常存货中扣除;

(3)查明有无已做销售的发票、合同,是否已计入盘点表?

(4)询问久未使用原因,何时入库?现在质量如何?是否存在质量问题?有无减值?

九、

应付账款A公司明细账可能存在下列问题:

(1)该公司与A公司在业务上有纠纷,故拒付货款;

(2)该公司故意拖欠货款,占有A公司的资金;

(3)可能是记账差错。

要查明事实真相,应做进一步审查,方法是采用面询或函询的方法到A公司进行调查。针对不同的情况,做出不同的处理;若是纠纷,由双方协商解决;若是故意拖欠,应尽快归还欠款;若是记账差错,则要及时加以更正。

第四章

一、

(1)不应包括在20×2年存货内,因在目的地交货,交货期为20×3年,应以收到货款为准。

(2)应包括在20×2年存货内,因20×3年1月4日收到货物才付款,20×2年既未开票也未发出货物,物权并未转移,销售不能成立。

(3)如果已付款并已收到发票账单,就应计入20×2年存货内(属于在途物资),因属离厂交货,交货后就已属本企业存货。但如果未收到发票账单且未付款,就不应计入20×2年存货内(因为无入账依据)。

(4)不应包括在20×2年存货内,因已收款并将货物送装运部门,销售已成立。

二、

(1)违反一贯性原则,多计生产成本;工程成本挤入生产成本。

(2)虚增成本,隐瞒利润,少交税金。

(3)调整分录为:

多计成本的调整:

借:原材料　　　　　　　　2 250
　贷:生产成本　　　　　　　　2 250

乱挤成本的调整:

借:在建工程　　　　　　　65 812.50
　贷:生产成本　　　　　　　　56 250.00
　　应交税费——应交增值税　　9 562.50

三、

(1)审计方法:审阅基本生产成本明细账,抽查有关会计凭证,核对账证数额,盘点在产品实物数量,验证在产品投料率和完工率。根据成本计算单,验证在产品成本如下:

直接材料 = [(144 000 + 662 400) ÷ (480 + 240 × 80%)] × 240 × 80%
= 230 400(元)

直接工资 = [(36 000 + 9 000) ÷ (480 + 240 × 50%)] × 240 × 50%
= 25 200(元)

其他直接支出 = [(5 040 + 12 600) ÷ (480 + 240 × 505)] × 240 × 50%
= 3 528(元)

制造费用 = [(54 000 + 23 400) ÷ (480 + 240 × 50%)] × 240 × 50% = 57 600(元)

在产品成本合计 = 230 400 + 25 200 + 3 528 + 57 600 = 316 728(元)

在产品多留材料费 = 350 400 - 230 400 = 120 000(元)

在产品多留工资费 = 42 000 - 25 200 = 16 800(元)

在产品多留其他支出 = 5 880 - 3 528 = 2 352(元)

在产品多留制造费用 = 81 600 - 57 600 = 24 000(元)

多留在产品成本合计 = 120 000 + 16 800 + 23 520 + 24 000 = 163 152(元)

(2)存在问题:验算结果表明,该企业成本计算失误,多留在产品成本,少转完工产品成本 163 152 元。

(3)处理意见:建议企业将少转的完工产品成本予以补转。调账会计分录如下:

借:产成品　　　　　　　　　163 152
　贷:生产成本——基本生产成本　　163 152

四、

(1)审计方法:审阅财务费用明细账,抽查有关记账凭证和原始凭证。

(2)存在问题:财务科人员的工资和奖金应列入"管理费用"账户,未完工工程借款利息应列入"在建工程"账户。

(3)处理意见:上述已记入"管理费用"账户的各项支出,应按规定列支。其调账分录为:

借:管理费用　　6 500
　在建工程　　3 000
　贷:财务费用　　　9 500

五、

(1)审计方法:审阅销售费用明细账,抽查有关记账凭证和原始凭证。

(2)存在问题:预付下年度产品广告费应列入“待摊费用”账户;招待客户的费用应列入“管理费用”账户。

(3)处理意见:上述已记入“销售费用”账户的各项支出,应按规定列支。其调账分录为:

借:待摊费用　　　　20 000

　　管理费用　　　　2 500

　　贷:销售费用　　　　22 500

第五章

一、这笔货款存在的问题可能有:

(1)此货款有纠纷。如购销双方在产品价格、质量等方面有分歧,故宏丰商场全部拒付该厂的电扇款。

(2)此货款纯属虚构。该厂为了完成19×9年的销售和利润计划,虚构应收销货款和销售收入,从而虚增当年销售收入和销售利润。

(3)可能是记账错误,如该货款为应向其他单位收取的货款。

(4)可能是该货款已收回,被人利用或工作失误未销账。

针对上述情况,应派人或去函到宏丰商场了解其真正原因。若是双方因价格、质量方面的问题出现争执,应组织双方共同协商解决;若是记账有错误,或工作失误未销账,则应立即更正;若是虚构或款收回被人利用,则要严肃处理,并及时调整有关账目。

二、

该企业违反了会计制度中关于采用预收货款方式销售产品时入账时间的规定,使当期销售收入虚列,影响了有关资料的真实性。应当要求被审计单位编制调账分录如下:

借:主营业务收入　　　300 000

　　贷:预收账款　　　　300 000

当销售实现时,再转销预收账款。

三、

根据会计制度的规定,加工费收入应作为产品销售收入,而企业将加工费收入记入“其他应付款”贷方,而不通过“主营业务收入”账户核算,必然虚减当年销售收入,偷漏销售税金,也必然虚减产品销售利润,偷漏所得税。该公司这样做的目的是,除了偷漏税金外,也可能是为隐瞒收入或将当年的收入转移至下年。加工剩余材料也应视作加工费收入入账,该企业将剩余材料出售,作为加工人员奖金,不仅虚减收入、漏缴税金,而且直接构成了私分收入。因此,该公司存在的主要问题是违反国家规定,私分、转移或隐瞒收入,偷漏税金。

审计人员应提请该公司调整主营业务收入,补交销售税金、所得税金及应交的滞纳金和罚款。

四、

海河公司为了达到少交税、少计当期利润的目的，将应反映在“其他业务收入”账户的无形资产转让收入反映在“应付账款”账户，造成当月利润虚减并达到了少交营业税、城建税、教育费附加及所得税的目的。海河公司应编制调账分录如下：

借：应付账款　　　　　60 000

　　贷：其他业务收入　　60 000

五、

对于问题(1)，可采用的审计程序：一是询问主办会计、出纳，是否已收到 Y 公司在 10 月 20 日支付的货款；二是抽查 10 月 20 日的银行存款日记账和该期间前后的银行存款对账单，验证是否在该期间收到了该款项，若已收到，则进一步抽查该款项的会计凭证，审查是否属于 Z 公司记账错误；三是若不能查清，则请对方进一步提供付款凭证的复印件，再根据线索进一步审查。

对于问题(2)，其审查程序与问题(1)类似。

对于问题(3)，抽查已发货物并开具发票的相关凭证，如销售合同、发票、运单、出库单等，验证货物是否确已发出；并可询问相关业务人员，如销售人员、仓库保管、运输人员等是否还是 Z 公司为完成销售任务而虚构的客户。还可根据发货时间分析其是否在运输途中？

对于问题(4)，可查阅 9 月份预收账款明细账——V 公司的记录，查明该笔款项是否确已收到？是否记账错误？并进行相应的纠正。

六、

(1)应当选择丁、丙两家公司进行函证。因为应收账款函证的主要目的在于，防止企业高估应收账款，虚增资产和销售收入。丁、丙两家公司应收账款期末余额较大，被高估和虚增的可能性越大，因而应作为重点函证对象。

(2)应当选择丁、甲两家公司进行函证。因为应付账款函证的主要目的在于，防止企业隐瞒应付账款，虚减负债。本期向丁、甲两家公司采购货物数额较大，应付账款发生额较大，被隐瞒的可能性越大，因而应作为重点函证对象。

第六章

一、海河公司将产品销售收入列作营业外收入处理，偷漏了增值税。假定上述问题在当月被查清，审计人员应责成该公司编制如下调账分录：

(1)借：应收账款　　　　　　50 000

　　　贷：营业外收入　　　　　50 000

(2)借：应收账款　　　　　　58 500

　　　贷：主营业务收入　　　　50 000

　　　　　应交税费——应交增值税　8 500

二、

(1)应当执行的审计程序包括：一是询问保险箱开启的内部管理制度，如在何种情况下可开启？需有几人同时在场？应当做出哪些记录？保险箱内所保管物品一般为什么物品？是否建立了详细的书面记录？二是注意观察保管条件，是否确能保证物品的安全、完整？三是审查开启记录，是否均已做出完整、详细的记录？四是审查所保管物品的书面记录，验证其增减变动是否已做出详细记录？五是认真清点所保管物品的数量，并做出详细记录，对于有价证券，还应记录其数量、面值、编号、户名、发行单位等；六是编制盘点表，并请相关人员签名、盖章；七是核对保险箱内的实存物品是否与书面记录一致？

(2)应当补充执行程序：一是审查开启记录，是否有 1 月 4 日开启的记录，并验证其开启记录是否符合相关规定；二是是否有财务经理所称的文件？那份文件现在何处？三是当前所保管的证券与 1 月 4 日之前证券的是否相同？若不符，应进一步查明其原因。

三、应当实施的审计程序包括：

(1)审查相关的贷款合同，查明合同规定的贷款条件；

(2)审查管理当局的会议纪要，查明该贷款是否经过了最高管理当局的批准，有无批准文件？

(3)复核相关利息费用的计算及账务处理是否合规、正确？

(4)审查贷款担保物是否安全、完整？债务与所有者权益之比是否合规？即是否遵循了贷款合同规定的条件；

(5)若当年度发放股利，则还应查明是否已获得贷款银行的同意；

(6)是否已在会计报表附注进行了充分披露。

四、

(1)注册会计师陈杰浩和余大中根据所发现的情况，提出了如下审计调整意见：

补提坏账准备 132 万元。调整分录为：

借：信用减值损失——计提的坏账准备　1 320 000

　　贷：坏账准备　　　　　　　　　　1 320 000

说明：调整后使资产负债表中的“应收账款”项目减少 132 万元，超过了应收账款的重要性水平；同时，利润表中的“资产减值损失”增加了 132 万元，“利润总额”减少了 132 万元。

无法支付的应付账款应记入“营业外收入”，而不能记入“资本公积”。调整分录为：

借：资本公积——其他资本公积　　　　　1 000 000

　　贷：营业外收入——无法支付的应付款项　　1 000 000

(2)(3)(4)的答案(略)。

第七章

一、

(1)资料(1)通过对库存现金实施突击盘点获得；资料(2)(3)可通过询问出纳(“是否有已收付现金但尚未入账的收付款凭证?”)，并检查相关的收付款凭证来获得；资料(4)可通过现金日记账，并对 2019 年 1 月 1 日—2019 年 1 月 10 日现金收付款凭证进行检查与汇总(或对本一时段现金日记账现金收入、支出情况进行汇总)来获得。

(2)2018 年 12 月 31 日库存现金实有额 = 2019 年 1 月 10 日库存现金实有额 + 2019 年 1 月 1 日—2019 年 1 月 10 日现金支出总额 - 2019 年 1 月 1 日—2019 年 1 月 10 日现金收入总额 + 未入账的现金支出总额 - 未入账的现金收入总额 = 1997.58 + 4 120 - 4 560.16 + 520 - 390 = 1 947.42 元。

2018 年 12 月 31 日库存现金盘盈额 = 1 947.42 - 1 060.04 = 887.38 元。

(3)存在的主要问题及改进建议：一是库存现金盘盈，应当及时查明原因，并进行相关的处理；二是现金收支入账不及时，应当做到现金收支及时入账，并做到日清月结；三是有白条抵库的情况，应当对出纳进行批评教育，并及时追回未经批准的借款。

二、

(1)银行存款余额调节表编制如下：

银行存款余额调节表

企业调节项目	金额	银行调节项目	金额
企业银行存款日记账余额	133 750	银行对账单余额	127 000
加：银行已收，企业未收款项	12 500	加：企业已收，银行未收款项	16 000
减：银行已付，企业未付款项	250	减：企业已付，银行未付款项	400
调节后存款余额	146 000	调节后存款余额	142 600
错误数为	3 400(元)		

(2)银行存款日记账在 2018 年 6 月 30 日的正确余额为：

142 600 + 250 - 12 500 = 130 350(元)或 133 750 - 3 400 = 130 350(元)

错误数 3 400 元属于企业漏记或隐瞒银行存款减少的错误。

三、(1)提前通知 G 公司会计主管人员做好监盘准备的做法不当。M 注册会计师应当实施突击性的检查。

(2)没有同时监盘总部和营业部库存现金的做法不当。M 注册会计师应当同时监盘总部和营业部的库存现金，若不能同时监盘，则应对后监盘的库存现金实施封存。

(3)盘点时间最好选择在上午上班前或下午下班时进行。

(4)G 公司会计主管人员没有参与盘点的做法不当。盘点人员应包括出纳、会计主管人员和 M 注册会计师。

(5)现金盘点操作程序不当。库存现金应由出纳盘点，由注册会计师监盘。

(6)“库存现金盘点表”签字人员不当。“库存现金盘点表”应由公司相关人员和 M 注册会计师共同签字。

第八章

一、

情况(1)，应发表无保留意见。公司的做法不影响财务报表的合法性和公允性。

“三、审计意见

我们认为，A 公司财务报表在所有重大方面按照《企业会计准则》的规定编制，公允反映了A公司20×1年12月31日财务状况以及20×1年度的经营成果和现金流量。”

情况(2),应出具带强调事项段的无保留意见审计报告。A公司的做法符合《企业会计准则》的要求,已预计了损失,并充分披露,符合发表无保留意见的要求。但因属于重大诉讼案件,为提醒审计报告使用者关注,应当对诉讼进行强调。

“三、审计意见

我们认为,A公司财务报表在所有重大方面按照《企业会计准则》的规定编制,公允反映了A公司20×1年12月31日财务状况以及20×1年度的经营成果和现金流量。

四、强调事项

我们提醒财务报表使用者关注,如财务报表附注×所述,A公司于20×1年4月被H公司起诉侵权,H公司要求赔偿75万元。截至20×2年3月28日尚未判决。本段内容不影响发表的审计意见。”

情况(3),应发表保留意见。A公司拒绝调整20×1年度的财务报表,影响了财务报表的合法性和公允性。应调整的金额20(45－20)万元,超过了财务报表重要性水平10万元,但不具有广泛性,还不至于导致注册会计师发表否定意见。

“三、导致保留意见的事项

经审计,我们发现,A公司20×1年涉及的诉讼案于20×2年3月20日判决,A公司应向原告赔偿25万元,A公司仅在财务报表附注5中进行了披露,未进行相应的调整,导致利润被虚增15万元。

四、保留意见

我们认为,除‘三、导致保留意见的事项’所述事项产生的影响外,A公司财务报表在所有重大方面按照《企业会计准则》的规定编制,公允反映了A公司20×1年12月31日财务状况以及20×1年度的经营成果和现金流量。”

情况(4),应发表无保留意见。A公司当年应计提设备折旧0.75(50×1.5%)万元,远远低于重要性水平,这一错报不影响财务报表使用者的决策,因此不影响注册会计师的审计意见。

“三、审计意见

我们认为,A公司财务报表在所有重大方面按照《企业会计准则》的规定编制,公允反映了A公司20×1年12月31日财务状况以及20×1年度的经营成果和现金流量。

情况(5),应发表无法表示意见。因为A公司利润总额中的70%无法验证,所以无法判断财务报表整体的公允性。

“三、导致无法表示意见的事项

A公司利润总额中的70%由其境外子公司提供。A公司没有委托境外会计师事务所对该子公司财务报表进行审计,我们因时间和其他方面条件限制无法赴国外对该子公司进行审计,也无法通过其他审计程序获取该子公司财务报表公允性的充分、适当的审计证据。

四、无法表示意见

由于‘三、导致无法表示意见的事项’所述事项的重要性,我们无法获取充分、适当的审计证据以为发表审计意见提供基础，因此，我们不对A公司财务报表发表意见。”

情况(6)，应发表无保留意见。当应收账款的函证没有结果时，可以采用替代审计程序证实应收账款的真实性。

“三、审计意见

我们认为，A公司财务报表在所有重大方面按照《企业会计准则》的规定编制，公允反映了A公司20×1年12月31日财务状况以及20×1年度的经营成果和现金流量。”

二、

(1)对各种情况应发表的审计意见类型及理由：

对情况(1)，应发表无保留意见。所述会计估计变更虽然合理，但未在报表附注中披露，不符合《企业会计准则》的规定。所述固定资产的原值虽然超过重要性水平，但考虑到此项会计估计变更的影响金额远小于财务报表层次的重要性水平，应发表无保留意见。

对情况(2)，应发表保留意见。所述情况属于审计范围受限，但不至于出具无法表示意见的审计报告。

对情况(3)，应发表无法表示意见。由于存货总额为3 200万元，占全部资产总额5 000万元的64%，属于审计范围受到整体性严重限制，无法对财务报表整体反映发表意见。

对情况(4)，应发表带强调事项段的无保留意见。涉及的金额超过财务报表重要性。表明公司存在重大的财务困难，虽然公司已进行充分披露，但持续经营假设的合理性应受到怀疑。

对情况(5)，应发表保留意见。所述事项已经了结，但该事项属于2018年资产负债表日后调整事项，应调整2018年度财务报表，且涉及金额超过财务报表层次的重要性水平，但不至于发表否定意见的审计报告。

(2)仅考虑情况(4)(5)，代为起草的审计报告如下：

审计报告

华清股份有限公司全体股东：

我们审计了后附的华清股份有限公司(以下简称华清公司)财务报表，包括2018年12月31日的资产负债表、2018年度的利润表、股东权益变动表和现金流量表以及财务报表附注。

一、管理层对财务报表的责任

按照《企业会计准则》的规定编制财务报表是华清公司管理层的责任。这种责任包括：(1)设计、实施和维护与财务报表编制相关的内部控制。以使财务报表不存在由于舞弊或错误而导致的重大错报。(2)选择和运用恰当的会计政策。(3)作出合理的会计估计。

二、注册会计师的责任

我们的责任是在实施审计工作的基础上对财务报表发表审计意见。除本报告“三、导致保留意见的事项”所述事项外，我们按照中国注册会计师审计准则的规定执行了审计工作。中国注册会计师审计准则要求我们遵守职业道德规范，计划和实施审计工作以对财务报表是否不存在重大错报获取合理保证。

审计工作涉及实施审计程序,以获取有关财务报表金额和披露的审计证据。选择的审计程序取决于注册会计师的判断,包括对由于舞弊或错误导致的财务报表重大错报风险的评估。在进行风险评估时,我们考虑与财务报表编制相关的内部控制,以设计恰当的审计程序,但目的并非对内部控制的有效性发表意见。审计工作还包括评价管理层选用会计政策的恰当性和作出会计估计的合理性,以及评价财务报表的总体列报。

我们相信,我们获取的审计证据是充分、适当的,为发表审计意见提供了基础。

三、导致保留意见的事项

如财务报表附注×所述,2018 年 11 月,华清公司被控侵犯红牛公司的专利权,红牛公司要求收取华清公司专利权费和罚款,截至 2018 年 12 月 31 日尚未解决,经律师估计,华清公司很可能支付红牛公司 180 万元的专利权费和罚款,但华清公司未对此进行处理。2019 年 3 月 6 日,经法院裁决,华清公司应向红牛公司赔偿 180 万元,华清公司同意并于 3 月 8 日支付完毕。但华清公司拒绝就此调整其 2018 年度财务报表。

四、审计意见

我们认为,除了前段所述未能进行正确的调整处理可能产生的影响外,华清公司财务报表已经按照《企业会计准则》和《股份制企业会计制度》的规定编制,在所有重大方面公允反映了华清公司 2018 年 12 月 31 日的财务状况以及 2018 年度的经营成果和现金流量。

五、强调事项

我们提醒财务报表使用者关注,如财务报表附注×所述,由于华清公司存货使用受到仓库倒塌的限制,正常业务受到严重影响,因而无力支付 2018 年 4 月 12 日即将到期的 120 万元债务,也没有预付下年度的 60 万元广告费。这些情况均已在财务报表附注中进行了充分、适当的披露。本段内容不影响已发表的审计意见。

北京中审会计师事务所(盖章)　中国注册会计师:张涛(签名并盖章)

中国注册会计师:孙奇(签名并盖章)

中国·北京市　二零一九年三月十五日

三、

【正确答案】资料一:

(1)1622　2594　1148　3010　0592

(2)抽样区间 = 3 500 ÷ 350 = 10

所以,注册会计师选择的最初 5 个样本的号码分别是 0005、0015、0025、0035、0045。

资料二:

(一)

(1)"应收账款 C 公司"贷方余额 800 万元应做财务报表重分类调整

借:应收账款——C 公司　10 000 000

　贷:预收账款——C 公司　10 000 000

借:信用减值损失　50 000

贷:应收账款——坏账准备　50 000

(2)2017 年全年利息 =3 000 ×6% +2 000 ×10% =380(万元)

2017 年所花费的工程支出没有超过专门借款,所以不用计算一般借款的资本化金额。

对于专门借款的资本化利息是以专门借款当期实际发生的利息费用减去将尚未动用的借款资金存入银行取得的利息收入或进行暂时性投资取得的投资收益后的金额确定,所以本题中从 2017 年 7 月开始资本化,资本化利息金额为 3 000 万元 ×6% ×6/12 -5 =85 万元。

注册会计师的建议调整分录为:

借:财务费用　2 950 000

　贷:在建工程　2 950 000

(3)借:存货　2 000 000

　　贷:固定资产　2 000 000

对于此事项,首先明确一点,固定资产在计提了减值准备后,企业应当按照计提减值后的账面价值扣除残值后的余额以及剩余折旧期限计算下一年度的折旧额。

计提减值准备后的账面价值为 1 800 万元。

(4)注册会计师应提请晋城公司作如下调整分录调整 2017 年会计报表:

借:营业外支出——赔款损失　1 300 000

　贷:其他应付款——贷款银行　1 300 000

(5)①调减收入

借:营业收入　30 000 000

　应交税费——应交增值税(销项税额)　5 100 000

　贷:应收账款——甲公司　35 100 000

②调减成本

借:存货——库存商品　20 000 000

　贷:营业成本　20 000 000

③调整已经计提的坏账准备

借:应收账款——坏账准　175 500

　贷:资产减值损失　175 500

(二)事项(2)出具否定意见的审计报告。因为该事项使得晋城公司 2007 年度利润由盈变亏,影响重大,所以出具否定意见的审计报告。

事项(3)出具保留意见的审计报告。因为该错报超过财务报表层次的重要性水平,但是超过的不是很多,不至于出具否定意见的审计报告,所以出具保留意见的审计报告。

事项(4)出具标准无保留意见的审计报告。因为该错报没有超过财务报表层次的重要性水平,不影响财务报表使用者做出决策,所以出具标准无保留意见的审计报告。

四、

(1)保留意见审计报告。房屋应以原价表示,该公司以现行评估价表示,违背了《企业会计准则》的有关规定,审计报告中应予说明。

(2)无保留意见审计报告。虽然某些项目违背了《企业会计准则》,但符合国家有关部门的规定,且金额不大,又在报表附注中予以充分揭示。

(3)保留意见或否定意见审计报告。对子公司的投资应当采用权益法核算,该公司采用成本法核算,不符合《企业会计准则》和会计制度的规定。此外,又无法实施对各子公司的审查,从而无法验证公司长期投资数额的正确性。因而应当根据对子公司投资在该公司会计报表中的重要程度,发表保留意见或否定意见审计报告。

(4)带强调事项段的无保留意见审计报告。因注册会计师对这一诉讼案件的结果无法作出合理估计,而又认为所审计的会计报表总体上是合法且公允的,因此有必要在审计报告中提醒读者,使报告使用人在阅读会计报表时不应忽视这一不确定事项。

五、

(1)因为是年度会计报表审计,不要求企业每年提供三年比较会计报表。因此,这项内容不影响审计报告的表述。

(2)按《企业会计准则》和会计制度的规定,现金流量表应对外报送并公布,该公司不愿公布该表,我们认为将影响会计报表的全面反映,对此应在审计报告中持保留意见。

(3)按会计制度的规定,企业变更会计政策,不需财政部门批准,只要符合变更条件并经企业最高管理当局批准即可,并应在会计报表附注中进行充分说明。因此,可签发标准无保留意见审计报告。

(4)产成品余额多计 10 000 元,影响了 20×2 年的利润,对于这一未调整事项,如判断属重大事项应持保留意见;属非重大事项,可签发无保留意见审计报告。

(5)改变产成品计价方法,既不合理也不合规(不能在年度中间变更会计处理方法),也未在会计报表中说明,应持保留意见。

(6)因为执行其他审计程序对应收账款余额进行了验证,因此,不影响审计意见。

(7)该公司较长时期不支付现金股利,对公司股东和债权人利益均有影响,该公司不愿披露,属于披露不充分,对此应在签发保留意见审计报告。

图书在版编目(CIP)数据

审计综合模拟实训/李传彪,叶汪霞主编.—成都:西南财经大学出版社,2020.1
ISBN 978-7-5504-4288-7

Ⅰ.①审… Ⅱ.①李…②叶… Ⅲ.①审计学—教材 Ⅳ.①F239.0

中国版本图书馆 CIP 数据核字(2019)第 297540 号

审计综合模拟实训

主　编:李传彪　叶汪霞

副主编:李盈盈

责任编辑:向小英

封面设计:杨红鹰　张姗姗

责任印制:朱曼丽

出版发行	西南财经大学出版社(四川省成都市光华村街 55 号)
网　　址	http://www.bookcj.com
电子邮件	bookcj@foxmail.com
邮政编码	610074
电　　话	028-87353785
照　　排	四川胜翔数码印务设计有限公司
印　　刷	郫县犀浦印刷厂
成品尺寸	185mm×260mm
印　　张	16
字　　数	370 千字
版　　次	2020 年 1 月第 1 版
印　　次	2020 年 1 月第 1 次印刷
印　　数	1— 2000 册
书　　号	ISBN 978-7-5504-4288-7
定　　价	39.80 元